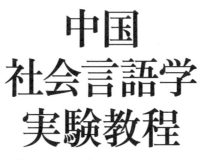

中国
社会言語学
実験教程

「言語的事実」を探究するために

Xu Daming
徐大明
［編著］

河崎みゆき
［訳］

三元社

社会語言学実験教程
Written by 徐大明 Xu Daming
Copyright © 徐大明 Xu Daming, 2010
Translated from Chinese by 河崎みゆき KAWASAKI Miyuki © 2024
Japanese translation arrangement through Sangensha Publishers Inc.
Original Published under the title 社会語言学実験教程（北京大学出版社）
ISBN9787301111840

もくじ

中国社会言語学実験教程

日本語版への序 viii

第1章 ｜ 序　論 1

第1節　社会言語学の誕生と発展 2
第2節　社会科学的特性 8
第3節　社会言語学実験室 15
第4節　研究領域 21
第5節　実践的教育 26

第2章 ｜ 言語変異と言語変化 37

第1節　概　論 38
第2節　溧水「町ことば（街上話）」[u]バリエーション 47
第3節　応答詞「行/成」のバリエーション 55
第4節　「有+VP」構文の使用状況 62
第5節　まとめ 69

第3章 ｜ 相互行為の社会言語学 75

第1節　概　論 76
第2節　会話ストラテジー 85

第3節　創発的文法　*94*
第4節　社会語用論　*106*
第5節　まとめ　*115*

第4章　言語接触　*123*

第1節　概　論　*124*
第2節　オークランドの中国人の日常会話中のコードスイッチ　*133*
第3節　マレーシア・ジョホール州の客家人の言語シフト　*144*
第4節　黒龍江省ドルブットモンゴル族コミュニティ言語　*154*
第5節　まとめ　*162*

第5章　言語コミュニティ理論　*171*

第1節　概　論　*172*
第2節　シンガポールの中国人社会の言語状況　*180*
第3節　南京市「小姐［お嬢さん］」という呼称語の使用状況　*190*
第4節　農民工言語コミュニティの調査研究　*198*
第5節　まとめ　*206*

第6章　都市言語調査 *217*

第1節　概　論 *218*
第2節　新興工業団地の言語研究 *226*
第3節　南京「道聞き」調査 *233*
第4節　広州市の言語と文字使用調査 *239*
第5節　まとめ *245*

第7章　言語アイデンティティ *253*

第1節　概　論 *254*
第2節　上海方言と地域アイデンティティ *263*
第3節　父親呼称と社会的アイデンティティ *273*
第4節　中国語の名称研究（漢語、普通話、華語） *281*
第5節　まとめ *289*

第8章　言語計画 *293*

第1節　概　論 *294*
第2節　シンガポールのバイリンガル家庭 *305*
第3節　頭字語の研究 *314*

第4節　「作/做」の変異研究　*321*
第5節　まとめ　*330*

第9章　総　論　*335*

第1節　「実践」の原則　*337*
第2節　社会の現実に向き合う　*341*
第3節　応用の学問　*347*

参考文献　*353*

後　記　*368*

訳者あとがき　*370*

主な日中英用語対照表　*371*

日本語版の序

　社会言語学が世界的なひろがりをみせるにつれ、本書は日本の研究者の興味をも引くのではないかと思われる。本書編纂時の考えは、中国の南京大学社会言語学研究室の経験を紹介することであった。つまり、欧米の社会言語学研究と中国の研究を結合させ、科学研究と大学教育を結ぶことである。実際、2003年に設立された南京大学社会言語学研究室のその後の発展は、世界の社会言語学の発展の流れにのり、当然、中国と日本の研究者間にも多くの交流と協力がうまれた。本書の翻訳と審査選定もこうした交流と協力の賜物である。

　本書は初学者に社会言語学を紹介し、理論的な問題について考えるきっかけを与えることを目的としており、読者にとって理解しやすいいくつかの研究事例を取り上げながら、その理論的背景や研究手法を解説することで、一歩進んだ研究に進むことや、研究への道筋やその可能性を示している。過去数年間にこの本を教科書として使用した経験からわかるのは、学生たちが「社会言語学的実験を行う」ことを通じて、社会言語学を身をもって体験し、社会的実践の経験を得ることができたことである。　中国語学科の大学院生たちは本書を通じて、社会言語学を「舶来品」とは思うことはなくなり、社会言語学の最先端の問題が、中国社会でどのように現れているかに注意を払うようになった。例えば南京大学の研究室出身の一部の研究者は、「農村社会言語学」や「言語の都市化」、「言語コミュニティ計画」などの問題を提起しており、これらもまた新たな研究の方向性を形成している。

　本書の構成は著者の新たな挑戦が反映されたものである。社会言語学における「古典的」研究の知見を吸収した上で、特に21世紀以来、世界を席巻した大規模かつ急速な都市化がもたらした新たな言語現象と言語の問題に注目し、言語学の「記述主義」の観点を超えて、現代社会の言語現象には言語管理や言語計画の要素が必然的に含まれることを示している。こうした考えや視点は、

国際的な研究者たちとの交流の中、特にヨーロッパと日本の研究者との交流の中で、ある程度の認識と共感を得てきた。今後、日本の研究者の皆様のご理解、ご支援、ご指摘を賜れれば幸いである。

　日本の社会言語学の研究には長い歴史があり、国際交流・協力の伝統があり、中国社会言語学の発展には日本の学術界との交流・協力は必要不可欠である。私が参加した日中交流・協力はほんの一部であるが、そこから多くの恩恵を受けてきた。中には、個人レベルでは、何度も会ったことのある真田信治、井上史雄、原聖、朝日祥之といった研究者もいる。さらに重要なことは、国際学術団体との交流と協力を通じて、国際都市言語学会（IAULS, Internal Association of Urban Language Studies）が 2016 年に設立されたことである。国際都市言語学会の組織の中には、友定賢治、包聯群、岩城宏之、小川俊輔、日高知恵実、里中玉佳、その他多くの日中の研究者たちが長期的な会員として名を連ねている。この機会を利用して、上記の研究者たちに敬意を表したい。

　本書の訳者である河崎みゆき氏は、この本の翻訳とその見直し作業を 10 年にわたって行い、学術出版社である三元社が本書の出版を決定してくださり、南京農業大学の李紅氏は翻訳改訂のためのいくつかの提案を行い、南京大学からは出版のための支援を一部賜りました。ここに心より感謝申し上げます。

2024 年 1 月 3 日
南京大学和園にて

徐大明

第 1 章 序 論

第 1 節　社会言語学の誕生と発展

　社会言語学とは、その名の通り、「社会と言語」もしくは、「言語と社会」の学問である。つまり、言語と社会の関係についての学問である。古くから人々は、言語と社会の関係は密接であると考えてきた。そのため、多くの社会言語学の専門書は「社会言語学的思考」を古代ギリシャや中国古代の哲学者の論述に遡る。だが、ここで私たちが学ぶ「社会言語学」とは、1960年代に始まった学問体系のことである。それは言語学、社会学および人類学の理論と方法を統合し、言語研究の新しい道を開いてきた。この新たな道筋に沿って、何代もの社会言語学者が、最初の典型的な研究例をもとに、絶えず発展させ、改善し、これまですでに大きな研究成果をあげている。これらの成果によって私たちは言語、社会、コミュニケーションそして言語学の本質に対して深い認識を得ている。

　では、「社会言語学」とは何であろうか。これについて、言語学者たちはいまだに一致した認識には至っていない。多くの社会言語学者たちは、言語の社会的性質が言語の最も基本的な特質であると考え、また他の言語学者たちは、言語は一種の生物的現象だと考えている。社会言語学の内部にも意見の違いがある。一方では、言語と社会は繋がっており言語は社会と切り離せず、また社会も言語から切り離せず、言語のない社会は想像もつかず、言語と社会はまるで「1枚のコインの両面である」という考え方である。もう一方は、ある研究者たちが指摘していることだが、言語は確かに社会とは切り離せないが、社会は言語とは独立して存在することができ、人類の歴史においては、言語のなかった社会発展の段階もあるとする。しかしながら、現代社会における言語の重要性には疑う余地はない。このように、「社会言語学」とは多くの人が思うように明確で統一されたものではなく、このことは社会言語学が探求するその特質をよく反映している。つまり言語のもつ社会性がいかに重要なのかというこ

とである。言語はどのような社会的性質を有しているのか。これらは1つひとつ証明していく必要がある。

　言語学は1つの学問として、一般的にはソシュール（F. de Saussure 1857-1913）の著作『一般言語学講義』（Cours de linguistique générale, Payot 1916）の影響のもとに発展してきた。それ以前に、古代中国や古代インド、古代ギリシャでも多くの言語学的な研究があり、その中には、言語の本質に関する哲学的な論述や、仏教や古代文献の注釈など実用を目的とした研究も含まれている。ソシュールを先駆とする研究はのちに「構造主義言語学」と呼ばれるようになった。なぜならそのもっとも重要な貢献は「言語は1つの記号体系である」とした点で、構造主義言語学者たちは、音声、文法、意味などはすべて構造体系であり、ある種の対比と分布の原則によって決められた言語学的範疇（音素、語素、意義素等）の組み合わせだと考えた。

　20世紀半ば以降、チョムスキー（N. Chomsky 1928-）を代表とする「生成言語学」が、言語の構造に対して研究を進め、その構造の特徴から人類の思考の共通性を明らかにしようとして、その生物的な性質を典型例として強調した。

　言語の社会的性質はわかりやすい。社会を離れて「言語」は存在しない。日常の生活の中で、人々が観察する言語は、全て特色を備えた民族の言語、または地方の方言であり、統一された一つの「人類言語」ではない。言語を異にする人同士の会話は往々にして通じにくい。現実の言語はすべて具体的な社会の歴史や環境の産物であり、異なる民族、異なる社会集団の文化の違いを反映している。研究により児童の言語習得には多くの共通した過程と特質があることがわかっている。言語学者たちは人類には先天的な「言語習得メカニズム」があると考えている。しかし、たとえそうであったにせよ、これらの「言語習得メカニズム」は人類が社会生活の中で用いる「実用的なことば」と離れて生成されることはありえない。成人が複雑な言語コミュニケーション能力を完全にマスターするには、長い社会化の過程が必要である。3歳の子供が身につける言語能力が言語学者たちを驚かせても、やはり社会が言語に実際に要求するものには劣る。ある言語を話せる人でも一旦人類社会を離れると、言語能力は退化してしまう。こうした状況は正常な社会的条件の下では起こりにくいとはいえ、これまで起きた例が疑う余地のないことを示している。そのため、現実の

言語とは、私たちが日常生活の中で実際に使用している言語であり、現代の人類社会が使用し社会生活を成り立たせている言語であって、生物的人なら本能的に自然に習得するというものではなく、社会から離れては、どんなに生物として「正常」な人でも、使用し、保持できるものでもない。

つまり、言語学研究が、もし人類社会に貢献するための研究であって、最終的に人類が言語を使用することによって起こる問題を解決しようとするものであるならば、言語の社会的特性を避けることはできない。言語の社会的特性は、どのように人類の進化が生み出した生理的基礎と関係しているか、人類の遺伝子の中にどのくらい言語習得に影響を与える要素があるのか、言語の社会的特性も人類の「本能」だといえるのか。これらの重要な問題の一部は、社会言語学者たちが探求している問題であり、一部は、社会言語学者と他の学問領域の専門家とがともに探求すべき問題である。

言語の本質についての異なる認識は言語学の異なる研究目的を生み、異なる研究目的は異なる研究方法を生み、異なる研究の対象によって異なる定義を生む。

言語学者は「言語」を研究しているわけであるが、言語とは何か、言語的事実とは何かにそれぞれの見方がある。構造主義言語学の重要な観点は、言語は1つの構造体系である。その最も重要な点は形式上の対比と、それを基礎として決まる範囲と、連辞関係と連合関係という点だ。つまり1つの声調の決定はその絶対的な音の高さによるのではなく、その絶対値が表す音の高さの差で決まるのでもなく、他の声調との対比によって決まるのである。ある「高平調」、たとえば北京語の「妈mā」、「衣yī」などの単字の発音は実際に測定すると音の高さの最終点はいつも起点よりやや低い。だからといってこれを下降調というわけにはいかないし、発音が悪いということにもならない。「妈mā」、「衣yī」が、なぜ「高平調」なのかといえば、それらと「麻má」「马mǎ」「骂mà」、そして「疑yí」、「椅yǐ」、「易yì」との対比で決まるわけで、「妈mā」、「衣yī」が絶対的な「平」だからなのではなく、相対的に「平」であるにすぎない。同じように対比と分布ということを考えるなら、北京語の儿化［アル化］[1]や鼻音化

1　訳註：接尾語「儿 (-r)」を付加すること

などの音の特徴は一般的に意味の区別の働きはないため、構造主義の音韻分析ではこれらの特徴は無視されることになる。多くの研究者たちはこれに対して異議はないが、「儿化」には具体的な語義の違いに作用することもあるとして、儿化韻を韻母表に入れる人たちもいる。大事なのは「儿化」に意味の区別の働きがあるかどうかではなく、言語学者たちが語義の対比を、音韻体系を決める唯一の基準と考えているところである。これにくらべて鼻音化は多くの中国語の方言（およびその他の言語）の中で語義を区別する働きがあるが、普通話［標準語］や北京語では一般的にこの区別は無視されている。このため、普通話と北京語の音韻分析では鼻音化は含まれていない。実際には、多くの北京の子供や若者たちの間にはひろく母音の鼻音化現象が存在しており、たとえば応答詞として使用される「行 xíng［いいよ］」は多くの場合鼻音化された母音である。それでは、この鼻音化現象を「言語的事実」としていいのだろうか。

　構造主義の言語分析から言えば、言語とは1つの抽象的な構造体系である。ソシュールは言語をチェスにたとえて、意味のある部分はコマの構成とルールで、「戦車」や「馬」が多いか少ないかが実質上の問題であって、コマが木でできているか象牙でできているかは重要ではないと言った。つまり、たとえ北京人が「行 xíng」を鼻音化母音で発音したとしても、意味の区別がなければ、鼻音化は無視していい問題なのである。このため構造主義言語学者の分析では鼻音化は北京語の中では1つの「言語的事実」ではない。しかしながら、これらの鼻音化という特徴は北京の言語コミュニティの中で、大事なコミュニケーション的意義があり、話し手の「コミュニケーション能力」の一部である。この言語コミュニティの成員はこの音を使うことによって、話し手の方言の背景、社会的背景、コミュニケーションの目的などを判断するからである。

　生成言語学の言語の構造体系に対する認識と構造主義言語学とは大差はないが、生成言語学ではその潜在する「普遍文法」というものを強調する。生成言語学者は、「普遍文法」は自然言語の音声と構文構造を基礎として成立し、いかなる個人も生まれながらの言語能力を有しており、「普遍文法」を持つと指摘する。つまり、生成言語学者からみると、話し手の「言語能力」は「言語的事実」であり、研究の対象であるが、「言語の運用」は多くの要素に影響されるため、言語学の研究対象とはならないのである。「言語能力（competence）」

を追及するため、研究上では、生成言語学者たちは、「その民族の話し手」の「文法判断」に頼って、1つの文または音声の形式が正確かどうかを判定させる。このような方法は初歩的な段階では有効で、悠久な文学の伝統や、明確な標準的民族言語がある場合においては、話し手の判断は十分正確で、誰もの答えが一致する。だが、研究が深まるに従って、あまり使われることのない構造や形式、あるいは文字記載のないもの、明確な参考となる標準的言語変異がない場合となると、「その民族の話し手」は判断を下すことができず、話し手の間でも意見の不一致や、相互に矛盾する判断がしばしば出てくるものだ。このように、この研究方法は実践的には一定の困難がある。

個別の話し手の「内省コーパス」に頼った研究では困難をきたすため、コーパス言語学の誕生によって、基本的な解決法を得ることができた。ところが、コーパス言語学も「多数決」や、「運用されたものを基準とする」の原則に則っているため、生成言語学が仮定した「生まれながらの」言語能力や言語運用を無視する理論との間に根本的な衝突を生んだ。

社会言語学者は構造主義言語学と生成言語学の多くの研究成果を受け継ぎながら、これを基礎として改善発展させてきた。社会言語学と前述2つの学派は以下のいくつかの点で明確に区別される。社会言語学者は、言語の構造は、人の脳の一部分ではなく、社会集団の言語活動の一種の抽象であると考えている。それは一種の記号体系であるが、閉じて静止した記号体系ではなく、個人と社会全体の構造であり、社会的運用で相互に作用しあい、絶えず変化する「生きた体系」であると考えている。つまり社会言語学の主要な研究対象は個別の話し手の主観的な判断ではなく、使用されている言語と社会集団が使用している言語である。言語は社会から離れて独立して発展する生物的現象ではなく、言語の特徴は人類の生理的条件に適応しながらもまた、人類社会の絶え間ない発展において、コミュニケーションの必要に対応していくものである。

1964年は社会言語学が正式に誕生した年と言ってもよい。この年には2つの社会言語学をテーマとするシンポジウムがアメリカで開催され、社会言語学の組織的研究の始まりのランドマークとなった。これに続いて、社会言語学は欧米ですぐに国際的な学問の潮流となった。中国では1983年に陳原の『社会

語言学[2]』(学林出版社)が出版され、1987年には「全国社会語言学学術検討会」が開かれ、中国の社会言語学研究展開の象徴的出来事となった。何代かの研究者たちの共同の努力を経て、社会言語学は現在国際的にも確固たる学術的地位を確立している。中国社会言語学もこの数十年来、重要な成果を得てきた。21世紀に入ってからは、中国社会言語学は世界に目を向け、一方では研究の内容も新しい展開を見せ、もう一方で多くの国際的な共同研究も行われるようになった。2001年には「第1回社会言語学国際シンポジウム」が北京で開かれ、2002年には「中国社会語言学会」がマカオで成立し、国際的出版物『中国社会語言学［中国社会言語学］』が刊行され、これまでに中国内外の研究者たちの数百篇の学術論文がすでに発表されている。本書の中で紹介する多くの研究事例もこの中から採ったものである。

　言語とは一体何なのか。それは人類の一種の本能で、人類の特殊な能力で人類の一般的な認知能力の産物なのだろうか？　言語学は今まで言語に関するすべての答えを出すには至っていないが、この何百年かの言語学のあゆみは私たちに言語に対する認識を次第に深めさせてきた。社会言語学の誕生はすでにあった言語学研究に応じてでてきたものであり、かつ足りない部分への補足であり、言語学研究の視野を広げ、言語学全体の発展を促している。社会言語学はさまざまな言語学上の問題を解決し、また、たとえば先に投げかけた問題「言語は社会構造の一部か」と言った新たな問題を提出している。

2　訳注：「語言学」＝中国語でラングlangueは「語言」、パロールparoleは「言語」と訳し分けられているため日本語でいう言語学は中国語では「語言学」となる。

第 2 節　社会科学的特性

　もしも人々が言語学は社会科学なのかと問うなら、少なくとも社会言語学は、この点は疑う余地はない。社会言語学は長年、社会科学の一部であると捉えられ、完全に社会科学の基準に従って発展してきた。
　社会科学と自然科学はともに「科学」を構成している。二者の間には違いがあるが、いずれも「科学」という基本的特性を備えている。これらの特性とは、体系性、因果論、普遍性、開放性、実証性と客観性である。これらの特性はもちろん社会言語学にも適用可能である。
　まず、体系性は、ソシュール以来の近代言語学で最も主要な特徴で、この点では社会言語学は言語学の伝統を維持している。体系性とは、言語学の理論が、論理的命題の集合であって、その内部には論理的統一性が必要で、言語学理論間に有機的なつながりと一定の統一性が存在していなければならないということを意味している。これまでの言語学の理論間には科学的な統一性を欠いているが、各言語学の学派内部では、比較的厳密に理論の論証をするという原則に則っている。理論の論証は容易に行うことができる。近代言語学の基本的命題では、言語は1つの体系であり、音声、文法、語彙等はすべて言語体系を構成する下部体系だからである。今後の章では、社会言語学の1つの重要な貢献が話し手の作る言語の体系も言語体系の重要な部分であるということを見ていく。
　次に、「因果論」について考えてみよう。もし現在の言語学を科学的考察として検証してみると、この点において重大な欠陥がある。言語学の大部分の成果はまだ「記述と分類」という段階にとどまって、言語的実体[3]の間の因果関

3　訳註：言語的実体（limguistic entities）とは、言語研究が対象とする実体で、たとえば方言、共通語、文法、音声等のことである。ここでは、それぞれが互いに影響しあいながら、その関係が充分に究明されていないと指摘している。

係について深く探求されていない。言語構造の体系的な分析を行うなら、必然的に体系の各部分との秩序だった因果関係にも及ぶべきである。しかし、これまでの研究成果は静態分析の制約を受け、基本的に言語の下部体系間の関係や言語変化について検討するときにしか因果論を適用しなかった。社会言語学の発展は因果論の言語研究に新たな突破口を見出した。一方でそれは社会が言語に対して決定づける作用と、言語の社会に対する反作用とを考察し、もう一方で音声、文法体系、談話構造や語義の産出等の統合的メカニズムについて解釈を試みることになった。これらはすべて言語内部の要素と社会環境の要素が相互に作用していることの結果である。

次に「普遍性」ということを考えてみよう。生成言語学は言語学の中で科学の原則を最も強く主張してきた。「普遍文法（UG universal grammar）」を言語学の1つの研究目標として打ち出したとき、早々と構造主義言語学者の、言語の多様性に対する「不可知論」を退け、特定の言語の「特殊論」も排除した。このため、言語学界の1つの共通認識として言語学の理論はすべての言語に応用でき、特定の言語の特殊な現象も普遍性のある言語規則の作用の結果であるという。社会言語学がこれに対して補足したのは、これらもまた言語学の普遍的規則と特定の社会的歴史条件の相互行為の結果であるという点だ。

科学の「開放性」をいうことを考えてみよう。この点は言語学においてほぼ問題はないだろう。科学の発展の過程は1つの絶え間ない批判と改善、刷新で、永遠に真理へ近づこうとする過程である。そのため言語学の理論は、先人たちの成果は絶対の真理であるとみなすことはできず、すべて検討と改善が可能である。これに対して、中国の言語学界は批判と刷新の精神がまだ足りない。一方、西洋の言語学界はここ数10年来伝統を断ち切り、継承と吸収に反対し、過度に新しさを求める傾向がある。ゆえに、社会言語学者は一方では構造主義言語学の合理的な部分を継承し、多くの歴史言語学、方言学と実験音声学の成果を取り入れ、生成言語学などの新しい言語学理論のモデルと結合させていった。もう一方では、調査資料の蓄積と研究成果を継承していくことを強調し、広範な調査結果にもとづく帰納的研究の構築を重視し、過度の理論の提出には慎重であった。

最後に科学の「実証性」と「客観性」いうことを見てみると、この2つはむ

すびつけて議論することができる。科学的研究は観察や検証などの実証的方法に依拠するものであって、実践し検証できない命題を科学的命題とすることはできない。科学は客観的なものであり、この点は社会科学でも例外ではない。言語学を1つの科学として成立させるならば、「主観的相対論」の影響を排除しなければならない。言語の知識と言語能力はほぼ個人の主観的意識の部分で、そのため一部の人たちは言語の研究は客観的なものではではないと結論づけている。社会言語学は言語の客観的存在を強調し、実証的方法を通して話し手の実際のありようを研究する。話し手の主観的な反応を研究するとき、その言語運用を観察し、主観的意識に汎用性があるかどうかをチェックしなければならない。つまり、代表性のある言語意識と判断を重視して、偶然で個別的な考え方や、話し方が研究の結論に影響することを回避する必要がある。客観性についてもう一点注意すべきことは、研究者自身の主観的要素の影響を避けることである。この点は社会的研究で難しい部分である。一方で研究者たちは社会に身を置いており、自身の経験による偏見を認識し克服することは難しく、言語面ではもっともそうした側面があり、中には多くの無意識下のものが含まれている。もう1つの面から言うと、社会的研究は研究の目的上、社会の制約と影響をうけるので、完全に客観的に行うこともまた不可能である。しかし、研究デザインや研究方法上で、言語の科学的研究はやはり客観性の原則を貫かなくてはならない。どのようなものが社会理論の中の意識の問題であり、どのようなものが客観的な内容かを区別しなくてはならない。でなければ、社会という観点から出発したといっても、客観的検証を経ないのであれば、その研究結果には科学的価値はない。

　これから社会科学と自然科学の違いおよび、その言語研究における状況について議論したい。社会科学と自然科学の違いは主に以下の3つの点に現れている。つまり複雑性と研究対象が内包する主観性と社会的規範の不確定性である。

　社会現象は一般に複雑で多くの要素を含んでいる。上述のように言語現象も一種の複雑な現象であり、かつ社会的なものと非社会的なものとを含んでいる。たとえその社会的内容だけに限っても言語は十分複雑である。今のところ社会言語学者たちはどのような社会的要素が言語と無関係かを証明することはできないが、数十種の重要な社会的要素が直接言語のいろいろな部分に作用すると

いうことを発見している。このほか、言語の社会的部分と非社会的部分をどのように区分するかも複雑な作業である。生成言語学の初期の研究では、文法を判断する中で差異や不確定性が生じることを避けるため、ある言語学者たちは研究の範囲をある言語の標準語に限定した。しかし、いかなる標準語も社会が意識的に言語に手を加えた結果である。そのため、どの言語規則が特定の歴史的条件下の要因からきたのか、どの規則が人類共有の思想的特性を反映しているか、区別することも難しい作業である。

その後、一部の言語学者が論拠として自己の「方言のルール」を出したが、このやり方には2つの問題がある。1つは方言の中には確立した基準がなく、そのため、信頼のおける検証が行えない。2つ目はその方言のルールが他の方言または標準語に適応できるとは限らず、そこにある体系的効力はおそらくその方言のみに限られ、さらに高い次元の言語体系に存在するとは限らない。

ふたたび社会的研究における主観ということを考えてみよう。社会現象は往々にして、人の主観的能動的行為の結果であり、個人の心理的要因の影響を受ける。言語現象の大部分も一種の直接観察することはできない「心理的現実」であると言える。そうであったとしても、科学の客観性という原則を放棄するわけにはいかない。完全に主観的な方法でこれらの主観的内容を研究すれば、主観主義の泥沼に陥り、永遠に主観的認識から一歩も這いだせず、認識上の統一を行なえない。自分の主観的意識以外の社会的意識は、その個人にとって言えば客観的事実である。

研究によれば、多くの幼児の言語習得の過程は「自己中心」的な非社会化段階が含まれ、言語と事物の間の関係が、1人勝手な認定にとどまっている段階があり、他の人とのコミュニケーションにおいて共通認識となる音と意味の連携が必要なことを理解していない。が、幼児たちはすぐにこの段階を通り越し、「社会的な圧力を受け、すでにある音と意味との関係を認識するようになる」ことが分かっている。つまり言語習得とはたゆまぬ社会化の過程である。上記の例は、たとえ個人が独自の思想や、意識、また言語運用上で特殊な社会行動をもつことはできても、だからといって「社会的事実」を変えることができないことを意味している。つまり社会の大部分の人たちの大部分の思想や意識、（言語）行動はかなり一致しているのである。ほかの人と一致する社会的特

性がない人は存在しない。なぜならそのような人は人類社会の外にしか存在できないからだ。言語は社会に属していて、その意味では、それは個人の意識で［言語を］変化させることができない。たとえ個人が言語に影響を与えることができたとしても、それは間接的であって、必ず社会に受け入れられてこそ実現するものだ。言語変化も必然的に個人的な行動を超越して社会における伝播という過程をたどらなくてはならない。個人のいかなる言語の創造も社会で受け入れられる前はすべて言語学でいう「パロール」に属している。言語研究は本質的に見て、客観的な研究である。それは1人の人の頭の中の思想や創造に限られるものではなく、必ず社会の中の言語的事実と関係していなくてはならないからだ。社会言語学の主要な役割は実証的な方法を用いて、言語の側の「社会的事実」を発見することである。たとえこれらの事実が社会的意識や、一部分の集団の主観的意識であったとしても、できるだけ客観的な方法で計測し記述し分析してこそ有意義な研究成果が得られる。

　社会的規則の不確かさは社会的研究の特徴であると同時に言語学研究の難題でもある。自然界と比べ、社会の発展と変化は急速で、偶然の要素の影響を受けやすく、そのためさらに予測がつきにくい。社会科学研究が発見してきた社会の規則性と自然界の規則性を比べると、もっと強い不確定性がある。社会の現状自体が大変複雑で、もともと不確定な要素を含んでいるので、研究の中ですべての相関関係のある要素をコントロールすることはできない。その結果、見つかった規則は必然的に一定の不確かさを含んでいる。この点からいえば、言語研究には2つのずれがある。1つは言語の客観的規則性を否定するもので、たとえば前述の個人の主観的意識を強調する方向であり、もう一方のずれは逆に極端に社会の規則の不確定性を無視し、言語の規則性を絶対化したり、かつ個別の例外を以て言語規則の有効性を否定するというものである。

　近代言語学が成立して以来、構造主義言語学者は言語の構造には極めて強い規則性と体系性があると気づき、ある言語学者にいたっては自然科学が発見した規則と等しいと考えた。言語の規則性は確かにその他の多くの社会的行為とは違って、つまり思想、道徳、興味、行動などが異なる人でも、言語使用や文法規則を遵守するという面では高度な一致を見せている。言語学者たちが分析

した言語構造体系にも高度な対称性と秩序性が現れている。このような成果は本質を見失わせ、言語規則は自然の法則と同じように正確さをもち、これが、言語が一種の自然現象である証であると考える言語学者さえいる。言語現象は確かに人の生物的基礎にたち、生物としての進化の結果であるのだから、言語の中に生命科学が発見する法則性と似たところがあっても不思議ではない。しかし社会の中のある非言語的なものの規則性はしばしば人々に無視され、その中には高度に一致した現象があっても、言語現象との詳しい比較は行われていない。社会生活の中のある集団的な違いは比較してみることができる。たとえば性差、特にその生理的違いが必然的に結びついていない「ジェンダーによる差」（たとえば異なる社会の中では相反する性別役割がある）、異なる国家の政治体制の類似性（国家制度という現象は、これ自体、今日の世界では普遍性を持っている）、ある社会の経済規則など、その一致程度は果たして、言語規則より高いのか低いのか、現在のところはいまだわかっていない。

　言語には確かに大変強い規則性があるが、いまだに社会規範を超える規則性はない。社会言語学の発展は、ほぼ例外がなく、絶対的な文法規則とは一部の言語的事実を無視することと引き換えにした抽象的なものであり、それと対応する現実世界の言語運用は必ずしも画一的に整っているわけではないことを認識させた。それは生成言語学が「言語運用」を言語学の研究の対象の外に排除したからである。もし、直接、現実世界の変幻自在な言語現象に向き合あえば、その理論が依拠する文法規則はほとんど成立しなくなる。社会言語学者たちは抽象的な言語規則を認めながらも、それは不確かな社会的規範であるとみなし、かつ社会科学的方法でそこにある事実を検証しようとしている。伝統的言語学の文法学者たちは言語規則を帰納的に解釈するとき、観察された言語現象に向き合い、すでに「規則には常に例外がある」という結論を得ている。社会言語学者は実証研究の基礎の上に、言語の中の規則と言語的現実の間が、確かに100％の対応関係にはならないことをみつけた。とはいえ、言語運用は基本的に言語規則に対応しているものだ。もし言語運用における言語環境、言語スタイル、話し手の社会的条件を含めたさまざまな条件をすべて考慮すると、言語運用と言語規則の対応性はより一層増強されるだろう。

このため、「言語規則は一種の社会的規範の表れである」という観点を受け入れるなら、少々不規則なところがあるからと言って規則の有効性を否定しないだろう。またもう一方では言語規則の基礎や、言語規則、言語運用の有機的な関係を確認できるはずだ。

第 3 節 　社会言語学実験室

　「社会言語学実験室」とはその字面からいえば「社会言語学の実験を行う場所」である。しかし、実際存在する「社会言語学実験室」はどれも研究機関である。たとえそうでも、これらの研究機関の性質から見て、その役割と文字上の意味は、まったく離れているわけではない。比較的厳密に「社会言語学実験室」を定義するなら、科学実験の原理を応用して、言語学の研究を行う研究機関ということになる。以下、「どのように科学実験の原理を応用して社会言語学を研究をするか」ということを紹介していく。そのため、世界のすでにあるいくつかの社会言語学実験室の具体的な状況を関連付けて説明したい。

　世界で最初の社会言語学実験室は有名な社会言語学者ウィリアム・ラボフ（W. Labov 1927-）によってアメリカ、ペンシルバニア大学に創設された。これまで40年以上の歴史がある。ラボフの指導のもとでこの実験室は多くの重要なプロジェクトを完成させ、多くの社会言語学の優秀な人材を育成してきた。ラボフはかつて「社会言語学の創始者」と呼ばれたが、これは彼の初期の研究が社会言語学発展の基礎を築いてきたからである。もし誰か学問を創始したという言い方に異議がある人がいたとしても、ラボフが社会言語学実験室を始めたという事実は争う余地がない。社会言語学実験室という、この新しいモデルは社会言語学の全体の発展に消すことのできない重要な役割を果たしてきた。現在の社会言語学の目覚ましい発展は、言語学内部の地位の確立ということだけでなく、学際的学問という影響も生み、社会言語学内部では、枝分かれした異なる学派を発展させた。ただしラボフが開始した研究のパラダイムは依然として最も広範に受け入れられている。この点からいえば、ペンシルバニア大学社会言語学実験室のやってきたことは重要で、その突出した成果としては「言語変異と変化」の研究（以下、言語変異研究という）がある。この実験室には、アフリカ系アメリカ人の英語の話しことば、北アメリカ英語方言地図、

読み書き能力等の研究があり、影響力が大きい。中でも言語変異研究、実験音声学、方言地理学の理論と方法を総合させ生まれた『北米英語地図集：音声学、音韻論および音韻の変化』は最近の成果の一つである。この地図はMouton de Gruyter出版社から2006年に出版され、精緻な印刷の紙版の本でマルチメディアのCD-ROMがつけられ、専用サイトとリンクしていて多くの情報が得られる。この研究の成果は北米英語発音と地域差に関する全面的な記述で、該当地区で1990年代以来発生した音韻変化の最も詳しい分析である。ペンシルバニア大学社会言語学実験室では現在大きなプロジェクト「読み書き研究」が進行中である。これは大変重要な応用性のある研究プロジェクトで、アメリカの1000万人以上のアフリカ系アメリカ英語口語を母語とする児童が直面している読み書きの困難から発生する学習問題の解決を目的としている。目下この研究プロジェクトは理論と実用の両面から成果を得ており、現行の教育理念と言語教育政策の緻密な分析と批判を提供し、また一方で教材の改革、読み書き訓練の実験でも成功を収めている

　ペンシルバニア大学社会言語学実験室が育成した人材は現在すでに社会言語学会の中でも中核をなし、中でもスタンフォード大学のエッカート（P. Eckert）、ニューヨーク大学のガイ（G. Guy）、オタワ大学のポップラック（S. Poplack）といった研究者は中国語の社会言語学の文献の中でも数多く紹介されている。その中でポップラックは1982年に、世界で第2番目の社会言語学実験室――オタワ大学社会言語学実験室を創設した。

　オタワ大学社会言語学実験室は、ペンシルバニア大学実験室の変異研究の伝統を継承し、かつカナダのバイリンガル（二言語併用）社会の現状を対象に、研究の重点を言語接触が引き起こした変異と変化としている。オタワ大学実験室は今までに20近い重要な研究プロジェクトを完成させており、それは以下のように分類できる。カナダのフランス語とカナダ英語の研究、アフリカ系アメリカ移民の英語研究、コードスイッチの研究と歴史文法の研究である。中でも現地化したフランス語と英語の研究では、多くのコードスイッチ研究に影響を与えた。これらの研究成果はカナダ政府が二言語併用の問題を解決し言語政策を制定するための重要な論拠となっており、ポップラックはたびたび賞を受賞、2000年には初めて「カナダ主席研究教授」（Canada Research Chair）に選ばれ

た。人文社会学科からはただ1人で、彼女の業績への評価の高さがうかがわれる。また、実験室は政府と基金からの潤沢な援助を得ている。

　オタワ大学実験室で近年育成した人材は、現在北米、ヨーロッパ、ラテンアメリカ、アジアやアフリカの多くの国の学術界、教育界、政府やビジネスの分野に散らばり、多くの人が学術界や、ハイテク技術と政府の言語計画作業において重要な役割を果たしている。その中で、中国では、最初に社会言語学実験室を建設した南京大学徐大明教授がいる。徐大明は1992年にオタワ大学で言語学博士の学位を取得、オタワ大学社会言語学実験室で体系だった訓練を受けた。またラボフの授業も受け、2001年にペンシルバニア大学実験室へ短期訪問を行ったことがあり、この2つの実験室の様子を十分理解している。2002年、徐大明は南京大学中文系に奉職、おりしも南京大学は教育部の指示で「文化系実験室」の創設を準備していたこともあり、1年の準備期間を経て、「南京大学社会言語学実験室」を2003年6月27日に正式に成立させ、実験室の責任者となった。

　南京大学社会言語学実験室はペンシルバニア大学とオタワ大学の研究パラダイムと一部の研究内容を継承しており、その教育と科学研究を一体化させた組織管理の形式も継承している。同時に中国の具体的な状況に合わせて改革と刷新も行っている。

　まず研究の拡大と改革を行い、南京大学実験室は中国の言語状況を研究し、研究対象として中国語を主としている。これはペンシルバニア大学の実験室が主にアメリカ英語を研究し、オタワ大学実験室が主にカナダの英語とフランス語を研究しているのと同じである。社会言語学が社会的現実に向き合うという理念の具現化である。しかしペンシルバニア大学実験室の研究は主にモノリンガル社会の言語問題を対象とし、オタワ大学実験室は関連理論と方法の応用を各種バイリンガル状況の研究に応用し発展させている。この角度から見て、南京大学実験室も理論と方法の上で独自の特徴を発展させようとしている。単に他の言語研究モデルを中国語に移し替えるということではなく、南京大学実験室では準備の段階で、徐大明と同僚たちは中国の国情にマッチし、かつ社会言語学という学問の発展にふさわしい新しい方向を模索し始めた。この方向を現在「都市言語調査」と呼んでいる。それは社会言語学のマクロ的視点とミクロ

的視点の両方の研究成果を総合し、都市化によってもたらされる新しい言語と言語学の問題を解決することを目的としている。都市言語研究に関しては社会言語学と社会学ですでに別々に展開していたが、それらを明確に集中させかつ体系的に理論と方法を探求するという点が革新的である。

　第1回「都市言語学専門テーマ報告会」が南京大学社会言語学実験室で、実験室創立記念式典と同時に挙行され、南京大学実験室1周年の時にまた「第2回都市言語学専門テーマ報告会」が開かれた。この2回の会議にはどちらも香港、マカオの研究者と国内の有名な研究者たちが参加した。2005年南京大学実験室創立2周年に当たり、「第3回都市言語調査学術検討会」を開催、カナダ、イギリス、アメリカ、オランダ、イタリア、マレーシア、シンガポール、韓国などの国から数十名の研究者が集まり30篇に近い論文が会議場で発表された。これより、この会議は国際的な会議となり、第4回は2006年ドイツで、第5回は2007年オランダで開かれ、第6回は2008年上海で開かれ、第7回は香港で、目下、第8回会議[4]の準備段階に入っている。国際的な「都市言語調査」の研究者たちは次第に膨大な規模になってきている。

　研究の内容が新しいだけでなく、南京大学実験室は管理モデルも革新的な試みをしている。ペンシルバニア大学とオタワ大学の間の実験室はすでに大学院生の主体で運営される形式をとっているが、この形式は南京大学実験室においても採用されている。管理人の南京大学実験室メンバーはすべて兼任またはボランティアであり、その中で、在校の大学院生が管理業務の多くを担当している。大学院生が実験室の責任者や、実験室の日常事務を行ない、設備、資料、インターネット管理等も、彼らが担当し、課外活動として行っている。実験室に参加している院生たちはいかに科学研究を行うかだけでなく、いかに科学研

---

[4] 訳注：第8回大会は中国長春で開かれ、第9回大会はオランダのユトレヒト、第10回大会は厦門、第11回大会は日本の広島、第12回大会は内モンゴルのフフホト、第13回大会は西安、第14回大会は南京、第15回大会はマカオ、第16回大会は日本の大分、第17回大会は西安で開催された。2020年、第18回大会は南京で開催予定であったが、コロナ禍により2021年に延期され、2022年はオンライン開催、2023年はフフホトとのハイブリット開催になった。

究の管理業務を行うのかも学ぶのである。その中で訓練の機会と経験を蓄積すれば、その後、仕事に就くときの準備ともなるはずである。

　南京大学実験室は大学院生を育成することを重要な任務としているだけでなく、学部生の教育も主要な使命の1つである。それは学部生のために、伝統的クラス授業では提供できないサービスである。たとえば3年生の「都市言語調査」クラスでは、実験室が課外活動の場所や人員、設備、技術的サポートも行う。教育面に革新的な作用があったため、社会言語学実験室は［国家の］「985工程（Project 985）[5]教育改革と全人格養成」プロジェクトに組み入れられ、参加した実験室活動の学部生は院生と一緒に科学研究をする機会を得られ、実践と相互行為を通して大いに成長し、多くの学生が早めに専門分野が決まり、比較的早く科学研究の成果を出すことができた。

　博士の学生、修士と高学年の学部生が主体となって、南京大学社会言語学実験室のメンバーは協力し合い、熱心なボランティアとなり、専任職員や、組織者がいない状況下でも多くの重要な仕事を遂行している。南京大学実験室は、科学研究の課題とルーティンの教育任務以外にも、学術会議の主催や請負、講座やゼミ、研修会、夏季講習会、ワークショップなどを開催し、社会調査、相談サービスなど多くの活動を行っている。このほか、インターネットを含めた各種のメディアで言語学研究の成果と実験室の様子を発信、宣伝している。ほかにも実験室のメンバーが出版した専門書や教材、論文などを含めた100件に近い科学研究の成果を発信している。

　南京大学は南京大学学術顧問として世界一流の学者たちを招聘しているが、現在、すでに国際的な学術交流や、国際的科学研究のプラットフォームとして、イギリスロンドン大学の李嵬（Li Wei）教授、ドイツのベルリン自由大学のディッターマール（N. Dittermar）教授がすでに何度も来校、講座を行っている。このほか、「社会言語学実験室シリーズ講座」という形式でアメリカ、イギリス、オーストラリア、シンガポール、オランダなどの国から優秀な研究者を呼び、講演を行っている。実験室が展開する各種の活動を通し、南京大学の

5　訳註：中国教育部が1998年5月に定めたプロジェクトで、中国の大学での研究活動の質を国際レベルも上げるために重点大学に投資していくプログラム。

教師や学生は数十カ国100名以上にものぼる学者たちとの交流の機会も得ている。またこれまでにドイツのマンハイム言語研究所、オランダのユトレヒト大学言語研究院等多くの国外研究機構と共同研究の覚書を締結し、合作プロジェクトも決まった。「都市言語調査」以外にも、南京大学実験室のメンバーは国際会議、国際ジャーナルにも論文を発表し、出張講義を行い、またそのほか言語変異研究、言語コミュニティ理論、言語アイデンティティ研究、言語計画研究などの方面に一定の影響を与えている。

　紹介した3つの社会言語学実験室はそれぞれ、特色は違うが、いずれも実験方法論を言語研究に応用するという特徴をもち、学際的、学科融合という方向性がある。ペンシルバニア大学の方言地図は典型的な実験音声学と社会言語学の交差した成果で、マルチメディア技術から生まれたものである。オタワ大学実験室はいくつかの大型コーパスを利用して先進的なコンピュータ検索技術を利用し、同時に新しいコーパス処理ソフトも開発している。また南京大学実験室は、定量分析を応用し、過去にはミクロ的分析に限られていた研究方法をマクロ分析へと拡大させている。国内の言語学界には記述を重んじ解釈を軽んじ、思考が多く、実証が少ないという傾向がある。南京大学実験室は学生に向けて「実験的研究」という思想を注入し、「仮説の検証」の研究方法を強調している。科学の原則を持ち続けるために、研究成果は学術性を有しているだけでなく、比較的高い実用性も有している。実験室の交流協力や、社会サービスなどの仕事は、教育、文化、スポーツ、衛生、メディア、法律など社会の各方面に及んでいる。

第 4 節 　研究領域

　本節では次章からの内容について簡単に説明する。本書が紹介するこれらの研究内容は、社会言語学のすべてのテーマではないが、代表的と言えるもので、中国社会言語学研究領域の中でも実証研究を応用したものである。また、これらのテーマ設定は、1つには私たちがこれらの問題を熟知し、理論の応用にも自信があるということ、もう1つはこれらの研究内容は読者もまた比較的よく知る社会的言語現象であり、その一部は研究経験のある読者なら研究を試みた可能性もある。本書の読者と、社会言語学の実証方法を検討することはこの本の主な目的であるため、比較的よく知られたテーマを選び、そこから徹底的に分析を行うことは、実用的なやり方である。

　研究対象と目的の違いにより社会言語学の中でも下位領域または「研究分野」がある。以下の各章はその下位領域、あるいは研究方法に対応している。「言語変異」、「言語の相互行為」、「言語接触」、「都市言語調査」、「言語コミュニティ理論」、「言語計画」、「アイデンティティ」などである。それぞれテーマが違うため、それぞれ違った研究方法をとっているが、同様の方法をとったものもある。重要なことは、表面的、具体的な背景の違いがあっても、おなじく科学的原則に則っているということだ。

　言語変異の研究は、社会言語学が複雑な研究対象に直面するときの科学的態度を表している。言語は客観的存在であると同時に、複雑な人々のコミュニケーション活動の中に現れるのだから、排除することのできない変異の現象にも向き合い、それに対して真摯に研究する必要がある。言語変異の研究は「現実主義的な言語研究」（これと対応するのは「理想主義的な言語研究」である）と呼ぶこともできる。言語的な事実は変異に満ちており、理想主義的な言語研究は、これらの変異を無視している。抽象的な言語構造は確かに一定の「理想性」を有しているが、言語学者たちは自己の主観だけに頼って言語の理想的内容を「わ

かったことにする」ことはできない。変異の現象（たとえば、一字に2通りの読み方）を見つけた場合、勝手にその変異を抹殺してならないし、事実に基づいてその変異形式と条件を知り、分析しなければならない。本書の中でも、一字に両音あるいは数種の読み方のある現象も紹介し、同義語の使用状況、同じ意味を表す異なる文型の在り方も紹介している。これらはすべて言語の変異現象である。現在これらの変異現象の研究では、実際の言語使用の中で、入れ替って出現する異形を1つの変項（variable）とし、その出現率と条件に対して定量分析を行っている。分析の結果はしばしばこれらの変項がまさに言語体系の中で変化を体験している部分であり、言語体系が社会の異なる需要に適応しようとして変化している部分なのである。

次に、言語の相互行為の研究は「**相互行為の社会言語学**」ともいい、社会言語学の重要な1分野である。これは社会学の社会的相互行為の理論を取り入れたもので、言語の情報および感情伝達機能はことばの相互行為を通して実現するということを証明する試みである。ことばの相互行為の研究は「会話ストラテジー」、「創発的文法」、「社会語用論」などのいくつかのテーマを含む。「会話ストラテジー」は、人はどのように言語という信号を用いて「コンテクスチュアリゼーション（文脈化）の合図」をするのかということを教えてくれる。この合図を受け取れれば聞き手は十分に会話の意味を解読できるし、この合図を受け取れなかった聞き手はそのすべての意味を理解することはできない。「**創発的文法**」研究が指摘しているのは、文法書あるいは辞書に規定された文法規則と、話しことばの実際の状況とは往々にして違いがあり、これらの差は相互行為の需要から生まれた「文法化」現象だということである。「**社会語用論**」の研究は社会的因子を言語行動の研究に取り入れたもので、異なる社会的背景の人たちの言語行動には体系的な差があることを示している。これらの研究例はそれぞれ注目するところが違っているが、どれも言語の相互行為という本質を証明している。

次に、「**言語接触**」の研究はつねに社会言語学の重要なテーマであり続けている。これはモノリンガルな世界では慣れっこで気付かれることのない社会言語学的メカニズムが、バイリンガルの環境では目立って現れるからである。目下、社会言語学以外の言語学者の中の多くは、現実主義的態度で言語現象に対

峙しているが、一方で言語構造の理想主義理論を放棄することもできないため、言語変異という現象を「言語接触」ということに帰着させざるをえない。しかし、社会言語学者にとってみれば、言語接触は言語体系のさまざまな規範外の現象を受け入れるごみ箱ではなく、1つの体系だったバイリンガル現象から導かれる研究領域であり、対応する理論や方法によってそれらの現象を解決する必要がある。事実上、言語接触はどこにでもみられ、グローバル化の時代の現代にあっては余計にそうである。言語接触は「バイリンガル」としても現れ、また「コードスイッチ」、「言語シフト」、「混合言語」などの現象としても現れる。「ダイグロシア（二言語の使い分け）」は比較的安定した社会のバイリンガル現象であり、これはバイリンガル社会の中での一種の社会規範で、異なる言語変種が異なる領域で使用されていることを意味する。「コードスイッチ」、「言語シフト」、「混合言語」などは、不安定なバイリンガルの状況を反映しており、バイリンガルからモノリンガル（単一言語）への変換をまねき、まったく新しい言語変種が生まれる可能性もある。言語接触の形式とその状況はさまざまであるが、決定的な要因はやはり社会意識と社会経済が原動力となっていると言える。

「都市言語調査」はすでに述べたように、近年発展してきた研究領域で、中国社会言語学界に特別な貢献をしている。それは中国など発展途上国が現在経験している社会と言語生活の大改革の過程を対象とし、かつ言語社会の現代化の特徴およびそのメカニズムを発見することを目標としている。この研究は欧米などのすでに都市化が完成してしまった社会に対しては、都市の言語コミュニティはどのように形成されていくのかということについての解釈を提供することができる。また現在都市化が進行しつつある国や地域に対しては、目下の社会に存在するコミュニケーション問題への対策を提出できる。また、世界の中で形成されつつある未曾有で大規模な都市化の言語状況に対して、一歩進んだ分析と予測とを提供できるだろう。大規模で急速な都市化というのは現在の中国社会生活の1つの特徴であり、世界の中でも重要な社会変革の過程でもある。急速に進む都市化は、21世紀中頃に中国の農業国としての性質を変革することだろう。21世紀内に世界の人口は非都市人口中心から都市人口中心に変わるはずである。またこの大変革の中でかつて経験したことのない大規模人

口移動や人口混合[6]、社会構造の変化、人類の生存環境の変化などが生まれ、人類が想像もしなかった問題をはらんでいる。その中には当然言語の問題も含まれている。新しい言語コミュニケーションや言語アイデンティティの問題は当然のこととして社会問題であり、これは政府、社会学者、言語計画の研究者たちが解決すべき問題であり、新しい言語現象や言語の存在形態も、既存の言語学理論への挑戦である。その応用、あるいは基礎的理論研究という視点を問わず、都市化が言語に対する影響の研究は必要とされている。

「言語コミュニティ理論」と「都市言語調査」は互いに補足し合う社会言語学の新領域である。ただし、言語コミュニティ理論は理論的解釈と、一般言語学の構築に重きを置いている。この理論は言語の「コミュニティ性」という解釈を示している。過去の研究は「言語コミュニティ」を理論以前のラベルとみなし、定義の研究にとどまっていた。「言語コミュニティ理論」の研究はその対象の複雑性を認識しつつ相応する理論や、関係する理論実証が行える可能性を指摘している。

「言語計画」の研究は国際的な学術界でも社会言語学と切っても切れない関係である。中国社会言語学会でも重視されてきた応用研究領域である。現在の新しい傾向としては言語計画の研究と社会言語学の理論研究を全面的に結合させ、同時に他の成果も言語計画に応用している。本書で紹介する内容は言語調査と言語計画を結び付け、科学的な言語計画は充分な社会言語学調査の基礎の上に成り立つことの説明を試みたものである。

国内外の学界では現在「アイデンティティ」が熱心に議論されているものの、**「言語アイデンティティ」**の位置づけはまだ十分ではない。社会言語学でもアイデンティティ研究は言語変異と言語変化への解釈にとどまっている。今必要なのは「言語アイデンティティ」そのものの理論とそれに対する研究方法である。こうした研究成果のもと、文化的アイデンティティや、社会的アイデンティティの中での言語の役割がはっきりしてくるのだ。本書の中で紹介する内容はこの方面の考察である。

---

6 訳註：異なる民族・文化や社会的背景をもつ人たちが同一地域に住んだり交流する現象。

これらのいくつかの領域の研究成果を知ることで読者は社会言語学の重要な理論の一部を理解できるだろう。ただし、本書の主な目的はやはり言語研究の実証的研究方法を提示してみせることにある。事例の紹介と説明を通して、どのように科学的原則が言語研究に応用できるかを説明し、これにより学生や研究者たちが、これまで言語研究において思弁的研究やテキスト考証的研究が主であったものを、「記述と分類」を主要な研究へと転換していくことを望んでいる。つまり本書は全面的な社会言語学理論を紹介することではなく、社会言語学の実証的方法を解説することを目的としている。特に初学者に最初から、「大きな着眼点」を持って「小さい所から着手する」という研究態度を養ってほしい。個人の感覚に頼って議論するのではなく、具体的な言語現象と重要な理論を関係づけ、可能な範囲で真剣な調査と厳格な実験によって、多くの言語的事実を見つけ実証し、関係する理論を補充して改善してほしいと願っている。

第 5 節 | 実践的教育

　現在、中国の「大学受験中心教育」にはすでに多くの批判がある。ここでその包括的な分析を行うつもりはないが、あまり注目されてこなかったことを指摘したい。
　その1.創造力の抑圧、その2.知的所有権に対する意識の低さである。前者はすでに多くの人が指摘しているが、科学研究との関係、ことに後者との関係があることは言及されていない。つまり知的所有権との関係についてはほとんど指摘されてこなかったのである。科学研究とは、すでにある知識のコピーではなく、その継承発展である。もし教育体系が育成する学生たちがすでにある知識をただマスターするだけで、新しいものを創造する能力がないとすれば、語るに価値ある科学研究はできない。中国の知識人たちがその知識化の過程で、ただ知識をコピーする能力しか身に付けないなら、この情報爆発の時代に適応することはできず、中国は永遠に後れをとることになる。
　「天下文章一大抄［天下の文章はコピーするもの］」という思想の影響は根深く、受験中心教育はこの意識を強化してしまった。典型的な受験教育はまず先に、テスト範囲と、予想される答えがあり、つぎに練習問題を写しテストの準備をし、最後に本を暗記しているかどうかが勝ち負けを決める。すべての過程が1つの閉じた過程であるだけでなく、知的所有権が認められず、学生、教師、試験官はみんなこれらの知識の権利を享受する。これらの知識の多くは昔の人や、故人たちが生み出した知識であり、一般的には知的所有権の問題は存在しない。だが、この知的所有権のユートピアからやってきて成功した人たちは、卒業後知的所有権のある世界に直面しなくてはならない。
　現実の、市場化された知的所有権の社会に直面した時、慣れていないために、卒業生たちはどうやって適応していけばいいのかわからない。おそらく2つの状況がありえる。1つはどうしたらいいかわからず、対処法も取れないと

いう状況、もう1つは、意識的、あるいは無意識のうちに人の知的所有権を犯し、試験用の暗記力を活用して、社会に貢献していると勘違いすること。教育の過程で強調されるのは、継承であるということで、個人の独創性は認められず、認められるのは「共有された」知識で、「個性のある」知識の価値は無視されている。しかし、社会が知識人を求めるのは、すでにある知識の記録だけではなく、重要なのは新しい知識を生みだすことである。実際、現代技術の発達はすでに「本のまる写し」という任務を知的作業から切り離している。現代社会が必要としているのは、まさしく「個性のある知識」なのだ。

「知的所有権」の問題は、「知的所有権」と利益面を反映しているだけでなく、知識の価値に対する認識の違いをも反映している。もし知識を所有するということが、その理解だけを意味し、運用や改善ではないなら、ラベリングされた知識の「占有」だけが簡単に生まれる。知的所有権意識が強い社会では、知識に対するどんな改造も転換もすべて何らかの価値が賦与された結果として知的所有権が求められるだけでなく、より重要なことは創造性が奨励されるということである。知的所有権の境界を知ることで人々は知識の「共有」と「非共有」に対して敏感になり、それにともなって新と旧、すでに確立したものと、実証を待っている知識とを区別するようになる。そのため、知的所有権は知識の社会化程度の指標とみなすことができる。社会的実証を経ない知識は社会に帰属していない。新しく創造された知識が貴重であるのは、一方で社会での利用価値が潜んでいるからで、もう一方では、実証が失敗するリスクをも負っている。社会が創造を奨励する時、開発者の権利と義務は明確であり、彼が担うリスクに対しても相応の評価をもらえる。そのため知的所有権はこうした基礎のうえで社会的平等という意義がある。

ここで注目したいのは現行の教育モデルが科学研究に与える影響である。もし知識の社会化の程度を区別することができず、具体的な科学研究とは、研究者が現在ある知識を改善し補足していく過程だと理解していないならば、有効な科学研究はできない。受験教育は新しい思考の創造を生むこともなければ、知的所有権意識が育成されることもない。そのためこのような教育モデルが養成する人材は、個人化された知識と社会化された知識の間の境界線に鈍感で、そのため意識的に社会化された知識と相互に影響をしあうことが難しい。その

結果としての研究成果を生むことが難しい。つまり知識の改善という労働に対する尊重の欠如により、しばしば科学研究と知識のコピー行為を混同し、すでにある研究成果さえ識別できない。

　いかなる科学研究項目も独自性と創造があり、科学的問題を解決しようとするものである。もしある人が「科学研究をする」ことが、図書館へ行って論文を写してくるということならば、彼は研究の本質を理解していないことになる。現在、教師や学生の科学研究に対する要求は「高すぎ」たり、「低すぎ」たりする状況だ。「高すぎ」る要求とは実際に適切でない数値や形式を基準にするため、結果として質の低下をもたらしてしまう。次に要求が「低すぎ」ると厳密な質的検証が行われず、表面だけ注目することになる。もう1つの「高すぎ」る要求は研究テーマと目標が実際の条件に基づいて制限が加えられることがないと、結果として有意義な成果が得られず、単に関連した成果を写して「答え」ただけになる。おなじように「低すぎ」れば、「科学研究」が一種のおかざりでしかなく、いかなる問題も解決できる作用がない。

　ならば、どのように教育改革を行い、どのように私たちの学生を人材市場の求めに応じて育成していけばいいか。どのように科学研究に見合った人材を育成すればいいのか。いまここで提唱する「実践コース」と「研究コース」がおそらく意味のあるチャレンジだといえる。本教材はこの2つの教育のために設計された新しい教材である。

　「実践コース」とはコースの中に一部実践的内容を含めた、あるいは、その主要な部分を実践性のある活動であり、学生が受け身で知識を受ける教育活動ではない。このコースでは学生は実験や社会調査、コンピュータの操作などを行い、理論と実地を結び付ける体験をする。その中には、研究計画や研究デザインという創造的な活動が含まれ、実際の状況に合わせた応用力が必要となる。社会科学では教室を出て、社会に入り込み、人々と交流する能力が鍛えられなければならない。

　南京大学中文系［中国語文学部］では2002年から「都市言語調査」を開始し、それがこの実践コースになっている。この課程の授業を受ける中で、学生たちは基本的な理論と研究成果を理解し、「都市言語調査」の実践を行っている。

第1章 序　論

　このコースでは学生に科学研究の全過程を体験させることを目的としている。
　まず「図書館活動」で、授業後の課題として図書館やインターネットで先行研究を捜し、これらの文献を読んで、問題（たとえば、「普通話［標準語］調査」の中に今存在する問題）を見つけ出す。学生たちは彼らの観点と初歩的な分析結果を持って授業に来て、全体で討論をおこない、互いに補足し合い、ヒントを与えあい、知恵を出し合って認識を高め、その問題に対しできるだけ問題意識を統一させる。もし完全に一致した認識に至らない場合は、まず2つまたは、主要ないくつかの観点にまとめてもいい。
　第2段階は、グループ研究である。学生たちは観点の違いによって、それぞれ小さい研究グループ（観点が同じだとしてもいくつかのグループに分けることができる）に分かれる。
　第3段階の作業は具体的な調査研究方法を決めることである。問題の性質に対して認識が一致した場合は、クラス全体で一緒に研究方法を討論してもいいが、人数が比較的多い場合は、それぞれのグループに分かれて計画をするといい。具体的な状況にあわせて、討論は授業の後でも授業中でもどちらでもいい。先に授業外で討論しておき、授業のときにいろいろと決めることもできるし、授業時に主な手順を決めておき、授業が終わってグループに分かれて詳細を決めてもいい。都市言語調査の作業は、調査方法、調査対象、サンプルの取り方、実際のサンプル採集の順序や進め方などの確定がある。選択科目の学部2003年入学の学生たちはまず関連文献を読んだ後、過去何年かの調査方法に対して改善案を出し、調査において、もとの客観的観察順序を保つと同時に、アンケート調査を増やし、全面的な詳しい状況把握をし、普通話［標準語］の普及の原動力の要素を理解しようとした。
　次の実践行動は計画に従い都市の特定の地点で実施調査を行う。調査の性質と難易度にもとづいて、グループ単位で活動を行う。特に初期段階では経験のある調査員が現場で模範指導をする。調査活動は時間割通りに行うのではなく、あまり学生の負担を増やしすぎないために、一般的には完成までどのくらいの授業時間が必要かを計算して行う。調査活動は数回行ってこそ有意義な結果が得られるので、期間内に授業に戻って1-2回議論し、経験を交換しあい、問題を解決することによって調査計画が終わらせられるようにしている。また研究

方法にもとづいて現地調査が終わった後、調査で得られたデータの処理を行い、定量分析を行う。これは授業が終わってからでも授業と結合して行ってもいいが、授業では、主に、やり方を教え、たとえばコードの基準など決め、方法について、さまざまな問題を討議し、具体的な活動は授業外の課題として完成させている。ただし、研究グループの分業がうまく機能するようグループリーダーがそれぞれの分担を決めをし、任務の完成を監督する。教師はそれぞれのグループの進度を調整し、すべての調査データの集成を行う。もし各グループの有効数値が十分であれば各グループの結果分析やまとめを行うこともできる。もう1つの方法は教師または代表者が集めたデータの結果を皆に提供し、各グループは自分たちの数値結果と元の結果を突き合わせて分析を行う。各グループはそれぞれ報告を提出し、代表を選んで授業中にクラス全体に向けて発表する。発表のやり方は完全に正式な学会の基準と形式にのっとって、時間を決め、一定の討論時間を設ける。聞く人たちはクリティカルな質問をしてよく、発表者またはグループのほかのメンバーが規定の時間内に回答すればよい。

　最後に、このコースが終わる前にそれぞれの学生はレポートを1本書く。選んだ研究テーマの研究報告でもいいし、グループの中で特に議論になったことや合同研究過程で起きた問題を反映させても、調査中の他の問題の報告でもいい。コースの評価は、グループ活動の事前の個人作業の点数と、グループ活動、個人レポートの3つの部分からなる。

　もし1人ひとりの活動実践の中で評価できるものがあれば、適当に調整し加点してもいい。現在このコースはすでに7回以上行い、学生たちの反応もとてもよい。多くの学生たちは積極性を見せ、その中には一定の組織管理能力を表した学生もいる。このコースは学生たちに社会と接触する機会を与え、社会を理解し、研究する機会を与え、また現代化した科学的研究の分業活動のメカニズムを体験する機会となっている。

　「実践コース」以外に「研究コース」も推薦したい。「研究コース」は研究実践を含む以外に、研究内容も実質的研究テーマで、結果は価値のある結果となるはずだ。簡単にいえば研究コースは明確な研究目的と本質的研究内容の教育課程があり、教育と科学研究の一挙両得の活動だ。無論、1つのコースとして完全に研究項目である必要はなく、教育という目的を完全に放棄することもで

きない。だが、その教育は主に研究指導を通して行われるので、結果はある程度研究成果を伴わなければならない。

　南京大学中文系の「都市言語調査コース」を例に説明しよう。2000年入学の学生に対してこのコースを開設した際、「どうやって1つの言語コミュニティを確定するか」という課題を出した。関連文献の分析を行い、これは社会言語学理論の中でまだ解決されていない問題の1つであることがわかった。社会言語学者は「言語コミュニティ」という概念を応用しているが、この概念は、明確な統一された定義はなく、ある研究者はそれを特定の言語を話す人たちの集団とし、またある研究者は、それは特定のコミュニティの言語の側面を指すとし、またある研究者は、それは1つの独立した存在で、一種の言語的特徴をマーカーとする、非公式な社会組織であるとしている。中には、「言語コミュニティ理論」は明確に「言語コミュニティは実体のあるものである」という仮説を唱えて仮説を実証する方法も出している。理論的共通認識が得られてから、その期のコースでは「言語コミュニティの実体について」を研究テーマに決め、具体的な研究テーマはこの研究問題の操作性とし、そこから1つの実証的な回答を出している。

　当時定めた研究方法は、この研究テーマとして定義を「南京市は1つの言語コミュニティを構成しているかどうか」とし、都市言語調査の方法に基づいて設定した以下の問題、つまり（1）南京市内人口の言語使用と言語評価では高度の一致性があるか、（2）南京市内人口は1つの有効なコミュニケーション集団なのか、である。関連する理論を基に、もしこの2つの問題に肯定的な回答を得られたなら、南京市は1つの言語コミュニティを形成していると言えるだろう。

　先に紹介した都市言語調査の過程を通して、わたしたちは確かに予期した答えを得ることができた。つまり「南京言語コミュニティ」というような実体が存在し、言語使用と言語意識が高度に一致した集団があり、特定の言語使用の規範に則って、有効な社会的コミュニケーションが行われていることが確認できたのである。ただし、この基本的な仮説が実証されてからまた新しい仮説が出された。というのも定量研究で、南京市内の主要部だけにこのような状況が

あるが、小さい地域に関しては、例外もあることがわかったからである。このため、より精度の高い定量的な基準が必要であろう。厳格な定量基準があれば、言語コミュニティ内の標準的「言語コミュニティ人口」と、単に「南京市内の範囲で活動する、南京市内の人口」とに分けられるだろう。後者も1つのコミュニティということができるが、厳密には「言語コミュニティ」ではなく、「南京言語コミュニティ」とは「南京コミュニティ」の中で確認できるものであるはずだ。

　学生たちは苦労して調査作業を終え、分析する中でこのような高次の理論的結論に元気づき、「私たちは単に街の人たちがどんなことばを話しているか調べに行ったではなく」、「実際上の言語学界が何十年も解決できなかった難問を解決した」ことを知った。

　「都市言語調査」以外に、南京大学中国語学部は2003年から「言語変異研究」という「研究コース」を開設した。2002年入学の学部生の劉霊珠はこのコースで勉強している間にある研究を行い、意義ある成果を得た。言語変異の研究の基本と研究モデルはすでに紹介したのでここでは繰り返さないが、劉霊珠は前に学んだことの蓄積と個人的興味をもとに、異体字の「作zuò／做zuò」の問題について考察を始め、現行の出版物の中で、「叫做jiàozuò［〜と呼ぶ］と叫作jiàozuò［〜と呼ぶ］」および「当做dàngzuò［〜とする］と当作dàngzuò［〜とする］」などの形式の入れ替わりがよくあり、辞書上の説明とは一致していないことを見つけた。他のコースの学習を通して、彼女はすでにこの2つの文字が歴史的に、文献では「作」が「做」より早く出現し、異なる語源から来たものであることを知っていた。またこの2つの文字はいかなる状況下でも自由に入れ替え可能であるわけではないこともみつけた。用字の不統一の状況に関して、現在発表された研究の多くは規則の角度からその取捨について論じている。しかし、言語変異理論に触れた後では、異体字とは、どこにでもある言語変異が文字に現れたものにすぎないことを知った。彼女は変異理論を応用し、「作／做」を変項と決め、変異のない構造的結合を除き、変異の範囲を限定した。そして「作／做」の変項が、言語変異の一般的規則に合致するはずだとした。つまり（1）歴史的な起源がある、（2）集団的使用がある、（3）社会における分化がある、と仮定した。その上でコーパスを利用し、社会調査

と実験的手段を用いて上述の仮説を検証した。検証の結果は仮説の正しさを証明した。集団の用法と、大型コーパスでの主流の傾向が一致し、また権威ある辞書と特定の歴史的時期の主流の用法が一致したことにより実証できたのである。

　この発見が与える示唆は、言語規則の制定にはただ専門家間での議論にとどまるのではなく、社会に深く入り込んだ調査が必要で、すでにある権威ある規範に対しても客観的な分析を行い、その立論の基礎を研究し、できるだけ無自覚な行為とやみくもな決めつけを減らすことが必要だということだ。劉霊珠の論文はコースが進行するに従って書きあげられ、何度も書き直し、何度も授業で討論を行い、最終的に『中国社会語言学』雑誌上に発表された。

　社会言語学の専門書と教材はすでに数多くある。たとえば陳原の『社会語言学』[7]（学林出版社、1983）、祝畹瑾『社会語言学概論』（湖南教育出版社、1992）、徐大明等『当代社会語言学』（中国社会科学出版社、1997/2004）、郭熙『社会語言学』（南京大学出版社、1999、浙江大学出版社、2004）、陳松岑『社会語言学導論』（北京大学出版社、1985）、孫維張『漢語社会語言学』（貴州人民出版社、1991）、戴慶廈『社会語言学教程』（中央民族学院出版社、1991）と『社会語言学概論』（湖南教育出版社、2004）、遊汝傑・鄒嘉彦『社会語言学教程』（復旦大学出版社、2004）、楊永林『社会語言学研究：効能、称謂、性別篇［社会言語学研究：機能、呼称、ジェンダー篇］』（上海外語教育出版社、2004）、趙蓉暉『語言与性別：口語的社会語言学研究［言語とジェンダー：話ことばの社会言語学的研究］』（上海外語教育出版社、2003）、王立『漢語詞的社会語言研究［中国語語彙の社会言語学的研究］』（商務印書館、2003）、勁松『社会語言学研究』（民族出版社、2009）等などだ。これらの本にはそれぞれ特色があり、しっかりと読んでおくべき社会言語学の総合的な書籍で、授業にも使えるし、独学用にもなる。もしこれらの本と他の関連の本を合わせて使用すればもっとよい効果が得られるはずである。

7　訳注：中国語では社会言語学は「社会語言学」という。書名であるため、そのまま「社会語言学」とした。また、話題として取り上げられた字には「妈mā」「作zuò」のようにピンインを付けた。

すでにある社会言語学の本と比較して、本書には独自のポイントがある。本書には実践と研究コースを盛り込んでいる。こうしたカリキュラムの中で、社会言語学は知識体系の紹介だけでなく、対応する研究方法、研究能力の訓練を行うものなのである。学生たちは、これらの知識を理解するだけでなく、これらの知識を実践の中で検証し、社会調査や社会実験を通して、独自の結論を得るのだ。学生が具体的な研究テーマを定めたら、コースの中でこの課題を完成させることになるので、実際として彼らは、社会言語学を「学ぶ」だけでなく、社会言語学を「行い」、研究能力を高め、社会言語学に対して実質的な貢献をすることになる。

　本書の例は実践性や研究コースの必要性を考慮してある。以下の各章では理論、方法、研究事例などを含んでいる。研究事例の詳細な説明を主とし、具体的で模範的な研究を提示することで、関連の理論や実際の問題をどのような研究方法で解決するかを示している。

　理論の紹介においては、理論の全体や複雑な面ではなく、その検証可能な部分を取り出して、具体的な検証過程を説明した。研究事例の紹介についてはできるだけ詳しい情報を提供し、学生たちが真似て踏襲できるようにし、研究テーマの面でも、次に進んだ研究ができるよう提示している。

　これ以外に、各章節の最後に課題を設けた。これらの課題もまた討論のテーマになり、討論の基礎の上に立って、研究テーマとすることもできる。また、各章ごとに「本章のポイント」、「基本概念」、「推薦図書」をリストアップして載せ、学生や教師の参考に供している。

　本教材のもっともよい利用法は、条件が許せばできるだけ実践的内容を増やすことである[8]。理想をいえば、学生たちが独立して、あるいはグループ研究で、1つの完全な研究を行い、最後に研究レポートを完成させることである。テーマを決めるとき、十分に実行可能かどうかを考えたほうがよい。つまり研究の

---

[8] 本書は、もちろんクラス内授業を主にする教育においても使用が可能で、教師は特に、ケーススタディの背景的情報について充分に理解したうえで、現実のものとして紹介すればかなりの効果が期待できる。こうした基礎の上で、実践的な小テーマを与えれば、学生たちは収穫が得られるはずだ。

過程で、方法の規範性と結果の妥当性を十分考えるべきである。分析を行い、結論を出すときは提出した研究テーマに対応していなければならない。そして研究レポートには、研究テーマの説明、方法論の解説、具体的に行ったことの記述、そして明確な結論が必要である。

　実証的社会言語学を学ぶ場合、学生たちは頭を働かせ、手を動かし、抽象的な社会言語学理論を私たちが接触することのできる言語現象に応用しなくてはならない。このような学習は、私たちが社会に身を置いていることを深く意識させ、多くの普段気がつかない日常生活の言語現象の中に、社会的法則を見つけ出し、その法則を応用して、私たちが社会の適応能力を高めることに役立つ。つまり共同の努力を通じて、よりよい社会を築くことができるはずなのである。

【本章のポイント】
言語の社会的本質　言語研究と社会科学研究の関係　社会言語学実験室の誕生と発展　社会言語学の研究テーマ　いかにして社会言語学を学ぶか

【基本概念】
言語学　社会言語学　科学　社会科学　実践コース　研究コース　構造主義言語学　生成言語学　社会の規則性

【課題と実践】
1. どのように言語の社会的本質を決定するのか。
2. 社会とのつながりを断った人の言語能力が退化することを証明するにはどのようなことがあるか。
3. 言語学は社会科学か。それはどうしてか。
4. 社会言語学実験室はどのような教育理念を標榜しているか。
5. 社会言語学を学ぶメリットは何か。

【推薦図書】

1. 風笑天（1996）『現代社会調査方法［現代社会調査法］』武漢：華中理工大学出版社。
2. 徐大明（2003）「語言研究的科学化［言語研究を科学的に］」『語言教学与研究』第1期、pp.17-18、徐大明（2007）『社会語言学研究［社会言語学研究］』上海：上海人民出版社。
3. 徐大明（2006）「中国社会語言学的新発展［中国の社会言語学の新たな発展］」『南京社会科学』第2期、pp.123-129。
4. 徐大明・陶紅印・謝天蔚（1997/2004）『当代社会語言学［現代社会言語学］』北京：中国社会科学出版社、pp.1-18。
5. 劉霊珠（2005）「"作／做"変異研究［『作／做』の変異に関する研究］」『中国社会語言学』第2期、pp.214-224。

第 2 章 言語変異と言語変化

第 1 節　概　論

　言語の変異性（variability）は言語の基本的特性の1つである。著名な言語学者エドワード・サピア（Edward Sapir）は、つとに「人々は、言語は変異するものであることを知っている」と語っている（Sapir 1921）。日常生活の中でも、人々は、言語は変異するものであると感じることはできる。それぞれの地域には言語上に異同が存在し、個人と個人の話し方の間でさえ差があり、その個人でも異なる場面では言語運用に違いがあり、音声、語彙、文法も含めた一連の特徴も完全に一致することはなく、こうした現象を言語変異と呼ぶ。

　言語変異は1960年代以来、次第に形成されてきた言語学研究の領域で、社会言語学の中の重要な分野であり、中心的テーマである。社会言語学者シューイ（Shuy 1989）はかつて「社会言語学」の意味するところについて調査を行ったことがある。彼は世界各地の数百人の研究者に答えを求めたところ、結果として戻ってきた意見は、社会言語学はまず言語変異を研究する学問であるということで一致した。

1.1　言語の変項と変異形

　具体的な言語変異は1つ1つの言語の変項（linguistic variable）である。もしある言語単位の中にやや違った表現形式があるなら、この抽象的な言語単位がつまり、変項であり、その異なる表現形式がすなわち変異形（variant）である。「変項」と「変異形」はセットの概念で、1つの「変項」は一組の「変異形」からなる。つまり2つ以上の「変異形」があってはじめて「変項」が構成される。

　1つの構造単位として、変項にはその表記方法がある。丸かっこを用いて、ある構造要素をくくり、その要素を変項と呼ぶことにする（徐大明 2006:4）。た

とえば、「蛙wā」、「袜wà」、「网wǎng」、「王wáng」等の字は北京語の中では声母は [w]、[v] 、またはこの2つの間の音（沈炯1987）である。この3種類の音の組み合わせがつまり1つの変項というわけで、(w) と表記する。3つの具体的な音の形式は3つの変異形ということになる。

1.2　言語変異と言語の構造

　社会言語学が扱う各分野の中で、言語構造の変異の研究が最も「オントロジー研究」に近い。なぜならばそれは一種の「言語に向き合う社会言語学的研究」（Chambers et al. 2003:203）だからだ。社会言語学の言語構造に対する研究は重点を言語構造の変異性に置いたうえで、音韻や文法、語彙の変項を研究してきた。

　社会言語学が言語体系に関する研究の中で研究者たちは音韻変化に注目し、研究成果も一番多い。音韻変化は、母音変異、子音変異と韻律素の変異を含むが、母音の変異に関する研究が非常に多い。中でもアメリカの学者ラボフ（Labov）は、英語の研究で有名である。早くはマーサズヴィンヤード島（Martha's Vineyard）での研究（Labov 1963）、最近では「電話調査プロジェクト」（Telsur Project）（Labov, Ash & Boberg 2006）等がある。中国語の母音の変異に関する研究も比較的多く、北方語の儿化［アル化］音の変異（林燾 1982）、寧波語の鴨 [ɛ] 類詞の変異（徐通鏘 1985）、溧水「町ことば（街上話）」の [u] 母音変異（郭駿 2005）等がある。中国語の子音変異に関する研究も比較的多く、前述の北方語 [w]/[v] 変異（沈炯 1987）、北方鼻韻尾変異（Xu 1992、徐大明 2001）、応山方言 [ts]/[tʂ] 変異（汪鋒 2003）、マカオ粤方言 [ŋ] 音節変異（邵朝陽 2003）等がある。母音と子音の研究に比べ、韻律素の研究はやや少なく、この面では国内では影響力のある研究がまだ出ていない。国外の研究では、ガイ他（Guy et al. 1986）、ブリテン（Britain 1992）、イェガー＝ドロール（Yaeger-Dror 1996）、レフコヴィッツ（Lefkowitz 1997）、グレイブル他（Grable et al. 2000）などの研究がある。

　語彙は言語構造と社会の発展に密接に関係しており、社会の変化にもっともはやく反応する部分で、社会変化はしばしば語彙の中に現れる。そのため、語彙変異は言語と社会の変化の関係を研究するためのもっとも良い突破口だ。語彙変異は、言語の変異と言語変化の関係をはっきりと示すことができるため、

この方面の中国語研究は比較的多く、たとえば「剛/剛剛/剛才」の研究（李宗江 2002）、応答詞「行/成」の研究（徐大明・高海洋 2003）、「小姐」呼称語の研究（葛燕紅 2005）や北京語の高頻度語の研究（高海洋 2003b）、香港社会における金銭の異なる通称の研究（張双慶 2004）等がある。

統語論に関して変異があるかどうかについては2つの対立する見解がある。1つの考えは、変異とは言語構造の各階層の中に普遍的に存在していて、統語論においても例外ではないとするもの、もう1つの考えは、多かれ少なかれ統語的変異の存在を否定するもので、「統語的変異」は構文の要素の制約を受けたものではなく、語用や語義の要素によって生まれるものだとする。その観点を持つ研究者には、ラボフの英語コピュラの縮約研究（Labov 1969）が統語的変異の先例だと考える人もいる[1]。このほか、中国語の統語的変異の研究として「漢語程度副詞的語法化［中国語程度副詞の文法化］」（蔡氷 2005）、「有+VP句式在高校社区的使用研究［有+VP文型の大学コミュニティでの使用状況の研究］」（王玲 2005）などがある。

言語変異の研究には、音韻体系、語彙、統語的変異の研究以外に、文字やディスコース研究などもある。たとえば「作/做」の変異研究（劉霊珠 2005）、結婚相手募集記事の特徴的変項研究（池昌海・戴紅紅 2003）等があるが、この分野の研究はまだ少なく、強化していく必要があるだろう。

1.3 言語変異の社会的制約条件

言語変異の研究の重点は変異の制約条件上に集中している。その中には言語内部の制約もあれば、社会的制約もある。言語変異の誕生は一方で言語構造という内部からの圧力もあるし、もう一方では言語外部からの影響もある。外的原因は地域性もあれば、話し手の社会的属性と関係のあるもの、言語の使用場面に関係のあるものがある。社会言語学の卓越した成果は言語変異の社会的制約条件を明らかにして分析したことにある。言語変異の社会的制約条件の主な

1　英語の話しことばの中で、コピュラbeの各種縮約と縮約しないものは共に（be）変項を構成している（徐大明 2006: 410を参照のこと）。

ものには、年齢、性別、社会階層やスタイルがある。以下順次紹介していく。

(1) 年齢と言語変異

　若い人のことばと老人のことばを比べると多くの特徴的な違いがある。これについては多くの人が感じていることがあるが、社会言語学ではもっと深く入り込んで分析を行っている。

　社会言語学では年齢に関する言語変異を2種類に分けている。1つは言語コミュニティの中で、いままさに起きている言語変化で、もう1つは言語コミュニティの中で長期にわたって存在している年齢的規範のことである。前者は「進行中の変化」と呼ばれ、後者は「年齢階梯 (age grading)」と呼ばれる。言語変異がある種の変化を示すとき、もっとも相関する社会的要素は年齢である。最年長世代の話しことばのなかで、わずかな変異形が出現すると、中間世代の話しことばの中でその変異形の出現率が増加してくる。そして最も若い世代ではこの変異形の出現率が引き続き増加する。調査の中で何世代かの間に出現するこの種の連続的、定量的差が見つかった場合、社会言語学者はこれらの共時的差異から言語の通時的変化を推測することができる。しかし、時には変異形の増加や減少が同世代の人の中で起き、ある世代に至って、ある言語的特徴が現れ、この段階を過ぎてしまうとその特徴は消えうせるというような状況は言語変化ではない。

(2) 性別と言語変異

　社会言語学者は両性の言語差は生理的要因から生まれるだけではなく、もっと重要なのは社会的性別（ジェンダー）が生みだしたものであることを発見した。たとえば、言語規範に関して男性と女性とでしばしば異なる意識と表現がある。男性はあまり規範を気にとめず、彼らが話すことばは比較的荒っぽい。一方女性は比較的規範に注意し、話し方は男性より標準的である。

　ラボフはマーサズヴィンヤード島 (Labov 1963) とニューヨーク市とで英語調査研究 (Labov 1966) を行っているが、これは社会言語学の中でも比較的早期のことばの性差研究例である。彼の研究で、言語変化の面は、女性はしばしば男性のまるまる1世代に先んじていることを発見した。男性は言語の創造の

面では女性より立ち遅れ、比較的保守的であることを示している。

(3) 社会階層と言語変異

　社会言語学の研究で、社会階層は重要な要素の1つであると同時に、複雑な要素であるとされてきた。それがなぜ重要かと言えば、人々は社会階層が言語の差を作るということに対して極めて敏感で、この面の言語変異は話者の社会的属性（社会的アイデンティティ）を表しており、複雑さについては、目下学術界ではまだ統一的な社会階層を測る基準はない。言い換えればまだ社会の中の人々を階層によって分けるよい方法を見つけておらず、現在、一般的には経済的地位、学歴、収入などを指標として分類している。ラボフのニューヨーク百貨店調査（Labov 1966）はよく知られた社会階層に関する変異研究である。ラボフは（r）変項が社会階層によって明らかに分化した現象であることを突き止めた。具体的には、高級デパートの販売員は「-r」変異形を発音する割合が、高級でないデパートの販売員より高い。なぜなら、異なるレベルのデパートでは異なる階層の顧客を相手にするからである。

(4) スタイルと言語変異

　いわゆる「スタイル」とは、すなわち異なるコミュニケーションの場面で形成される異なる表現形式のことで、たとえば「談話スタイル」、「政治談話スタイル」、「科学的スタイル」、「事務的スタイル」などがある。過去のスタイル研究は、書きことばに限られていたが、社会言語学は、話しことばの中にも「場面によるスタイル」があり、しかもそれが言語変異の形で現れることを見つけた。言語変異はまた、1人の話し手の1度の談話の中にも、話題転換などの理由で、「スタイルシフト（style-shifting）」現象としても現れる。談話の中には一定の定量的特徴変化として、たとえばある変異形の使用の増加や現象という形で現れる。これは話し手の場面の性質に対する解釈によって変化するということを意味する。

1.4　言語変異と変化の関係

(1) 進行中の変化

　社会言語学者たちは、言語は絶え間なく変化しているものだと考えている。社会全体の絶えることのないコミュニケーションという条件下で言語体系はどのように変化しているのだろうか。この問題に答えるために、ラボフを先駆けとする社会言語学者たちは「進行中の変化」(change in progress)の研究を始めた。

　「進行中の変化」とは、今まさに広がりつつある言語変異のことだ（徐大明等 2004: 136）。社会言語学者たちは、進行中の変化の研究を通して、直接に変化の過程を観察し、それによって言語変化のメカニズムを理解できるのだ。もしすでに完成してしまっている言語変化だけを研究するならば、メカニズムの理解はできないだろう。

(2) 見かけ上の時間と実時間

　言語の年齢階梯から導かれる言語変化の研究を、見かけ上の時間 (apparent time) の研究と呼び、研究対象は幾世代かの言語特徴上に現れた言語変化の傾向である。

　第2節では、溧水の「町ことば（街上話）」における50年間の [u] 母音変異の変化の傾向（郭駿 2005）について紹介する。見かけ上の時間の研究では次のように説明することができる。人々が習得する言語は比較的保持され、現在の40代の話し方は、20年前20代だった人たちの話し方の状況を反映している。現在の40代の人たちと、20代の人たちの話し方は、20年前と現在という2つの時間における、20代の話し方の比較だと言える。そのため、現在40代の人たちと20代の人たちの談話の中で使用されるある種の言語の変項の差は、20年来の言語変化を表している。

　社会言語学では異なる時間の中から得られたことばのデータから研究することを実時間 (real time) の研究と呼び、これはしばしば以前調査したことのあるコミュニティに対して再調査を行うことを意味する。社会言語学の絶え間ない発展に従い、初期の調査からすでにかなりの時間がたち、再調査の必要が生じ、多くの社会言語学者たちは実時間の研究をする。たとえば、ラボフ (Labov

1966) のニューヨーク市の百貨店 (r) 変項の研究は何年も経ってから、ファウラー (Fowler 1986) がラボフと同じ調査方法を採用し同じ地域で同じ言語変項を調べた。これで彼女の調査結果とラボフの調査結果を比較することができ、比較の結果24年という時間を経て、ニューヨークの百貨店の店員の「-r」変異形の比率は増加していたが、元あった社会階層の分化は変わらず保たれていたことがわかった。これはニューヨーク百貨店の (r) 変異が基本的に20数年前の変異を維持していることを意味している (徐大明 1997：150-151)。ファウラーのこの研究は、実時間の研究である。

(3) 年齢階梯 (age grading)

　同世代の人々が成長の過程での言語使用上で変化が生まれることを「年齢階梯」(age grading) と呼ぶ。1人の人が言語をマスターする過程で、その言語には変化が生じる。それと同時に、特定の言語コミュニティの中では、異なる年齢層の話し手にも、異なる言語規範がある。たとえば幼児がよく二音節語や単音節語をある単音節の重複した形で、つまり「帽子［ぼうし］」を「帽帽màomao」、「袜子［くつした］」を「袜袜wàwa」、「狗［犬］」を「狗狗gǒugou」、「猫［猫］」を「猫猫māomao」と発音するが、成長し一定の年齢に達するとだんだんとこのような話し方をしなくなる。これが一種の「年齢階梯」である。

　チェンバース (Chambers 1995) は、カナダのオンタリオ州南部でアルファベットの最後の文字の発音に「zee/zed」という変異が存在すると報告している。1979年の調査では児童の3分の2が「zee」と発音し、大人の大多数が「zed」と発音した。つまり「zee」から「zed」へ変化することが、児童と成人の違いであると発見したのである。1991年にふたたび調査を行ったところ、子供たちの3分の2は「zee」と発音しており、成人の大多数は「zed」と発音していることが分かった。「zee」から「zed」の変化が子供と成人の間の差と言える。1991年に再度調査したときには、「zee」と発音していた人 (彼らはすでに子供から成人へと変わっていたが) を含め、多くの成人たちはやはり「zed」と発音し、かつ、人数も年齢が上がることに比例して明らかに上昇する傾向があり、一方で子供の大多数がやはり「zee」と発音していることがわかった。つまり (zee) の変項が典型的な年齢階梯の例である。

コミュニティという角度から見れば、年齢階梯は比較的安定した社会的変異であり、「進行中の変化」ではない。なぜならそのコミュニティの中の各世代が同じ変化の過程を通るのであり、コミュニティ階層の中には変化はないのである。

1.5 言語変化の原因

(1) 言語変化の内部的要因

言語学者はかつて言語構造と発音の角度から言語変化の原因について説明を行っている。たとえば、「同化（assimilation）」で、音声が類似してくるということ。2つの音が続くとき、その中の一部または全部が一方に向って変化する現象のことである。次に「省略（omission）」で、1組の音が集まると、ときにはその中の1つが脱落してしまう。同化も省略現象もよくある現象で、特に2つまたは、2つ以上の子音が続いた場合に起きる。これはいわゆる「力の節約」の原則が作用している。その他の構造的角度からの理由の説明としては、たとえば「文法機能保存」や「語義の保持」、「アナロジー（類推）」等などがある。参考文献としてはJean Aitchison (1997) などがある。しかしながら、言語変化には同時に外部的要因があり、これは社会言語学の研究の重要なポイントである。

(2) 言語変化の外部的要因

音韻のメカニズムなどは、先に説明した原因で起きるから、言語構造の中に変異形が出現する。たとえば同化と未同化、省略と未省略の形などなどだ。これらの変異は、変化の発生と発展の条件を提供している。しかし、変化の発生と発展は常に強力な社会的動機を必要とする。つまり言語変化は言語コミュニティの中で次第に広がるもので、この過程には社会的原動力が必要である。

ラボフのニューヨークの調査（Labov 1969）も言語変化には社会的原動力が必要であるということの証拠となる。この研究では (r) の変項は、社会階層とコンテクストとスタイルとに2重の相関があること、つまり社会的地位の高

い人、あるいはより正式な場面で、より高い頻度で巻き舌率（「-r」の変異形使用が多い）が現れることを発見した。これは「進行中の変化」の1つである。ニューヨーク地区は歴史上、かつて巻き舌という特徴はなかったのだ。そのため、ニューヨーク英語の今の巻き舌という特徴は、言語変化の結果なのだ。巻き舌と言う変異は、初めのうちは少数の人たちがしていたことで、のちにニューヨークの一般的な特徴となったが、拡大する過程を必要としたのである。つまり自分の社会的地位を向上させたいと思った人々が、ハイクラスの人の社会的行動を模倣したが、そこには言語行動も含まれていたわけである。ひとたび相当数の人たちがこうするようになると、社会的原動力が形成され、第二次世界大戦後のアメリカ経済とニューヨークの街の急速な発展は多くの社会的な流動性の機会を提供し、ニューヨークの巻き舌音はそうした時代に拡大していったのだ。

第 2 節 溧水「町ことば（街上話）」[u]バリエーション

　郭駿の江蘇省溧水（りすい）の「町ことば（街上話）」に対する研究は音韻体系変異の研究である（郭駿 2005）。研究したのは、[u]母音に関する変異と変化現象で、以下、この研究の紹介をしていく。

2.1　研究テーマに関して

(1) 研究の背景
　溧水県は江蘇省西南部に位置し、南京市の郊外の県［日本の郡相当］であり、県政府の所在地（県城）を「在城鎮」と呼ぶ。この県政府所在地の方言には2種類あり、「老在城話［旧城内語］」で、呉方言の一部であり、現在話せる人は大変少ない。現在話されている「新在城話［新城内語］」は江淮方言の一部で、100年近くの歴史があるが、1950-60年代まではずっと「城［溧水県］内」で使用され、城外では話されなかった。そのため「町ことば（街上話）」とも呼ばれる。1970-90年代から、県城（溧水県）の範囲が次第に拡大していくに従い、城外から流入する人たちとの交流のための言語となり、現在溧水県で最も通用する方言となっている。

(2) 研究対象
　町ことば（街上話）の中には1つの文字に2種類、あるいは3種類の読み方がある現象が存在している。たとえば「団tuán、端duān、暖nuǎn、蒜suàn」などの字の韻母には[u]と[uæ]の二つの読み方があり、「磚zhuān、穿chuān、船chuán」等の字の韻母には[u]、[yi]と[uæ]の三つの読み方があり、しかも声母にも違いがあるようだ。これらの1字多読の現象が音韻体系の変異であり、複数の音素変項（音素バリエーション）で構成されている。これらの変項は全て[u]

母音と関係があるため、郭駿はこれを「[u]母音変異」と名付けた。

(3) 仮説

　普通話［標準語］と方言の関係の問題は中国の研究者たちがずっと注目してきた問題である。普通話は方言に対してどのような影響があるのか、方言がどのような方向に向って変化しているのか、こうした研究はすでに行われている。しかしこれらの研究にも不足している点がある。それは「人々は方言と標準的な普通話という両端の状況にばかり注目して調査研究をしている」が、方言と普通話の過渡的中間言語に関する研究はまだ少ない。実際には「中間状態が大量に存在している」のであり、「各地の過渡的ことばがいったいどのようであるか、そのことばと普通話とにはどのような違いがあるのか」、これらはどれも大変価値のある研究である（陳建民・陳章太 1988: 115）。

　方言学の調査の基礎の上に、郭駿は[u]母音変異が影響している韻母の数は多く、関係する語彙も広範囲であり、また話し手の年齢、性別、社会階層によって異なる状況があることに気がついた。そのため、この変異はおそらく「進行中の変化」の1つであり、この変化には町ことばのもともとある性質を変えてしまう可能性がある。郭駿は溧水の町ことば[u]母音の変異は、進行中の変化であり、変化の方向や結果が町ことばを「普通話［標準語］的地方語」へと転換させているのではないかと仮定した。

2.2　研究方法

　郭駿は「割り当てサンプリング（quota sampling）」の方法を使い、調査対象のサンプルを決定した。彼が調査対象とした相手は、溧水県で育ち、日頃、町ことばを使う人たちで、年齢分布は10-65歳で、対象をまた4つの年齢集団に分けた。第1グループは10-20歳、第2グループは21-40歳、第3グループは41-50歳、第4グループは51-65歳とした。その中で、第1グループは全員学生で、ラボフの言う「スタイル変化の段階」（陳松岑 1999:148）に属すため、他より10人多く調査し、ほかのグループはそれぞれ10人ずつ調査した。調査総計は50人で、そのうち女性21人（42%）、男性29人（58%）である。郭駿は

表 2.1　語彙調査表

	類別	調査語彙		類別	調査語彙
1	天文	暖和［あたたかい］	9	親族	孫子［孫］
2	地理	磚頭［れんが］、農村［農村］	10	身体	嘴巴子［口］、嘴唇子［唇］
3	季節、時間	端午［端午］	11	衣類	穿衣装［服を着る］
4	農業	船［船］	12	飲食	余猪肝湯［豚レバースープを作る］、発酸［酸っぱくなる］/酸菜魚［酸菜魚料理］
5	植物	大蒜［にんにく］、豌豆［エンドウ豆］、竹笋［筍］	13	冠婚葬祭	做十歳［10歳のお祝］、俗気［俗っぽい］/風俗習慣［風俗習慣］
6	動物	老鼠子/老鼠［ねずみ］、驢子［ろば］	14	日常生活	換一件/替換［取り換える］、喚狗咬你［犬をけしかける］、催他快点［急げと促す］、得罪［怒らせる］/犯罪［罪を犯す］、発軟［力がぬける］、横過来擺［横にする］
7	器具、用品	痰盂［たんつぼ］	15	動作	乱踩［踏み荒らす］
8	呼称	団長［団長］	16	その他	一寸［一寸］

　調査対象の社会階層にも注意し、50人の調査対象はそれぞれ6つの社会階層[2]に属している。経営管理職階層、私営企業主階層、専門技術職階層、個人経営商工業者階層、商業サービス業従事者階層、産業労働者の6つである。調査対象を集めるときには、「スノーボールサンプリング」の方法を採り、知人を通じて紹介してもらい、インフォーマントに会いに行き、その発音の状況を記録し、そしてこれらのインフォーマントを通じてまた彼らの知人友人を紹介してもらい、彼らの発音の状況を調べることで、50人の調査を完成させた。

　郭駿は、インフォーマントに日頃使用している町ことばを使って、あらかじめデザインした語彙表を朗読してもらった。彼の調査する語彙のリストは住民が日常生活で使う語彙や慣用表現を選び、それらの語彙の意味がカバーする範囲や語源にも注意した。つまり、もともと方言として存在する語彙を主とし、最近普通話［標準語］から入ってきた語彙も選び、同時にこの2種類のリソー

---

[2] 『当代中国社会階層研究報告』（陸学芸 2002）が区分した十大社会階層区分に基づく。

スから来た共通字の対照ペアを使った。たとえば、発酸/酸菜魚、換一件/替換、得罪/犯罪、俗気/風俗習慣、老鼠子/老鼠（前者は当地の方言にもともとある語彙で、後者は普通話から来たことばである。表2.1を参照のこと。太字が調査対象文字である）。

2.3 研究の過程

研究者は[u]母音変異の変項と変異形を確定させたあと、言語体系内部要素（音韻、語彙を含め）と社会的要素（年齢、性別、階層などを含む）が[u]母音変項に与える制約状況を分析した。

(1) [u]母音変項、変異形の確定

調査表の中の28組の語彙の音声の状況は10個の変項と定めることができ、表2.2のようになる。変項1-7にはそれぞれ、ʊ/uæ、ei/uei、ən/uən、əʔ/uəʔ、yn/uən、uən/əm、u/yという各2つの変異形が、変項8-10ではʊ/yi/uæ、yɪ/ʊ/uæ、uei/ɥ/uという各3つの変異形が存在している。

研究者は町ことばの[u]母音変項の変異形を「旧式」と「新式」、この2つの間に存在する「過渡式」の3つに分けた。調査の結果、4つの世代で新式を使っている人のパーセンテージは第1グループが51.1%、第2グループが24.4%、第3グループが19.8%、第4グループが6.7%であった。これは年齢が大きくなれば数値が小さくなることを意味し、年齢が小さくなれば数値が大きくなることを示している（郭駿 2005: 77）。このように変項1-7項の2つの変異形は、1つは旧式、1つは新式と考えることができ、変項8-10項の3つの変異形は、1つは旧式、1つは過渡式、1つは新式と考えることができる。表2.2を参照のこと。

[u]母音と「新式」の関係には4種類の状況がある。(1) [u]が介母[3]として出現するものには、4種類の異なる形があり、24組の単語（表2.2でリストアップさ

3　訳注：中国語の音節において声母（子音）と主母音（音節主音）の中間に位置する母音または半母音のこと。現代の普通話には /i/、/u/、/y/ の3種類の介母がある。

表2.2　[u]の変項と変異形

変項	調査した文字の中で入れ替えが起きる韻母	変異形 旧式	変異形 過渡式	変異形 新式
1	団（t'ʊ²⁴/t'uæ²⁴）、端（tʊ³²/tuæ³²）、暖（lʊ³¹²/luæ³¹²）、乱（lʊ⁵⁵/luæ⁵⁵）、蒜（sʊ⁵⁵/suæ⁵⁵）、酸（sʊ³²/suæ³²）、余（ts'ʊ³²/ts'uæ³²）、換（hʊ⁵⁵/huæ⁵⁵）、喚（hʊ⁵⁵/huæ⁵⁵）、豌（ʊ³²/uæ³²）	ʊ		uæ
2	嘴（tsei³¹²/tsuei³¹²）、催（ts'ei³²/ts'uei³²）、歳（sei⁵⁵/suei⁵⁵）、罪（tsei⁵⁵/tsuei⁵⁵）	ei		uei
3	村（ts'ən³²/ts'uən³²）、寸（ts'ən⁵⁵/ts'uən⁵⁵）、孫（sən³²/suan³²）、笋（sən³¹²/suən³¹²）	ən		uən
4	俗気/風俗習慣（səʔ³¹/suæʔ³¹）	əʔ		uəʔ
5	唇（tɕ'yn²⁴/ts'uən²⁴）	yn		uən
6	横（huən²⁴/hən²⁴）	uən		ən
7	驢（lu²⁴/ly²⁴）、盂（lu²⁴/y²⁴）	u		y
8	磚（tsʊ³²/tɕyɪ³²/tsuæ³²）、穿（ts'ʊ³²/tɕ'yi³²/ts'uæ³²）、船（ts'ʊ²⁴/tɕ'y²⁴/ts'uæ²⁴）	ʊ	yɪ	uæ
9	軟（yɪ³¹²/zʊ³¹²/zuæ³¹²）	yɪ	ʊ	uæ
10	鼠（ts'uei³¹²/ts'ʮ³¹²/ts'u³¹²/su³¹²）	uei	ʮ	u

表2.3[u]　母音が新式の中で介母として現れる状況

累型	旧式	過渡式	新式	介母として現れる状況
1	ʊ		uæ	ʊ→uæ
2	ei、ən、əʔ		uei、uən、uəʔ	ei→uei、ən→uən、əʔ→uəʔ
3	ʊ、yn		yɪ	uæ、uən	ʊ→yɪ→uæ、yn→uən
4	yɪ	ʊ	uæ	yɪ→ʊ→uæ

れた変項6、7、10の4つの単語以外に調査した全ての語）（表2.3参照）、（2）[u]母音が介母としては消失し、変項6に現れる「横過来擺（huən²⁴/hən²⁴）」、（3）[u]母音が単韻母として出現するもので、変項10の「老鼠子/老鼠（ts'uei³¹²/ts'ʮ³¹²/ts'u³¹²/su³¹²）」、（4）[u]母音が[y]母音にかわるもの、変項7の「驢子（lu²⁴/ly²⁴）」、「痰盂（lu²⁴/y²⁴）」となっている。

（2）変異の方向性分析

　[u]母音が新式の中に現れる状況により、郭駿は新式の発音が普通話［標準語］に近づいているということをつきとめた。旧式の中にもともと[u]の介母がなくても、標準語とそれに対応する韻母の中にはあり、新式の中に[u]の介母が出現する。つまり、ei→uei、ən→uən、əʔ→uəʔとなっている。その反対

に、旧式にもともと [u] の介母があって、普通話［標準語］の対応する韻母の中にない場合、新式の中に [u] の介母は生まれない。つまり、uən→ən ということになる。もし旧式にもともと [u] 母音が単韻母で、普通話で対応するのものが [y] という単韻母の場合、新式の中に単韻母 [y] が現れる。つまり u→y になる。しかし、その変化の過程はそれぞれだ。あるものは直接、ʊ→uæ、ei→uei、ən→uən、əʔ→uəʔ、yn→uən、uən→ən というように入れ替わり、あるものは ʊ→yɪ→uæ、yɪ→ʊ→uæ、uei→ɿ→u というように変わっていっている。

(3) 言語体系内部の制約のメカニズム

　　[u] 変異が及ぶ新式の発音は、すべて町ことばの韻母体系の中にもとからあった韻母で、そこでは1つの韻母の増減もない。これは [u] 母音変異が韻母体系内の調節によることを意味している。つまり、もともとの韻母体系の制約の下、もともとあった音の最も普通話［標準語］に近い形式が新韻母形となる。つまり普通話と同じものは、たとえば、ei→uei、ən→uən、u→y 等というように、直接新式となる。もしなければ最も普通話と近い韻母新式となる。たとえば ʊ→uæ、əʔ→uəʔ のように。

　　「発酸／酸菜魚」、「換一件／替換」、「得罪／犯罪」、「俗気／風俗習慣」の4つは「もともと方言のことばと、普通話が入り込んだ語彙のペア」で、新式の使用状況はそれぞれ異なる。「酸」は「発酸」の中では25人が新式 [uæ] を使用し、「酸菜魚」では46人が新式を用いている。「換」は「換一件」の中では30人が新式を使い、「替換」の中では35人が新式を使っている。「罪」は「得罪」の中では13人が新式 [uei] を使い、「犯罪」の中では22人が新式を用いている。「俗」は「俗気」の中では42人が新式 [əʔ] を用い、「風俗習慣」の中では43人が新式を使用している。これは同一文字の発音が、異なる語彙の間で違って発音され、普通話由来の語彙の中での新式使用の比率が高いことを物語っている。そのため、[u] 母音変異はもともとあった音韻体系の制約を受けていると同時に、語彙体系の制約も受けているということになる。

(4) 社会的要素の制約メカニズム

　　全体的に言って、女性の新式使用は男性の使用より先んじている。第1グル

ープでは男女の新式使用率は男性48.2%、女性51.8%で、これは学生の段階では性差はあまり顕著ではないことを意味している。第2グループでは男女の差は44.8%と55.2%であり、青年中年［21-40歳］では、女性と男性の使用差があることが明らかである。第3グループの男女の新式採用比は25.3%と74.7%であり、これは中年［41-50歳］では、大変大きな差が存在し、中年女性が新式を使用する比率がかなり高いことがわかる。

社会階層と変異の相関関係からは、商業サービス業従事者階層［店員］の新式使用比率が最も高く、専門技術職がその次で、経営管理職階層が次、産業労働者層が一番低かった、ここから[u]母音変異が社会階層に対して一定のマーカーとして作用していることがわかる。

2.4　結　論

郭駿は、話し手の年齢、性別、社会階層の違いにより異なる変異形の使用があり、[u]母音変異は明らかに社会的分布の傾向があることを指摘した。新式の発音は増加傾向で、その勢いと若者に使用傾向があることが一致し、若者が新式を使用する比率が高い。また商業サービス階層の青年中年女性の新式発音使用が一番多かった（郭駿 2005: 79-80）。

そこで、郭駿は次の四つの結論を導き出した。(1)[u]母音変異研究は音韻体系と語彙体系の制約のもとで発生し、溧水の町ことばの音韻体系内部の韻母の分布を変えることで形成されている。(2)[u]母音変異の新式発音は、方言に元からあった韻母と普通話［標準語］の韻母が同じまたは、近い韻母がその選択形式となっている。(3)[u]母音変異というこの変異は「進行中の変化」で、その変化の方向は普通話［標準語］の発音に近づいている。(4)[u]母音変異は溧水の町ことばの音韻面でおおいに変化させている。これは溧水の町ことばというこの「純粋な方言」がすでに「普通話［標準語］の色彩を帯びた地方語」へと変化していることを示している。

2.5 意 義

　溧水の町ことば[u]母音の変異研究は初学者にとっては以下のような学ぶべき点がある。

　（1）テーマ選択的意義：長期にわたって見過ごされてきた普通話と方言の間に存在する「中間の状態」を研究テーマに選び、溧水の町ことばの中でも関連する韻母数が多く、カバーする語彙も多い[u]母音変異を選んで研究している。

　（2）研究方法：「割り当てサンプリング」法を用いて、調査の語彙サンプリングの構造を確定し、次に「スノーボールサンプリング法」を使って調査対象者を集めた。また「単語音読表（念詞表）」方法を使って言語データを集め、常用語彙と慣用的表現を選んでその語義の範囲と由来（もとから方言にあった語彙か、普通話から入ってきた語彙か）に注目した。

　（3）結論：方言と標準的な普通話の間に「地方普通話［地方で話される標準語］」以外に、「標準語的な色彩を帯びた地方語」類も存在するという結果を導きだした。方言の後者への変化は、音韻体系と語彙体系の制約の下、音韻変異という形で存在している。つまり[u]母音変異はもとからある音韻体系内部の韻母分布の形で形成される「進行中の」言語変異なのである。

第 3 節 応答詞「行/成」のバリエーション

　本節では徐大明と高海洋が行った「行 xíng/成 chéng［いいよ、わかった］」変異に関する研究（徐大明、高海洋 2004）を紹介する。この研究の中心的課題は、北京語の応答詞「行 xíng/成 chéng」の変異はどのようにして生じ発展してきたかである。研究方法は文献研究、現場観察、定量分析などである。結論として、「行/成」変異の文献上の最も早期の用例は 18 世紀にあり、この変異は現在、北京語の中の進行中の変化の 1 つである。
　これからこの研究テーマの、方法、過程、結論及び意義などいくつかの面から詳しい紹介をしていく。

3.1　研究テーマ

(1) 研究の背景

　現在の北京の話しことばには、2 つの「要求、賛成意見表示、応答」を表すことば「行 xíng/成 chéng」がある。どちらも「可以 kěyǐ［いいよ］」の意味を表すとき（応答機能）は同義で、関連して「能干 nénggàn［有能だ］、合格 hégé［合格］」とも同義である。注目すべきことは『現代漢語詞典』等の辞典や文法参考書で、「行」と「成」の見出しの中で、詳しい区別や、異なる点について説明がされていないことである。「行」の「可以［いいよ］」と「能干［有能だ］」の語義は、普通話［標準語］の用法としてこれを疑う人はほとんどなく、「普通話基礎方言的基本詞彙［標準語基礎方言基本語彙］」（陳章太、李行健 1996 を参考のこと）の 1 つになっている。しかし、ある研究者たちは「成」の「可以［いいよ］」および「能干［有能だ］」の語義は、「北京方言」の特徴に属しているという（陸志韋 1956、徐世栄 1990）。しかしながら、大多数の北京語の語彙や文法の著作にはいまだ組み入れられておらず、むしろ「現代漢語［中国語］」を記述する著作の

中でこの語義は入れられている。

(2) 研究のテーマ

以上の状況の上で、研究者は3つの問題を設定した。(1)「行/成」変異はどのようにして生まれ発展してきたのか。(2) これらの現在の使用状況と今後の予測。(3)「可以 [いいよ]」の意味をあらわす「成」は一体方言語彙なのか普通話 [標準語] 語彙なのか、ということ。

3.2 研究方法

研究者たちはまず文献研究法を使い、「行/成」変異の誕生と発展の歴史過程を調査した。文献中の用例調査を通して、「行/成」がいつから北京語の中で現れ始めたかを調べ、1980年代の北京人の話しことばの使用状況について、北京語言大学の「北京語話しことばコーパス (北京口語語料査訊系統)」を利用して研究を行った。このほか、2001年から北京地区の公共の場で電話をする人の観察を行い、特に通話終了時に使う「前段終結 (pre-closing)」に注意し、21世紀の北京人の電話の中の「行/成」使用状況を観察した。

3.3 研究の過程

(1)「行/成」の変異の発生と発展

1. 応答詞としての「行 xíng」の早期の状況

『紅楼夢』、『児女英雄伝』、『三俠五義』、『語言自邇集』というこれら北京語色を濃く反映した早期の著作を調べることを通して、「行/成」を応答詞としての、北京語の中における早期出現の状況を判定した。(1) [否定の]「不行 bù xíng [ダメ]」は「行 xíng [いいよ]」より早く、大体19世紀の中期には出現している。[肯定の]「行 xíng」は19世紀末になって出現している。(2)「可以 [いいよ]」の意を表す「行」はだんだんと発生した来たものである。つまり、不行 [ダメ] →行不行 [いい、わるい?] [選択疑問] →行 [いいよ] の順番である。「成 chéng」が「可以 [いいよ]」の意を表すのは、肯定であれ否定であれ、19世紀にはど

ちらも出現していない。

2. 1920年代以降の「行/成」変異

「行/成」の同義用法が文学作品の中で大量に出現したのは老舎の1920年代の作品の中である。曹禺(そうぐう)は1920-30年代の戯曲『雷雨』、『日出』、『原野』の中で、多くの「成chéng」を使用しており、1933年の『雷雨』では「行xíng」を1つも使っておらず、「成」は24回も出現する。他には北京とゆかりのある作家・兪平伯の『兪平伯文集』の中に15回「成」が出現し、「行」は5回だけである。

次に老舎の1920年代、30年代、40年代、50年代の作品『老張的哲学』、『二馬』、『趙子曰』、『駱駝祥子』、『四世同堂』、『茶館』中の「行/成」を調べたところ、老舎の「行/成」使用状況に変化があることがわかった。40年代以降は「成」の使用が大幅に減少しており、50年代に入ると完全に「成」の使用をやめて、「行」だけを保っている。曹禺もまた同じで、『日出』1936年版では「成」の出現は11回で、「行」は1回だけであるが、1984年に出版された改訂本の中には、「成」は4か所だけで、「行」は6回になっている。

ここから、研究者たちは次のような解釈した。北京語の「成」はこの数十年間に興隆から衰退という過程を経験しており、たとえば老舎や、曹禺などの文学の巨頭でさえ、時代の流れに従って、作品の中でその変化を反映させている。

3. 1980年代以降の「行/成」の変異

(1) 80年代の北京語色の濃い作家の「行/成」の使用状況。

研究者たちは1980年代の北京語色の濃い作家・王朔、鄧友梅の作品の中の「行/成」の使用状況と20-30年代の老舎、曹禺、兪平伯の作品の中の「行/成」使用状況について比較を行い、変異の発展状況を調べた（表2.4参照のこと）。

この比較から「成/不成」の使用は1920-30年代の71%から、80年代には21%に下降、「行/不行」の使用は1920-30年代の29%から80年代には79%へ上昇していることがわかる。これは2世代の北京語色の濃い作家の「行/成」の使用上に大きな差があることを意味する。

表2.4　2つの時代における北京語色の濃い作家の「行/成」使用状況対比

行/成 \ 作品	老舎『老張的哲学』、『二馬』/曹禺『雷雨』、『日出』、『原野』/兪平伯『兪平伯文集』	王朔1978-1992年までの11作品/鄧友梅『那五』
行、不行	51（29%）	214（79%）
成、不成	125（71%）	57（21%）
合計	176（100%）	271（100%）

（徐大明、高海洋 2004: 298）

(2) 1980年代の一般北京人話しことばの中の「行/成」の変異

　研究者たちは北京語言大学が1985年に制作した「北京話しことばコーパス（北京口語語料査訊系統）」を利用し、丁寧に処理した400,000字のデータの検索を行ったが、「行/成」の出現は407回で、その中で「行」は378回（93%）、「成」は29回（7%）だった。そこでより詳しく「行/成」の出所を調べ、これが67名の話し手によるものだと突き止めた。その後、重回帰分析法を用い話し手の住む地域、性別、年齢、学歴、職業、民族、話題などの要素を独立変数とし、「行/成」の使用を従属変数とした。

　「行/成」の変異の社会的制約条件の分析結果は表2.5である。その中で、回帰係数が0.50より大きいのはその条件が「成」の出現に有利であることを意味している。結果として、「成」の使用は一般的に年齢が比較的高い男性で、文化的レベル（学歴）が低く、社会的名声の比較的低い職業に従事している人たちだった。ほかの因子としては、少数民族で、老城地区［北京の古い中心地］に住み、その談話テーマも「成［いいよ］」の出現に有利な条件を提供するものであるということがわかった。

　またここから「行/成」の変異の1980年代の状況が分かった。つまり、「成」は歴史的には「行」の出現より遅かったにも関わらず、現代の北京の人たちは、「成」をすでに老世代の用法とみており、現在「行」が北京では拡散の傾向が強く、「成」は「行」に取って代わられていると言える。「行/成」の変異形の出現は進行中の変化の後期の現象で、すなわち社会の大多数の人が多くの場合にすでに「成」というこの古い形式を使用しなくなり、社会的地位の比較的高い人たちは基本的に新しい形式である「行」を使っているということである。

表2.5 「行/成」の変異の社会制約条件

変量グループ	変量	回帰係数	%	変量グループ	変量	回帰係数	%
地区	西城	0.910	40%	学歴	大学	0.206	18%
	東城	0.699	42%		小学校	0.184	20%
	天橋	0.465	15%	職業	低威信	0.559	28%
	盧溝橋	0.348	17%		高威信	0.471	18%
	牛街	0.242	20%		中威信	0.461	28%
	海淀	0.222	20%	民族	少数民族	0.859	35%
性別	男	0.608	27%		漢族	0.317	21%
	女	0.412	24%	話題	叙述	0.806	50%
年齢	老年	0.699	33%		体験	0.662	25%
	中年	0.530	26%		旅行	0.661	30%
	青年	0.314	19%		生活	0.589	25%
学歴	非識字者	0.894	75%		家庭	0.425	29%
	高卒	0.724	27%		仕事	0.142	8%
	中卒	0.291	18%				

(徐大明、高海洋 2004: 298)

(2) 21世紀「行/成」の使用状況と発展傾向

　研究者たちは、最近放送されたテレビの中の応答詞として「成」を使うことで、主人公の敵役とか、文化程度の低い役割が表現されていることを見つけた。当時の老舎や曹禺の作品の中で「成」にはそのような人物を区別する働きはない。これらの象徴的意義は「成」が汚名を着せられた結果であり、言語変化後期の重要な象徴である。「行」が言語表現として取って代わることで、人々は「成」を荒っぽい表現で、社会で下にみられた人たちの持つ言語特徴と認識するようになったのである。

　つぎに2001年に北京地区の公共の場所で電話をかけている人たちの「前段終結語」を体系だって観察しはじめ、今世紀の北京の人々の「前段終結」としての「行/成」の使用状況を調べた。対象地区は北京の東城、西城、朝陽、宣武、海淀、崇文等6つの地区の15か所の地点で、全部で258名の通話者を観察、その使用した「前段終結語」を観察した。「前段終結語」というのは通話が終わる直前に話者間が相互に提示し、通話終結を確認することばである。観察によって5つあることがわかった。

　具体的には、行（211人82%）、好/好吧（[いいよ] 21人8%）、好的（[わかった] 8人、3%）、成（3人、1%）、その他（15人、6%）である。このデータ

と、1980年代の北京人の話しことばの中の「行/成」の比率には明らかに差がある。80年代の北京人話しことばの中での「成」の出現率は7%であり、今回の調査ではわずか1%である。研究者の解釈は、「成」の汚名化が進んだため、「行」に取って代わられた結果だとしている。

(3)「成」は方言に属す語彙か、普通話［標準語］に属す語彙か

『現代漢語詞典』の編集者は応答詞「成」を方言語としてラベリングしていないが、ほかの学者たちの中には応答詞「成」を「北京土着語」と考えている人もいる。では「成」は方言に属す語彙か、普通話に属す語彙なのだろうか。

この問題を解決するために20世紀の文学作品を主とする書き言葉コーパスを検索した。応答詞「行/成」の使用状況を正確に理解するために、検索をするときに、会話文の初めに出てくる「行/成」と「不行/不成」だけを収集し、全く同じ条件下で現れた「行/成」の使用比率を見ることとした。その結果、20世紀の中国の文学作品で、「行/不行」が応答詞として出現した回数は226回（70%）、「成/不成」の応答詞としての出現回数は全部で99回（30%）であった。つまり「成」の使用と影響は、かつて北京地域の範囲を超えて、「典型的な現代白話文著作」の中にも現れており、ここからみて普通話であるという定義に合致していることがわかった。

本研究者は次のように指摘する。1980年代以降「行」は北京の話しことばの中で「成」に取って代わってきた。これによって初めて「成」の方言的特色が際立ったのだと考えられる。ただし、辞典の編集者は保守的で進行中の変化を反映させることはしていないのだと。

3.4 結　論

この研究は、現代中国語の中で「可以［いいよ］」の意味を表す「行/成」の用例は20世紀初頭に遡ることができることを示している。「成」は応答詞として発生の初めから、「行」との競合する変異形という立場にあり、一度は北京の典型表現になり、現代中国語の書きことばに影響を与えたが、20世紀後期の北京の話しことばの中で、「成」は「行」に取って代わられるようになった。

「行/成」変化の後期で象徴的なことは、「成」に「汚名を着せる」ようになったことで、人々は「成」を粗野な表現として認識し始め、社会で下に見られる人々の言語的特徴だと意識されるようになったのだ。「成」は『現代漢語詞典』には普通話として扱われているが、その方言的特色はだんだんと濃くなってきている。

3.5 意 義

「行/成」変異研究は以下いくつかの面で初学者が学ぶに値するところがある。まず（1）社会言語学の研究法と文献研究を結合させ、早期の文学作品や中国語教材を利用し語の当時の用法を調査した。（2）段階に分けて「行/成」の変異の発展過程を記述した。（3）コーパスの中の用例を検索した。（4）公共の場での電話通話の「前段終結」を観察した。（5）2世代の北京語色の濃い作家の「行/成」の使用状況を比較した。（6）話し手の社会的特徴を独立変数とし「行/成」の使用を従属変数とし、回帰分析法によって分析を行い、「行/成」の社会における分布状況を調べた。（7）社会言語学の言語変化に関する理論を用い、「成」の「汚名化」という解釈を行った。

第 4 節　「有+VP」構文の使用状況

本節では王玲の「有+VP」構文の使用状況調査（王玲 2005）を紹介する。「有+VP」構文は、最近、普通話［標準語］の中に拡がっていることが、学界で注目を浴びているが、その拡散の過程とメカニズムはまだ明らかになっていない。この問題に対して、王玲はアンケート法を採用、この構文の使用についての情報を集め、話し手の社会背景を結びつけて定量分析を行った。この研究は、変異の社会的制約と、スタイル（文体）からの制約の状況を比較的明らかに示しており、かつキャンパス内での調査であるため、学生にとっては比較的真似しやすい。まず、研究のテーマ、方法、過程、結論及び意義などの面から紹介する。

4.1　研究テーマに関して

(1) 研究の背景

「有+VP」構文とは「有」の後に直接動詞または動詞性成分の文が続く構文のことで、「動作行為や性質、状態が過去に生じ、存在し、完成、持続しているなどの意味がある」（楊文全、董于雯 2003）。以前の中国語文法学界では「有+VP」構文を現代中国語の構文とは見なさず、文法書の中では、「没（没有）［ない］」の後に動詞や動詞性の構造が直接着くことがあるが、「有［ある］」の後には着くことはできないとしてきた。ただし、研究者の中にはこのような構文は粤語［広東語］など南方方言の中には存在していて、普通話に影響をあたえたのだと指摘している人もいる。趙元任はつとにこのことを指摘しており、「有+VP」構文は「没有+VP」の肯定形式であり、このような構文は南方人と接触の多い人たちの中ではすでに文法に合っていると考えている。もし応答に、「有」を使ったらやや耳触りで、疑問文は「有没有看見他［彼をみたことがあ

るか]」という言い方が主流であるという（趙元任 1979: 330）。時代の推移に伴い、1990年代以降、「有+VP」構文は普通話の中での使用がだんだん増えてきており、普通話の中での地位も学界で注目されてきている。

(2) 研究テーマ

王玲は、三つの問題を設定した。(1)「没有+VP」の肯定形として出現した「有」はやはり耳障りか。(2) 普通話の中でこの構文をどのような人たちが使用しているのか、これらの人たちにはどのような特徴があるのか。(3) 異なる集団がこの構文形式に対ししてどのような意識をもっているか。

4.2　研究方法

王玲はアンケートとインタビューにより「有+VP」構文に対する意識と、「有+VP」構文に対する評価と使用状況（どんなときに使用するか、使用率などを含む）を調査した。そして「有+VP」の使用や使用の意識、話し手の性別、年齢などを関係づけて定量分析を行った。

大学で使用される普通話［標準語］の使用率や、出現頻度、大学生の普通話のゆくえにもたらす影響力など、いくつかの面から考慮して、王玲は大学生を今回の調査対象に選び、南京の何か所かの大学の学部生（50人、35％）、修士（42人、30％）、博士（54人、37％）計146名を調査した。男女比は男性74人（51％）、女性72人（49％）で、年齢は3つのグループに分け、第1グループ18-25歳、第2グループ26-35歳、第3グループ35-45歳とした。

調査票は3つの部分に分かれている。(1) 被験者の属性。年齢、性別、学歴などを含む。(2)「有+VP」構文の使用状況。使用の場面、頻度等を含む。(3) 言語意識調査。具体的には以下のいくつかの問題である。a.「有+VP」構文を聞いたことがあるか、あるいは使ったことがあるか。この構文を聞いたとき、耳障りに感じるか。どこでこの構文を聞いたか。b.「有+VP」構文が普通話の中で使われることについて（言語意識）、気にならない、なんとか受け入れられる、なんとしても反対、のいずれか。c. もし書きことばの中にこの構文が出現したとしたら、正しいと思うか、間違いだと思うか。d. この構文には存在価値

があるかどうか。

4.3　研究過程

(1) 関係する社会的要素

1. 年齢と「有+VP」構文の関係

　調査結果のデータから年齢と「有+VP」構文の使用には相関関係があり、話しことば、書きことばに限らず若者化の傾向があることがわかった。年齢が若ければ若いほど、使用率は高かった。話しことばの中では3つの年齢グループでの使用比率は、42％、27％、13％であり、書きことばの中の使用率は年齢グループ順に52％、39％、13％であった。

2. 性別と「有+VP」構文の使用

　調査により、性別と「有+VP」構文の使用にも相関性があることがわかった。72人の女性調査対象の中では44％がこの構文を使ったことがあり、74人の男性調査対象の中では18％に過ぎなかった。

　同時に、学歴においては同等の教育レベルでは女性の使用比率が男性より高いこともわかった。74名の男性の中では、学部生、修士、博士では26％、12％、19％であったが、72人の女性の中では、同じくグループ順で、44％、53％、39％であった。

　性差は出生年代を境にしている状況が明らかであり、70年代生まれの被験者では女性の43％が「有+VP」形式を使用したことがあり、明らかに同年代の男性の13％より高い。しかし80年代生まれの被験者では女性の話しことばの中での使用率がもっと高く、60％に達している。同年齢の男性はただ23％だ（図1参照のこと）。

3. 文体（スタイル）と「有+VP」構文の使用

　王玲は「有+VP」構文の使用に、文体（スタイル）の差との関係があるかどうかも同時に考察した。なぜなら関連研究で、スタイルの広がり方も変化の特徴の1つであると言われているからである（Labov 1994）。

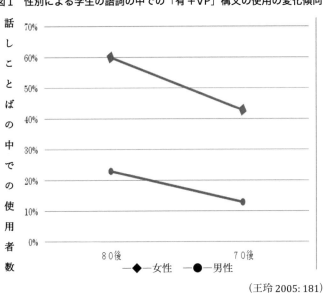

図1 性別による学生の語詞の中での「有+VP」構文の使用の変化傾向[4]

（王玲 2005: 181）

　調査データによれば、話しことば、書きことばを問わず「有+VP」構文の使用がある。具体的にいえば146人の中で、話しことばの中では45人が使用したことがあるとし、44人が比較的正式な文体（たとえば書きことば）の中においても使用していると認めている。ただ、比較的正式な文体でも使用すると認める人でもその回数は非常に少ないとし、論文、試験の作文などの文章の中では決して使わないという。この差から見て、「有+VP」構文の使用は比較的気軽なスタイルから、比較的正式なスタイルの中へと拡大中であることがわかる。

(2)「有+VP」構文の流通ルートと動機
　アンケートの質問の「あなたはどこで『有+VP』構文を聞きましたか」の回答にもとづき、研究者は「有+VP」が普通話へ浸透するルートをみつけた。
　146名の調査対象者の中で、82人（56％）が、香港や台湾の映画やドラマ、

4　訳注：図1中、「80後」は1980年代生まれ、「70後」は1970年代生まれの人を指す。

ラジオ放送など、香港・台湾メディアの中で耳にしたと答えている。これは、「有+VP」構文の流行が、大陸と香港・台湾との接触や交流に大いに関係しているということを意味している。1980年代以降、大陸と香港・台湾の接触は日を追うごとに盛んになり、経済力の優勢を背景に「南風北漸［南から北へ風が吹いてくる］」と表現されるように広東語の影響が広がる状況がある（郭熙 2004）。しかし、1990年代中期以降、広東語の普通話に対する影響は弱くなってきている。しかし、「有+VP」のような香港・台湾の用語はいまだにその伝播を止めることはなく、ルートが変わって来たに過ぎない。現在の伝播ルートはすでに大陸のメディアへと移ってきている。146人の中の39人（27%）は大陸のラジオ、テレビ局の放送で聞いたと答え、25人（17%）の被験者は身近な人から聞いたと答えている。

　表面的に見れば、香港・台湾と大陸のメディアが「有+VP」構文の拡散を推し進めたといえる。だが、拡散のルートは拡散の原動力だというわけではない。なぜ大学の学生たちがこの形式を受け入れたのだろうか。その中にはおそらく深層的な理由があるはずで、それが「自分が他の集団とは違うということを表明したいということ、仲間意識を共有するということ」である（王玲 2005: 182）。

　調査対象の一部の女性は「有+VP」構文が聞いた感じ、おしゃれで、新鮮で、他とは違う感じがすると言っている。まさにこのような心理が一部の人たちに、真似したいと思わせているのではないだろうか。若い女性がこれらの変化をリードし、「有+VP」構文がある程度、若い女性集団の重要な言語特徴となっているのである。また、身近な人から聞いたと答えた人たちからみれば、彼らがこの形式を使用しようと思った社会的動機があり、友人たちと仲間意識をもちたいという意識があるようだ。つまり「1人ひとりは他人と交流する中で、相手から認められたいと思っており、孤立したり、のけものにならないために、意識的にあるいは無意識のうちに相手の言語または行動に近寄っていく」（王玲 2005: 182）のである。

(3)「有+VP」構文に対する意識調査

　話しことばの中で使用される「有+VP」構文に対する意識調査結果は表2.6で、書きことばは表2.7である。データからわかったことは、話しことばの中

表 2.6　話しことばの中での「有 +VP」使用に対する意識

調査内容	第 1 年齢	第 2 年齢	第 3 年齢	全体
特に気にならない、個人の趣味だ	50%	48%	50%	49%
耳障りだが、なんとか受け入れられる	32%	25%	17%	26%
標準的中国語ではない、できるだけ使用しないほうがいい	18%	27%	33%	25%

（王玲 2005: 181）

表 2.7　書きことばの中での「有 +VP」使用に対する言語意識

主観的判断	人数	パーセント
正しい	22 人	37%
誤りだ	38 人	63%

（王玲 2005: 181）

での「有 +VP」の使用は「特に気にならない」という意識が49%で、これらの人たちはどんな表現形式を使うかを強制的に規定する必要がないと考えている。話しことばの中での使用が「耳触りだと思う」は26%を占め、これらの人たちは不快だとは感じるものの、使用を受け入れている。話しことばにおける「有 +VP」構文の使用は良くないと考える人たちの人数は25%を占めており、「できるだけ使用しないほうがいい」と主張している。

つぎに、書きことばの中の「有 +VP」構文使用に対する言語意識を明らかにするために、調査では中国語・中国文学専門の学生（学部生、修士、博士からそれぞれ男女20人ずつ選んで計60名に対して）に補足調査を行った。研究方法は同じくアンケート調査である。例文として、「我有学過英語 [英語を勉強したことがある]」「我今天有看過他 [今日彼を見た]」[5]と言った2つの文を使って調査した。「テストの添削をするときもしこのようは文を見たら、正しいと思うか誤りと思うか。その理由は？」の質問に対して、結果は38人（63%）の人は間違いであるとし、その内の35人が「現代中国語の文法規則に反する」とし、「現代中国語では『有』の後ろに動詞構造は続かない」、「話しことばの中で使用している人もいるが、書きことばの中での使用ではやはり誤りだ」などと答えている。また22人（37%）の人たちはこの例文は正しいとし、その理由は「意味がは

5　訳注：2つの文とも、標準的には有を入れない。

っきりしていて、理解に影響を与えない」、「話しことばの中にすでに使われており、これは新しい表現だ」、「ある種の状況の肯定であり、強調でもある」などとしている。これらの結果から見れば、「有+VP」構文は書きことばの中でも一般にも受け入れられてきていることがわかる。

4.4　結　論

「有+VP」構文の使用状況調査を通じ、研究者は「有+VP」構文と年齢、性別の要素に相関性があることをつきとめた。女性の使用率はあきらかに男性より高く、年齢が若ければ、使用率も高い。また、このスタイルは話しことばから書きことばへと移っている。このことから「有+VP」は「進行中の変化」であることがわかる。

全体的に見て、「有+VP」構文は現在普通話の中で主流とはいえないもののすでに拡大の傾向を示しており、ことに大学という言語コミュニティの中で一定の使用場面があり、キャンパス内でかなり高い認知度を得ている。

4.5　意　義

「有+VP」構文の使用状況調査研究には、以下のように学ぶに価する点がある。(1) テーマ選択が言語生活から来ており、現実的な意義がある。(2) 研究では「有+VP」構文は進行中の変化であることを実証した。(3) 話しことばの「有+VP」の使用状況を比較するために、書きことばでの使用状況も調査した。

第 5 節 まとめ

　本章では社会言語学の言語変異と変化の基本的理論と 3 つの具体的研究例を紹介した。理論の内容は以下の通りだ。
　言語の変異性は言語の基本的特性であり、言語の本質的特徴である。言語変異は 1 つひとつの「言語変項」として現れ、1 つの「言語変項」は 1 組の「変異形」から構成され、また 2 つ以上の「変異形」があることで、1 つの「言語変項」が形成される。社会言語学者は言語変異の研究を通じて、言語の通時的変化が、言語の共時的変異の中で発生し使用されることを発見した。これが「進行中の変化」の研究の誕生であり、それは年齢変異分布データ分析を利用した言語変化の「見かけ上の時間研究」と、異なる時間に得られた言語材料を基にした「実時間」的研究を含む。
　言語学者たちはかつて言語構造の角度から言語変化の理由に対して解釈をしてきたが、いまだ誰も「同じような条件が、異なる言語に存在するとき、なぜそのうちの一部の言語にだけ予期された変化が現れ、ほかでは同じような変化が起きないのか」、「これらの条件がある言語体系の中に存在しているときに、なぜある具体的な時間にしかこの変化が起きないのか」、つまり「なぜある種の変化が、ただ、ある時、ある場所でしか起きないのか」という問題には答えをみつけていない。社会言語学者たちは具体的な言語、具体的な言語コミュニティ、使用中の言語に対して研究を行い、具体的な言語変化の具体的原因を追究している。彼らは言語の変異と変化は言語構造体系の内部の原因以外に、相応する社会的原因があると考えている。なぜなら、いかなる言語変化もすべて言語コミュニティの中で広がり、この過程には社会的原動力が必要であるからだ。
　本章、第 2、3、4 節は、音韻体系の変異からの研究、語彙変異の研究と構文変異という 3 つの面から研究例を取り上げ詳しく紹介した。研究のテーマから

見て、この3つの研究はどれも現実生活の言語変異と変化の問題に注目したものである。これらの問題はどれも普通話と方言の問題に関係している。

溧水の町ことば（u）変項研究はミクロ研究の角度から、方言が普通話に変わって行く過渡の状況という、長い間無視されてきた問題を考察している。溧水の町ことばは普通話［標準語］へと近づいているといっても、いまだに方言変種に属すものであり、「普通話の特徴を持った地方語」と言える。

「行/成」の変異の研究は北京語の中の「行/成」という1つの語彙変項に注目し、その変異の発生と発展、現在の使用状況と今後の発展の傾向という面から研究を行い、かつ「成」は結局、方言に属す語彙なのか普通話に属す語彙なのかという問題への答えを試みている。

「有+VP」構文使用の状況調査は標準語構文の変異に着目したもので、過去の中国語文法学界では、「有+VP」を現代中国語の構文とは見なさなかったが、時間の推移とともに、「有+VP」が普通話の中での使用が増加してきているのである。このテーマに対して、王玲は、どのような人たちがこの形式を使用するか、異なる集団のこの形式に対する意識はどうかを調査し、ある程度「有+VP」構文の普通話の中で地位について回答した。

研究方法の面からは、この3つの研究は、どれもフィールドワークと定量分析の方法を採っている。溧水の町ことば（u）変項研究では「割り当てサンプリング」法でサンプルをデザインし、単語音読表の方法でフィールドワークを繰り広げ、変異のデータに対して定量統計と分析を行った。

「行/成」変異の研究では「行/成」の現在の話しことば内での使用状況を知るために、研究者は21世紀の北京人たちの電話の「前段終結」を観察、また回帰分析法を使って北京言語大学コーパスの中で「行/成」のデータ分析を行い、話し手の社会的特徴と「行/成」変項使用には制約的関係があることを発見した。

「有+VP」構文使用の状況調査では、アンケート調査法を採り、調査結果に対して定量分析を行っている。このほか、研究者たちは「方言調査」や「文献研究」「コーパス検索」、「言語意識調査」などの方法を結合させて研究を行った。

溧水の町ことば（u）変項研究はもともとある方言学の調査研究の基礎の上に行われ、方言の材料がこの研究の基礎となっている。
  「行/成」変異研究では文献研究の方法を、変異発生と発展の歴史的変遷過程の研究に応用し、1980年代の北京人の話しことばの中の使用状況はコーパス研究法を採用している。
  「有+VP」構文使用の状況調査はアンケート調査と言語意識に対する研究を行っている。

  研究の過程から見ると、3つの研究はそれぞれの特色がある。溧水の町ことば（u）変項研究は具体的に「変項と変異形の確定をし」、「新式、旧式、過渡式の確定」、「内的、外的制約メカニズム」の分析という3ステップをとって行っている。
  「行/成」変異の研究では、歴史的変遷の過程に照らして調査研究を行い、「発生と発展」、「使用状況及びこれからの傾向」、「語彙の帰属」という3つの問題について議論している。
  「有+VP」構文の使用状況調査では、「使用状況と相関する社会的要素」、「変異形伝播のルートと推進力」、「言語意識」という3つの問題に取り組み研究している。

  研究結果と研究意義から見れば、溧水の町ことば（u）変項研究では、社会言語学の進行中の変化理論を実証しただけでなく、同時に方言と標準普通話との間に「地方普通話［地方標準語］」以外にも、一種の中間状態の「普通話的色彩のある地方語」というものが存在するという視点を提供している。
  「行/成」変異の研究では、「行/成」の変異の百年の発展の歴史を明らかにし、その語義の発展の過程を記述し、「成」に対する「汚名化」や、「成」に対する方言語彙なのか普通話語彙なのかという議論に答えを出すことができた。
  「有+VP」構文使用状況の調査は、これが進行中の変化であることを実証すると同時に、社会言語学の進行中の変化理論を実証し、大学生がこの表現形式を受け入れる心理的動機について指摘している。

上述の研究例は音韻体系、語彙、構文変異の研究過程を比較的典型的に示している。言語変異の制約の条件、言語変化の原因に対しても具体的な説明を加えている。ただし、これらの研究はいまだ継続して続けるべきもので、これらの研究の基礎の上に一歩進んだ研究を展開することもできる。たとえば「普通話的色彩の地方語」には一体どのような特徴があるのか、いかにして普通話と地方語とを区別するかと言った問題、「行/成」の変異では現在の状況はどうか、この研究で予測した発展傾向と一致するかどうか、「有+VP」構文の研究では、大学以外のコミュニティにおける使用状況はどうか、などこれらはいずれもさらに進んだ研究課題である。

　言語変異と変化の研究は他にもまだ研究者を悩ませている問題があり、まだまだ多くの解決すべき問題がある。構文の中の変異そのものが存在しているかどうかという、2つの対立する観点がある。1つは、変異は普遍的な存在であり、構文もその例外ではないとするもの。もう一方は構文の変異の大部分は語用または語義的要素から起こったものとする。一般的には、言語変異は言語の変項から着手すべきと考えられているが、構文変異は変項を決めるときに面倒が生じる。なぜなら初期の言語変項の定義は「1組の同じ語義を持つ異なる言語形式」(Labov 1996)であり、音韻変項の基礎の上に確定させるもので、当然、構文変異の研究には適しておらず、言語の変項の定義について発展させていく必要がある。構文変異研究のもう1つの難しさは言語データの収集で、構文変項の性質を確定するのが難しいだけでなく、直接の原因として構文の変項は自然会話の中に現れる出現率がとても低く、その中である構文変項を何度もみつけることは難しいからである。

　中国には言語変異研究の豊かな土壌がある。中国語には悠久の歴史があり、豊富な文献資料も存在している。人口は多くかつその分布も幅広い。方言の差も目を見張るほどで、方言接触と言語接触はどこにもあり、このことはすべて言語変化に有利な条件である。現在の中国では、社会全体が転換期を迎え、言語変異と変化現象はどこにでも転がっている。そのため、言語変異の研究は大いに発展の余地がある。

【本章のポイント】

言語変異と言語変化　言語変異と言語構造　言語変異を制約する条件　進行中の変化　言語変化の原因

【基本的概念】

言語変異　言語変化　言語変項　変異形　年齢階梯　見かけ上の時間　実時間

【課題と実践】

1. 言語変異と言語変化は区別できるか。
2. 音韻、文法、語彙変異以外にどのような言語変異があるか。
3. 構文の変異研究の過程で言語データの収集問題をどのように解決すべきか。
4. 見かけ上の時間と実時間の方法を結合させて運用してもよいか。
5. 「進行中の変化」の理論的意義をどう思うか。

【推薦図書】

1. 陳松岑（1999）『語言変異研究［言語変異研究］』広州：広東教育出版社。
2. 郭駿（2005）「溧水"街上話"[u]元音変異分析［溧水の『町ことば（街上話）』(u)の母音変異分析］」『中国社会語言学』第1期、pp.71-81。
3. 王玲（2005）「"有＋VP"句式使用状況調査［「有＋VP」構文の使用状況調査］」『中国社会語言学』第2期、pp.178-184。
4. 徐大明、高海洋（2004）「"行/成"変異一百年［『行/成』の変異の100年］」『南大語言学』第一編、北京：商務印書館、徐大明（2007）『社会語言学研究』上海：上海人民出版社、pp.240-253。
5. Labov, W（2001）『拉波夫語言学自選集［ラボフ言語学自選集］』北京語言文化大学出版社。
6. Labov, W（威廉・拉波夫）（1985）「紐約市百貨公司（r）的社会分層［ニューヨーク市デパート（r）の社会階層化］」祝畹瑾編『社会語言学訳文集』北京：北京大学出版社、pp.120-149。

第 3 章 相互行為の社会言語学

第 1 節　概　論

　構造主義言語学は言語を1つの記号体系として研究を行い、シニフィアン、シニフィエ、統語的関係と範列的関係を研究し、実際にコミュニケーションを取り合う人たちがどのようなことばを使ってコミュニケーションするかには、大した関心を払ってこなかった。これに対して呂叔湘は次のように批判している（1980:90）。

　　　言語とは何か。「道具」であると言う。道具とは何か。「人々が思想を交流する道具」であるという。しかしながらいかなる言語に関する本を見ても、「道具」が見えるばかりで、「人々」が見当たらない。音声とか、文法や、語彙をきめ細かく分析し、論じているものは多いが、どれも道具の部品と構造であって、人々がどのようにその道具を使いこなしているかについてはない。

　社会言語学が誕生し、言語の使用ということが重視されるようになった。ただし、初期の社会言語学が注目したのは依然として音声や文法、語彙など言語の構造という単位だった。のちに、社会言語学者たちは研究の対象を連続する談話やテキストに拡大していき、異なる社会的背景の人々がどのようにコミュニケーションを行い、どのような手段を使って、発話を組み立て理解するのか、社会的コミュニケーションの中でしばしば出くわす困難はどのようにして生まれてくるのかといった問題を研究するようになった。そして最近では、研究者たちはついにことばのコミュニケーションの過程と結果をすべて記述することの必要性に気付き、かつ体系だった分析を行うようになった。言語学者は言語学の知識を使ってコミュニケーションの過程と結果を解釈するようになり、この一連の研究は「相互行為（インタラクション）の社会言語学」と呼ばれている。

第3章 相互行為の社会言語学

相互行為の社会言語学は1970年代に欧米で起こり、80年代以降に中国に紹介された（戚雨村 1997: 169-186、Deborah Tannen 1987、袁義 1992、祝畹瑾 1992、李延福 1996、徐大明等 1997）。2001年、社会科学文献出版社が『互動社会語言学訳叢［相互行為の社会言語学翻訳叢書］』を出版した。『会話ストラテジー』、『行動の相互行為』、『異文化コミュニケーション：談話分析法』という3冊の翻訳本である。翻訳叢書の序文で陶紅印（2001b）は体系的に相互行為の社会言語学の中心となる考え方や、誕生の背景、理論的意義を紹介している。2002年、相互行為の社会言語学の創始者、ジョン・ガンパーズ（John Gumperz）が中国に来て講演を行い、徐大明はガンパーズの学術思想について論文を書き紹介した（2002）。こうしたことが相互行為の社会言語学の中国国内での広がりを大いに促進した。次に相互行為の言語学の基本的概念と主な観点を紹介していく。

1.1　言語の相互行為

相互行為（interaction インタラクション）とは少なくとも2人の人の活動とその相互行為を指す。もともとは社会学の概念であり、現在では日常生活の中にも普及し、一般の人にもよく知られたことばとなっている。ガンパーズはこの概念を率先して言語学に取り入れ、それを言語学理論の核心にまで引き上げた（徐大明 2002）。

言語学者は言語現象を次のように分類している。それは抽象的な記号体系であり、一連の繋がった談話でもあり——つまり、言語の相互行為の現われである、と。類似の分け方では、ラングとパロール、内容と表現、コードと行動、能力と運用などなどある。言語学者たちは長きにわたって、主に前者を研究し、後者を周辺に押しやってきた。彼らはほとんど言語の相互行為は個人的で偶然の出来事であるかのように、言語の体系には特段の影響がないと考えてこれを取り扱ってこなかった。

ところが社会言語学者たちは、具体的なコミュニケーション機能を備えた相互行為こそが、言語の本質であるということを発見した。すべての音声、文法規則、それらの価値は具体的なコミュニケーションの中のみ存在する。現実のコミュニケーション活動の中で生じた効果である言語の運用こそが言語的事実

なのである。現実のコミュニケーション活動の中で小さいものでは1つの単語から文へ、大きくはひとまとまりの発話まで、実際に伝わる意味は往々にして、使用された言語表現の一般的な意味とは限らず、コミュニケーション活動の参与者と相手の理解、コンテクストの中での理解、発話の前後文の関係を通して得た具体的で特殊な意味である。文法と語彙体系は参考となる1つのフレームを提供しているにすぎず、発話の具体的な解釈は千変万化するのである。そのため、コミュニケーションと関連付けることなく言語の記号面だけを研究すれば、言語現象の相互行為という本質を無視することになってしまう。

1.2　相互行為の社会言語学の理論的基礎

　相互行為の社会言語学が誕生する前、人々のコミュニケーションに対する認識は理想化の段階で、言語コミュニケーションのモデルではただ理想化されたコードとコードの解読の過程でしかなく、その上、話し手のコードに重点が置かれ、聞き手は受動的にコードを解読していると考えられていた。しかし相互行為の社会言語学では話し手中心のコミュニケーションモデルに異議を唱え、聞くことと話すことは分割できないほど交差しているものであると考えた。会話の中ではどちらの参与者が発するいかなる語句も一種の共同の「生産物」であり、話し手と、聞き手、そしてそれを取り巻く環境の影響を受ける。会話の過程は決して簡単なことばの羅列の過程ではなく、またことばと文法知識を利用し、相応する語用的知識、コンテクストの正確な認識を備えているものだ。その中には話し手の文化的背景等の非言語（的）要素も含まれている。どのような言語知識や非言語（的）知識が会話の過程で作用するか、話し手はいかにして効果的にこの知識を利用しているのか、こうしたことが相互行為の社会言語学の研究テーマである。

　相互行為の社会言語学理論のフレームは社会学者アーヴィング・ゴッフマン（Erving Goffman 1922-1982）と社会言語学者ジョン・ガンパーズ（John Gumperz 1922-）が打ち立てたものである（Shiffrin 2001: 302-328）と一般的に考えられている。ゴッフマンは1対1のコミュニケーションの相互行為について研究し、ガンパーズは会話の意味解釈過程をさらに詳しく解説した。目下、欧米で影響

力のある相互行為の社会言語学の学者にはデボラ・タネン（D. Tannen）がいる。彼女はガンパーズの学生で、彼女の異性間の相互行為に関する研究は社会に大きな影響を与えた。もう1人著名な学者にシフリン（D. Schiffrin）がおり、変異言語学の創始者のラボフの学生である。

ゴッフマンはせまい範囲の人のコミュニケーションの相互行為の研究を通して、社会的関係をどのように相互に維持して行くかを解釈しようとした。

簡単な例をあげてみよう。教師と学生はまずそれぞれの立場を認識してこそ、教室活動の中で双方の責任と義務を明らかにすることができる。そして、両者は立場にあった相互行為を通して、授業をし、授業を聞き、質問をし、回答などをし、より各自の社会的立場を強化する。ゴッフマンはまさにこのようなクラス活動のフォーマル、アンフォーマルな相互行為が社会構造を維持・強化していると考えた。またこうした相互行為は一般的には言語の相互行為でもある。

ゴッフマンの研究の基礎の上に、ガンパーズは自己の研究対象を「日常会話」と定めた。つまり言語の相互行為の基本的形式である。彼は社会関係の認識と再認識はどのように日常会話においてなされるのか、会話の参与者たちはどのように会話の中からその関連の情報を得るのかということを解読し始めた。彼は、会話の理解は一つの動的な過程であり、この過程の中で、会話を行う人同士は総合的な各種の情報の収集を通して、絶えず相手のコミュニケーションの意図について仮説を作り、修正し、あわせて自己の言語と非言語的行動を通してこの仮説の実証を行っていると指摘した。つまり、会話の過程は一種の相互行為の過程なのである。ガンパーズはこれらのコミュニケーション知識が会話の中で積極的に用いられることを「会話ストラテジー」と呼び、『会話ストラテジー』（ケンブリッジ出版社、中国語訳は社会科学文献出版社より2001年に出版）という本も書いた。

相互行為の社会言語学の大きな貢献は、言語学研究の範囲を拡大し、言語的事実について確認を行ったことだ。音声や文法の研究は動態的コミュニケーション過程に組み入れられ、過去にはよく無視されてきた特徴を1つひとつあぶり出し、言語理論に高度な内省を添えることができた。ケンブリッジ出版社の「相互行為社会言語学研究」叢書シリーズでは、言語的単位［次頁(1)〜(4)］と社会的相互関係を探究する専門書が4冊出ており、相互行為研究に関して以下

のような側面を示して提示している。
(1) 会話の中のプロソディー：相互行為研究
Prosody in Conversation : Interactional studies (E. Couper-Kuhlen, M. Selting 1996)
(2) 相互行為と文法
Interaction and Grammar (E. Schegloff, E. Ochs & E. Schegloff, S. Thompson 1996)
(3) ディスコースマーカー
Discourse Makers (D. Schiffrin 1988)
(4) 言語と社会的アイデンティティ
Language and Social Identity (J. Gumperz 1982)

　ここからわかることは、プロソディー研究はかつて音韻体系研究の中において十分注目されていなかったが、言語の相互行為研究によって、会話の中のプロソディー（韻律）がしばしばカギとなることがわかったのである。文法研究は、基本的に静態の角度から研究されてきたが、現在は言語の相互行為と関連付けられるようになってきた。
　構造主義言語学は主に音声、文法と語彙体系に注目し、文を越えたレベルの談話構造には目を向けてこなかった。のちにおこった会話分析はその欠点を補足し、「ディスコースマーカー（談話標識）」は1つ上の言語構造レベルの中で重要な単位だとして、目下この言語の相互行為の視点から研究が行われている。話し手は、どのように様々な言語手段を駆使して自分の社会文化的アイデンティティを作りあげて行くのか、これが相互行為の社会言語学の重要なテーマだ。
　相互行為の社会言語学は、構造主義言語学の記号体系の考えを受け継ぎ、言語を1つの進行中のもの、あるいはたった今出現した社会的出来事とみなし、言語はこの出来事を完成させるために提供する一連の資源だとする。使用言語が提供する資源には順序があり、相互行為のコミュニケーションをする者たちがこれらの資源を利用して行う行為にも順序があるため、識別が可能なのだ。だから言語の相互行為の単位、構造、手順、ルールは、音韻、文法、語彙などのルールと同じように、体系的な記述と分析を行うことができるはずなのである。
　社会言語学は厳密な意味の機能主義学派はではないが、相互行為の社会言語

学はかなり機能主義的な考え方をしている。社会言語学は社会的な視点から言語を研究し、言語の社会的機能を重視し、社会の言語に対する様々な制約を発見することに力を入れてきた。機能主義言語学と社会言語学の相通じるところは言語を社会のコミュニケーションツールとする認識にある。現在、機能主義言語学の文法研究や談話分析や、談話文法はますます社会言語学の理論と結びつけて考えられるようになってきた。話し手がどのように社会の環境の中で言語を使用するか、言語コミュニケーションはどのように社会的条件の制約を受けるかについて探求するようになっている。

　以下紹介する研究例は、研究者たちが、はっきりと社会言語学研究あるいは相互行為の社会言語学と認識してはいるわけではないが、彼らの研究には共通する特徴があり、相互行為の社会言語学といった視点でまとめることができる。初学者にとって、理論のラベリングはそれほど重要ではなく、重要なのはそれぞれの理論や方法を使って研究し、言語的事実に関する認識を深めることである。

1.3　相互行為社会学の方法

　相互行為の社会言語学では自然談話資料の使用を強調し、語感に頼ったずさんなデータを使用することを批判している。そのため、研究者は日常の相互行為の中で出現する談話を録音または録画し、1セットのスクリプト化のための記号や、ルールを決め、すべての談話を逐語的にスクリプト化するだけでなく、談話のスピード、ポーズ、音調、話しことばや、決まり文句など、これらの過去に注意されてこなかった言語運用も体系だててスクリプト化しなければならない。また非言語コミュニケーションの手段（手の動き、身振り、表情など）も記録する必要がある（陶紅印 2004 参照のこと）。スクリプト化がすんだデータを分析するには定性的と定量的方法があり、決められた手順で行わなければならない。

1.4　相互行為の社会言語学の研究分野

　相互行為の社会言語学の研究分野は以下に帰納できる。「会話ストラテジー」

の研究、「創発的文法」の研究、そして「社会語用論」研究である。これらの研究は主に2つの問題にフォーカスしている。(1) 相互行為のコミュニケーションを行う人たちはどのような言語資源を利用して、相互行為機能を遂行するのか。(2) 具体的な言語の運用とその使用方法はどのような談話構造、またはコミュニケーション機能を生成するのか（林大津、謝朝群 2003）。言いかえれば、前者は、談話はいかに相互行為とその結果に影響を与えるのかということで、後者は一段高い次元からみれば、相互行為はどのように談話を生成し、形成していくかいうことである。「会話ストラテジー」と「社会語用論」の研究は基本的に前者に属し、「創発的文法」の研究は後者に属している。ただし、現在の研究状況はそれぞれの分野で別々の言語の構造レベルに偏っている。「会話ストラテジー」は音声面に対しては比較的解明されており、「創発的文法」は語彙と文法の面で研究成果がある。「語用論」の研究で注目されているのは、話し手の社会的背景がどのようにその措辞や、文章構成や丁寧な言葉遣いに影響を与えているかという問題である。下記にそれぞれに分けて紹介していく。

(1) 会話ストラテジー

人々は言語を使用して相手と交流したり協力したりしなければならない。会話を通じて交流するとき、文法的に正確な文が話せるということだけでは不十分で、一定の共通の言語知識に頼って相互理解を行っている。話し手はことばの字面の意味を話しているだけでなく、必要な合図を提供することにより、相手に関連した情報を示し、正確に自分の言いたいことを伝えようとしている。会話をするとき、これらのコミュニケーションで積極的に使われているのが「会話ストラテジー」である（徐大明 2001:1）。

会話ストラテジーの研究ではまず、言語・非言語を含め、コミュニケーションに関する知識の信号が送られることがわかっている。まずこの言語的合図について見てみよう。これらの合図は一定の語彙または文法構造、もっと目にするのは、プロソディー的な特徴（語調、アクセント、談話スピード等を含む）や決まり文句だ。相互行為の過程で、話し手はこれらの合図を結合させ、相手に示し、自分が行っている言語行動がいかなるものであるかを提示している。これらの合図は異なるコンテクストにおける理解のための手掛かりであり、ガン

パーズはこれらを「コンテクスト化の合図（contextualization cue）」と名付けた。コンテクスト化の合図は会話ストラテジーの重要な要素で、コミュニケーションが成功するかどうかは双方のコンテクスト化の合図の利用に大いにかかっている。「コンテクスト化の合図」は以前のコミュニケーション経験およびこれらの経験を根拠にして総括された知識である。もし双方のコミュニケーションの経験を重ね合わせて、かつ会話の中でこうした知識を生かすことができれば、コミュニケーションは通常順調に行われるが、そうでないと支障をきたす。

相互行為の社会言語学の1つの方向として、会話ストラテジーは今のところまだ中国語研究の中では行われてないため、本章では英語研究の例を紹介する。この紹介が読者の関心を引き、中国語の会話ストラテジー研究が展開されることを期待している。

（2）創発的文法

現代の文法研究は形式主義と機能主義の2つに大きく分けられる。形式学派は統語論（構文論）が主であると考え、言語の使用には関知しない。機能学派は、構文は自立的なものではなく、使用の制限を受けると考えている。後者には、ことばの使用こそが統語論だという極端な考え方もある。両学派はかつてこれについて激しい議論を戦わせたことがある（張翼2006）。いずれにせよ、言語使用が文法に与える影響は議論の余地のない事実であり、形式学派の雄・チョムスキーも基本的には、コミュニケーションからの必要が言語構造に影響を与えると言っている（張伯江2005）。

1987年、ポール・ホッパー（Paul Hopper）は「創発的文法」（Emergent Grammar）という論文を発表し、構造と規則は言語の使用において産出されることをはっきりと提唱した。つまり文法が先に存在するのではなく、使用の過程において産出される、あるいは「創出」されるということである。

創発的文法の中心的考え方は、語用が文法を変えることがあるということである。機能的なことばや文法のルールは、固定的な状態であるのではなく、コミュニケーションの中で絶えず変異し、変異は個人から集団へと拡散され、文法の変異を起こす。しきりに交わされる言語の相互行為は、言語の文法構造を変化させることもあるし、ある形式を固定したり、「文法化」したりすること

も有りえる。

　創発的文法の考え方は語義の研究にも影響を与えた。中国語のこの方面の研究では陶紅印（2000a、2000b、2001a）の動詞「吃［食べる］」の研究、「出現」類動詞に対する研究、張伯江（2002）の動作主の語用的属性に関する研究がある。

(3) 社会語用論

　異なる言語表現は異なる状況に適用される。文体（スタイル）論は主に言語形式がどのようにコミュニケーションの環境に依拠しているかを分類研究しているが、人々はその言語表現をどのように使用するかは、同じく社会的な環境の制約を受けるものだ。社会的環境がいかに言語使用の実際を支配しているかを研究することが社会語用論である（Crystal 2000）。

　社会語用論（Sociopragmatics）は語用論と社会言語学の基礎の上に発展してきた研究領域だが、研究対象から見ると相互行為の言語学に組み入れることができる。初期の社会語用論は社会言語学の応用に偏っていたため、言語の社会の中での使用状況が研究対象となっていた（何自然、陳新仁 2004）。近年、社会語用論は、変異社会言語学の考え方を借りて、次第に言語行動は如何に社会的要素の影響を受けるか、中でも性別という要素の影響の研究に注意を向けるようになってきた。初期の「ことばの性差言語学者」ロビン・レイコフ（Lakoff 1975）や、最近の相互行為の社会言語学の著名な学者デボラ・タネン（Tannen 1992）は、男女の言語使用の性差に対して研究し、様々な成果をあげている。国内でもことばと性差に関する論文や著作も数多くあるが、西欧の研究に比べ、実証的な方法を用いた研究がまだあまりない。本章の研究例はこれらの内容も含んでいる。

第 2 節　会話ストラテジー

　会話ストラテジーの研究は、コミュニケーションストラテジーの研究と同じであるとは限らない。後者はコミュニケーションの過程で、どんな談話手段を使えば相手を説得できるかを研究するもので、基本的には話し手側の立場で企てられるもので、コミュニケーションが発生する前に考えることである。会話ストラテジー研究は主にすでに産出された談話に解釈を行い、話し手はなぜこのような談話的手段を使ったのかを解明し、もしこのような手段を使わず、ほかの手段をつかったならどのようなコミュニケーションになり、どのような影響が生まれるか、聞き手が談話の中から得たものは、どのようなコミュニケーション的意義を持っているのか、などを研究するものである。

　ある似たような言語コミュニティ内で、双方が熟知している母語または方言で話し合うときは、共通の背景があるため会話の中でどのようなストラテジーの知識を使っているかは自覚されない。しかしある異質な言語コミュニティ内で、双方が異なる地域から来た場合、会話は話し手と聞き手の意識的な共同作業が必要となり、ある種の特定のコミュニケーション知識を発動させなくてはならない。これらの発動されたコミュニケーションのための知識を探り、その言語コミュニケーション活動における重要な作用とは何かを確定することが、会話ストラテジー研究の中心的役目である。本節ではガンパーズ（Gumperz 2001）の会話ストラテジー研究を紹介するが、その中には典型的な「コンテクスト化の合図」の分析を含んでいる。

2.1　研究テーマ

　アメリカでは歴史的理由から、白人と黒人のコミュニティは異なる文化コミュニティを構成し、各コミュニティはしばしば異なる英語方言を使用している。

そのため、白人コミュニティと黒人コミュニティの話し手の間の会話は異文化コミュニケーション的な性質を持ち、会話ストラテジー研究のポイントとなっている。

次に紹介する研究は、その例であり2つの方言と異文化コミュニケーションの問題も含んでいる。研究者たちはどのように会話の含意を理解するかということと、意思疎通の程度について研究を行った。

ある大学で、大学院のゼミの後、白人教師と何人かの白人・黒人の学生が教室を出て行こうとしたとき、1人の黒人学生が教師に近づき先生に向ってこう言った：

    a.   Could I talk to you for a minute? I'm gonna apply for a fellowship and I was wondering if I could get a recommendation?
（ちょっとお話させていただいてよろしいですか。奨学金を申請したいのですが、推薦状を書いていただけないかと思っています。）

その教師は答えた。

    b.   OK. Come along to the office and tell me what you want to do.
（いいですよ。私について研究室へ来て、君が何を望んでいるか聞かせてくれ。）

そのあと、皆が教室を次々に出て行こうとしたとき、この黒人学生は顔を他の学生に向けて一言言った。

    c.   Ahma git me a gig!
（表面的意味はおおよそ「ちょっと推薦もらうのさ！」）

初めてこの会話を見たとき、a.b.cの3つのターンを含めて、特に驚くようなことはなかった。aとbは一問一答で構成されとてもわかりやすい。ただ3ターン目のcはやや特殊で、それは標準的な英語ではなく、その場にいる第三者に向けて発せられ、殆どその前の会話とは関係がなさそうに思える。であれば、

話し手が表現したかったのは、どのような意味だろうか。当事者たちはどのような知識を持ってこのcを理解するのだろうか。これらを研究する必要がある。

2.2 研究方法

　研究者たちの主な任務はコンテクスト化の合図を見定めることである。相互行為の社会言語学者はある「発見手順」によって「コンテクスト化の合図」の感知と解釈方法を見つけだしている。「発見手順」とは言語的出来事の詳細な記録と記述で、発話内容が表現している意味分析を含み、ときには異なる聞き手に理解のテストをすることもある。言語的出来事の記録と記述には2つの方法がある。1つは発生したことに対して記憶に頼って詳細に記述を行う方法。もう1つは自然のコミュニケーションの録音、録画したもののスクリプト化にもとづくものだ。スクリプト化するときは、できるだけ発音、語調、アクセントの形式、および双方の相互行為の細かいやりとりもすべて書き記しておく。談話の内容以外にも、話す人たちの人種、言語的背景も明確にする必要がある。これは会話中の事態の発展を理解すると同時に、話し手の意図や聞き手が実際に解釈した意味の分析に役立てるためである。

　ガンパーズは上述の談話の録音をしたあとそれをスクリプト化し、ポーズや、引き延ばし、強調、オーバーラップなどの特徴に注意した。なぜならこのような音声を超えた特徴がしばしば会話ストラテジーの重要な手掛かりになるからだ。初期の調査では分析すべきcに対して、それぞれの人がそれぞれの理解をしめした。このため、ガンパーズは体系的な発話理解テストを行うことにした。

2.3 研究過程

　会話ストラテジー研究では、話し手が具体的な文脈の中でどのように自分の語彙や文法、その他の知識を使って、言語情報を産出し、理解しているかを分析する。ある相互行為例を分析するとき、研究者たちは、双方が理解しているかどうかを観察しなければならない。その研究例が、うまくいったコミュニケーション的出来事かどうかを確定してから（1）話し手がある言語行動を用い

た場合に依拠した社会通念を推定する。(2) 言語的メッセージは意味解釈の過程でどのように解釈されたかを検討する。

　この過程はまるで法廷裁判のようで、弁護士が証拠となるビデオを倦むことなく巻き戻して調べ推定する作業に似ている。言語的メッセージの分析過程は以下のようである。まずもともとの発話順序で、1つの意味のつながり（段落）を切り取る。たとえばa、b、cに示したように。切り取りの方の過程は、一般的な理解に頼ってそれぞれ話の筋の間に意味につながりがあるかどうかで判断する。私たちは皆、会話をする人として、こうした語義の関連性から会話を解釈する能力がある。

　研究者たちはここでは、言語調査者の立場で自分にまったくなじみのない言語体系を見つけ、その音声と語義の体系に対して十分記述を行わなければならない。まるでネイティブ・アメリカンの言語を研究したアメリカの構造主義者たちのようにである。彼らが採用した方法は「発見手順」というやり方で、この手順を通して音韻と語義体系の関係を調査した。ただし伝統的な記述主義的方法は文脈を離れていたが、ここでは意味の伝達は文脈に依拠している。

　発話の理解テストを通して、聞き手によって意味の理解に明らかな違いがあることをガンパーズは発見した。次に答えを出すべき問題は、どのような音声的特徴が意味の区別を表わすか、そして一部の聞き手たちはそのような特徴に、なぜ注意をむけないのか、という問題だ。そのため、相互行為分析は記述主義の音声から意味を見つけるという手順を反転させ、意味の違いから関係する音声の表現を見つけようとした。

2.4　分析内容

　スクリプト化した記録にもとづき発話cの具体的な口語的特徴は以下である。

(1) [a:] は代名詞 I [ai] として発音している。
(2) [ma:] は gonna または I am going to（つもりだ）を意味している。
(3) 単語 get（もつ、得る）の中の母音を [i] と発音している。
(4) 単語 gig の中の母音は引きのばされポルトメント化している。

アメリカ英語の体系からみるとこの（1）と（3）の2つの点は標準英語では見られないもので黒人英語によく見られる。[ahma]というこの形式およびgigという特殊な発音は黒人英語にしか見られない。そのため話し手は、黒人英語を話す人であると判断され、黒人方言から標準英語へコードスイッチする能力のある話し手であるということになる。

社会言語学の一般的な分析では、これはフォーマルなスタイルがインフォーマルなスタイルにスイッチしたと見ることができる。もう一歩進んだ分析では、黒人英語は黒人同士のコミュニケーションの変種としてふさわしくとも、大学キャンパス内という公の場ではやはり標準英語を話すべきだと考えれば、この黒人学生はこれにより気配りの原則に違反し、批判を受けることも考えられる。

この分析は合理的ではあるが、なぜこのような言語行動が発生したのか、この文脈の中で、黒人英語がどのようなコミュニケーション的意味をもつかといったことには十分な説明がなされていない。相互行為の社会言語学者たちは、話し手が毎回選択することは彼の言語能力の表れであると同時に、コミュニケーションの文脈に対する一種の適応であり、黒人学生が故意に気配りの原則に違反したとは考えない。この談話にいかなる意味が含まれているかを見つけるためにガンパーズは録音を、複数のインフォーマントに聞かせ、彼らに判断させた（発話理解テスト）。

その結果は大まかに次の4つに分けられる。

その1は、あまり黒人と接触したことのない白人たちの出した答えで、この黒人学生がなぜこのように言ったか理解できず、「もしかしたら彼は不注意で方言をしゃべったのかもしれない」と考えた。

その2は、主に白人たちの答えだが、この黒人学生がわざと標準英語から黒人英語にコードスイッチしたと考えている。コードスイッチを行った意味は白人教授とそのアカデミックな世界を批判したのだと考えている。

その3は、この判断は黒人と白人ともにあるが、黒人英語へのコードスイッチは1つの会話ストラテジーだとする。黒人学生は、その場にいた黒人のクラスメートにむけて話したのだと考えている。

その4、これは主に黒人と、長期にわたって黒人社会で生活した事のある数名の白人の判断であるが、彼らはこの黒人学生は自己弁護「その場にいる他の

人たちに良く思われるため」、「彼の直前の言語行動の弁明のため」、「彼が言いたいのは、自分には問題がない、ただ白人が俺たちにさせようとするゲームにのっかってるだけだよ」と言いたいのだと考えた。

　以上のようにコミュニケーション目的の解釈は必ずしも皆同じではなく、ネイティブの話し手が文法上の意味から判断する一貫性に及ばない。

　これらの異なる判断は、伝統的な研究者からすれば、何の価値もなく、これらの解釈は何も解釈していないのと同じだと考えるだろう。しかし、問題を解くカギは、なぜこの発話が人によって異なる解釈が生じるのかということだ。比較的特殊な意味に解釈した聞き手はどのような合図から話し手の意図を推定したのだろうか。

　上述のように、コンテクスト化の合図は往々にして周辺的な合図として現れる。たとえば多少の発音的特徴や、発話のスピードや、語調などの特徴の中で、これらの特徴はネイティブ以外は気付きにくいが、これこそが意味の解釈の重要な手掛かりとなる。

　こうしたことを手掛かりに、先ほどの例に戻って考えてみよう。前2つの判断は発話cを黒人学生の1回性の間違いとしている。その1は、彼らはgigやahmaという言葉の意味は知らず、そのためにcを聞いてもわからないため、彼らはcとa、bの2つの関連付けをする手段がない。次に、その2の判断は、bはaの応答で、cはa、bに対する批判だと考えている。これらの人がなぜa、b、cの間に関係があると思うかと言えば、彼らもある種の手掛かりを見つけている。この手掛かりとは、黒人学生の英語発音の変異形からもう1つの変異形にコードスイッチし、コードスイッチがそれぞれのことばや、音声特徴の変化であるのではなく、全体的な変化であると感じたのだ。

　もし話し手が言ったのが"I'm going to get myself a gig"というように、標準英語の文中に単語gigが出現したのであれば、変だと感じただろう。事実上黒人学生は全文的コードスイッチを行ったのであり、その3の判断をする人たちは、これらのコードスイッチはその場にいる黒人学生たちにむけられたものだと考えたのだ。

　その3の判断はその2より、やや深く、その時の文脈から、話し手はその場

にいる黒人クラスメートに何かを説明しているが、具体的な意味は良くわからないと考えている。2、3の判断をした白人学生はなかなか鋭く、少なくとも彼らが黒人学生といくらかの社会的背景を共有し、言語変項に対して一定の理解があり、発話の中のどの位置にどのような変項が出現するか予備知識があるのだ。もし話し手と聞き手にこれらの言語能力がなければ、cの発話はただ前文とは特に関係のない1回性の失敗だということになる。

　4つ目の判断では比較的完璧な解釈がなされている。彼らの分析は大変具体的で、しかも一致して黒人学生には「問題がなく」、「彼は冗談を言っているにすぎない」としている。判断した人たちは、これは標準英語から黒人英語への1回性のコードスイッチではなく、こういう話し方の黒人学生は適当にコードスイッチを行っているのではなく、このコードスイッチには何らかの暗示が込められていると指摘している。ほかにこれらの黒人大学生たちが日常使用している言語は黒人英語と標準英語の中間の変種で、cのような完璧な黒人方言の典型的表現ではなく、この黒人学生がこうした話し方をするのには必ず深い意味がある。また重要なのは、4の判断をした中には、この黒人学生がcの発話をするときに、一種の歌を歌うようなリズムだったと観察した人もいる。こうしたリズムは標準英語にはないもので、話し手が典型的な黒人キャラを真似た、あるいは演じたのだと考えられる。別の表現で言うなら、この黒人学生は彼の属する集団を演じたのであって、彼そのものではない。

　このように、彼はルール化されたリズムを使って、彼の発話cを引き伸ばした意味は、「ほら、何の問題も起こしてないでしょう、僕は僕自身さ。もし君たちがこんな状況に出会ったら、君たちもこうすればいいんだよ」と言っているようだ。話し手は、ルール化されたパフォーマンスを通じて自分と自分の言おうとすることの距離を離して、一段深い意味を表現したのである。

2.5　結論

　話し手は聞き手の知っている文法知識や、語用論的知識（気配りの原則）や言語背景の差を利用して、その予期したコミュニケーション効果を上げようとする。当然、このような回りくどい方法で意思を伝達する必要はなく、直接、「あ

のね、ちょっと挨拶しただけさ」あるいはその類のことを言えばすむ。だが、黒人学生が選んだのは間接的な会話ストラテジーだ。彼の言おうとしたこと、行おうとしたことは、あたかもコミュニケーションの対象をこちら側に持ってきて、思いのたけを訴え、あるいは「もし君が、僕の言いたいことがわかるなら、君はきっと僕と同じ言語的背景があり、僕がなぜこうしようとしたかわかるよね」と言っているようだ。黒人学生がとったこのような話し方は、いい間違いではないばかりか、文化の同一性という手段のストラテジーを通して、コミュニケーションしたい相手と同じ社会的アイデンティティのグループであるという帰属感を得ようと試みたものである。彼の言いたいことは、「僕は黒人で、君と僕とは同じ文化的伝統を持っていて、僕が今こんな風にすることを、もし君らが理解できないなら、君らは僕と同じ背景を持っていないことを証明している」ということである。

　研究の結果が物語っているのは、会話の中で黒人学生のコミュニケーション意図はその場にいる他の黒人学生たちに向けられ、彼は白人教授に推薦書を頼むのは仕方がなくやっていることで、彼自身は黒人の立場であり、黒人の価値観から逸脱するつもりのないことを意味している。この隠されたコミュニケーションの意図は、コンテクスト化の合図によって伝達される。この一段落の会話aからcまでに、コードスイッチやプロソディーの変化、語彙項目と文型の選択についても、標準英語の範疇を飛び越えている。これらすべてに言語的メッセージを見つけることができる。以上はコンテクスト化の合図の一例である。

2.6　意義

　以上の分析は、コンテクストと会話をする人同士の共通の文化的背景、そして無視されがちなことばの特徴が、意味解釈の過程において重要だということを表している。現代化する都市の言語コミュニティの中で、コミュニケーション環境はますます錯綜し複雑になり、さまざまな社会背景をもつ人とのコミュニケーションは容易ではない。人々はスムーズなコミュニケーションを図るために、異なる会話ストラテジーに精通する必要がある。

　ガンパーズは事前に階級、性別、年齢、人種などの社会的カテゴリーを決め

て、それに基づいて言語変異を研究するだけでは十分ではないと考えている。話し手は自分のもつ言語と社会的背景に基づいて談話の文脈を理解し、また後続の談話の文脈の予測を行っている（祝畹瑾 1992: 197）。

　会話ストラテジーの研究は、コミュニケーションする人たちに、コミュニケーションの性質、および、その過程において発話の意味はどのように得られるのかという理解を助けてくれる。社会言語学の変異研究が対象にする問題は、社会的集団がどのように文法や音声変化に影響を与えているかということであり、大きな範囲の、大規模な統計的指標に注目する。相互行為研究が注目するのは具体的文脈の中で発話がどのように解釈されるかで、具体的な話し手の状況とコミュニケーション過程の細部に対して多くの注意を払っている。これはただ単にコミュニケーション集団だけに向いていた理論的枠組みに有益な視点を加えたことになる。

第 3 節　創発的文法

　「創発的文法」については機能主義文法学者が文法の動態性について明確に論じている。その主要な主張は、文法構造はもともと運用に発するもので、永遠に半不安定な状態であって言語の絶え間ない運用により永遠に更新されていくものだということである。中国語の「創発的文法」研究は目下のところまだ大変少ない。この一節で紹介するのは、陶紅印が2003年に行った「知道［知っている］」という言葉の使用状況の研究で、この中から創発的文法研究に関する問題と研究の道筋、および意義を知ることができる。

3.1　研究テーマ

　一般的な文法書には、「知道zhīdào［知っている、わかった］」は目的語をとる動詞であると書かれている。たとえば、孟琮他（1999）編『漢語動詞用法詞典』では、「知道」は次の3種類の目的語をとると例示されている。

　　(a) 名詞類：我知道那件事。
　　　　　　　［私はそのことを知っている。］
　　(b) 動詞類：上頤和园他知道怎么走。
　　　　　　　［頤和園にはどう行けばいいかを彼は知っている。］
　　(c) フレーズ類：老陈知道小王闯了祸。
　　　　　　　［陳さんは王さんがやっかいを引き起こしたことを知っている。］

　このような結論には2つの問題が存在している。1）私たちは、この中からそれぞれの目的語が実際使用される状況、すなわちどれが主要なもので、どれが次かということを知る方法がない。2）まず語感に基づけば、「知道」は、目

的語をとらないことがある。実際の会話では、「知道」の後の目的語は果たしてどのような状況なのだろうか。「知道」が目的語をとらないのは、どんな状況の時か。目的語をとるかとらないかと、その他の文法にはどのような関係があるのか。これらが解決されるべき問題である。

3.2　研究方法

　上記の問題に答えるためには、言語データは内省法に頼るべきではなく、自然言語データを使うべきである。陶紅印（2003）が使ったのはスクリプト化されたおよそ10万字の録音データで、これはすべて自然会話から取られたものだ。第1ステップはスクリプト化に関して、口語資料をスクリプトし、発話内容を遂一記録した以外に、音声情報もできるだけ残した。第2ステップでは、これらの言語データの中から用例を探し出し、117例の「知道zhīdào」（「知zhī」だけをも含む）を見つけ出した。第3ステップは「知道」と組み合わされた各種の構成要素のデータ内での出現率の統計をとり、定量分析を行った。

3.3　分析結果

(1) 目的語をとる場合

　前述のごとく、「知道」には名詞を目的語にとるものと、動詞をとるもの、句（フレーズ）をとるものとの3つがある。実際の言語データにおけるその比率は以下のようだった。

名詞類	10	18%
動詞類	29	53%
フレーズ類	16	29%
総数	55	100%

（陶紅印 2003: 292）

　ここからわかるように、「知道」が目的語をとるとき、それぞれの目的語類の出現率には差があり、動詞が最も多く、フレーズが次で、名詞が最も少ない。

次に、「知道」の後には目的語が来なくてもよい。統計では、「知道」の会話データの中で目的語をとらない用例の割合は50％（総数117）もあった。だが、その大多数の例で、「知道［知っている、わかった］」の後には何か音や、ポーズが来て、しかも終了型（終わりを示す）のポーズであった。これは、目的語をとらない「知道」が完全なる1文であることを意味している。大事なのは、これらの「知道」文では、前後の文脈から考えても、どのような目的語が省略されているかを明確に同定することはできないとういう点だ。つまりこれらの無目的語の「知道」と様々な主語または、副詞の結合はいくつかのよくある構造になり、その出現率に基づき、いくつかの「優勢な統語構造」に分類できる。以下、別々に紹介する。

(2) 発話の中における優勢な統語構造

会話の中で、「知道」には一人称の主語と組み合わさる傾向がある。割合は以下の通り。

一人称主語	73[1]	62%
二人称主語	24	21%
三人称主語	13	13%
その他	5	4%
総数	117	100%

（陶紅印 2003: 293）

「知道」は否定詞「不」と結合し否定文を作る傾向がある。割合は以下の通り。

否定文	68	58%
その他の文	49	42%
総数	117	100%

（陶紅印 2003: 293）

---

1 表層主語37例、隠れた主語36例。

また、異なる主語と否定との組み合わせでよく見られる表現では、

	＋否定	－否定	合計
表層主語単数一人称	64％	36％	36
隠れた主語単数第一人称	89％	11％	36
一人称複数	100％	0％	1
二人称	25％	75％	24
三人称	40％	60％	15
その他	0％	100％	5
合計	58％	42％	117（陶紅印 2003: 293）

以上、データが示すのはいくつかの優勢な統語構造で

(a) 表層主語が一人称の否定形は64％を占めている。
「我不知道［わたしは知りません］」の形
(b) 隠れた主語一人称単数の否定形は89％を占めている。
「不知道［知りません］」
(c) 二人称非否定形（肯定）は75％を占める。
「你知道［あなたは知っている］」

一人称単数否定形には2つの構造がある。「我不知道［わたしは知りません］」と「不知道［知りません］」であり、この2つで55例あり、すべての「知道」例の47％を占め、かなりの比重を占めている。以下、このa、b、cの形式についてそれぞれ考えてみたい。

1.「我不知道［わたしは知りません］」
　「我不知道［わたしは知りません］」は会話の中で答えとして使うことができ、否定の情報を提供し、答える人が、質問した人の求める情報知識が「欠乏している」ことを示している。これは一般的な用法である。
　これ以外に、「我不知道」は会話の中での特殊な用法がある。つまり質問に

答えるのではなく、自問自答を表す。これは話し手の猜疑をマークし、一種の語用的機能である。話し手が議論していることに対して疑惑を抱いていることを表明しており、話し手の主観的（subjectivity）な外部への表現である。

たとえば、

(1) 男：那个梅呀、梅市長我不知道为什么那个…昇得真快、他転従…
　　　：［あの梅ってやつ、梅市長、なんであの…あんなに早く出世したかわからない、…から異動してきて］

(2) A：一个小楼、我不知道都是誰誰在那儿住、一个小楼一个小楼的、
　　　：［1棟の小さなビルにさ、それぞれ誰がそこに住んでいるのかわからない、その1棟、1棟に、］

(3) B：一回事是吧、陳有為也怪啊、他也不対……都不提醒我的、(省略)
　　　：［同じことでしょう。陳有為も変だよね、彼もいけないよね。…何も（私に）言ってくれなかった（省略）］
　　A：他…他可能忘了吧…可能…可能…我不知道、他可能是……反正…対。
　　　：［あの人…きっと忘れたんだろう。…たぶん…たぶん…わからないけど、彼は、きっと…どっちみち…うん。］

これらの例の中で、「我不知道［わたしは知らない、わからない］」は話し手のその出来事に対するある疑惑の気持ちを表しているのであって、相手の問いに答えようとしているのではない。ゆえに話し手の主観的世界の表明であると言える。文構造の中において主観的成分の増強は、通常語用化の程度が強化されたマーカーと見なされ、語用化の程度の増強は通常のモデルから隔たりがある現象を引き起こすとされている（Thompson & Mulac 1991）。ここでは「知道」の目的語を取らない優勢統語構文として現れている。その中で、「我不知道［わたしはわからない］」は独立した統語的実体であり、固定化した1つの構造となっている。

いくつかの点から前述の観点を補足することができる。

第一に、通常中国語の主語と述語のむすびつきは比較的緩く、間に「啊a、

嘛ma」など語気詞やポーズを入れることができる。これにひきかえ。「我不知道［わたしはわからない］」というこの主述の組み合わせの中では、一般的にはポーズや語気詞を入れることができない。発音上の整合性が、この結合が固定化されたものであることを表している。

　第二に、「我不知道」構文は位置が比較的自由である。たとえば（1）（2）（3）の例ではそれぞれ違った場所に出現している。ことに（1）では「我不知道」は主語と述語の間にあり、この自由さを証明していると言える。ここの「知道」は後続に構文の成分が付随しているが、これらの成分は伝統的な構造分析法を用いても「知道」の直接の目的語だと分析することはできない。すなわち、「我不知道」は全体として、1つの挿入句となっているのだ。

　第三に、「我不知道」を削除したとしても、文の意味全体には影響があまりない。これはこの「我不知道」の疑問の語義機能は主要なものではなく、語用機能こそが主要なのだということを表している。

2．「不知道（わからない）」

　もし「我不知道」が長い形式だとすると、「不知道」は短い形式だと言える。長短形式の間には共通点と異なる点とがある。前述のごとく、長形式では話し手がある問題に対する疑念を表していて、相手に対して否定的情報を提供しているわけでない。短形式の方は、話し手の定まらない態度を表している。定まらない態度とは、話し手はほとんどある種の情報を知っているにも関わらず、その情報に自信が持てないか、或いは相手に対して、十分に自信を持っているという印象を与えないようにしていることを意味している。そのため、短形式のほうは「文法化」が進んだ結果だと言え、単に長形式の主語が省略された変異形ではない。長短形式の間の主な違いは以下のようにまとめることができる。

　まず、長形式は話し手自身が疑問を抱えており、こう語った後で、聞き手の解説や、補足を引き出すことができるが、短形式では一般的にできない。（4）と（5）を比較してみよう。

　　（4）男：那个梅呀、梅市长我不知道为什么那个…昇得真快
　　　　　［あの梅ってやつ、梅市長、なんであの…あんなに早く出世したかわか

らない]
女：[他]原来是团口儿的？
　　[彼ってもともと共産党青年団なの？]
男：他原来是团口儿的。
　　[彼、もと共産党青年団だよ。]
女：多大岁数了？
　　[何歳なの？]
男：你想团口儿出去还能多大岁数。
　　[共青団出身で何歳かってこともないだろう。]

(5) 女：……他就…在…很短时间里……训练了…d——不知道是
　　　几十万…那个——…业余训练的…可以特…可以-…
　　　这个-…能特选的、[1这样的1]²
　　　[あの人って…すごく短い間に…訓練して…よくわからないけど、数十人の…あの——…余暇学校の研修から出た…特に…この…特別に選ばれたって…[そんなかんじで]]
　　男：[1luh—huh1].　uh—huh。

　(5)の短形式（不知道）は話し手が「数十万」という数字が不確かなものであることを表しているだけで、話し手は、聞き手に何かの情報を提供してほしいという期待はない。が、(4)の長形式では、聞き手からの補足的情報を引き出している。
　第二に、長短形式のいずれも疑問詞と結合することができるが、短形式の方がさらに疑問詞でないものとも結合でき、もっと自由で、もっと幅広い構文と結合できる。(1)(2)(3)の例の中では長形式は、短形式と入れ替え可能である。これは短形式が「为什么［どうして］」や「谁［誰］」など疑問の成分と結合できることを示しているが、(5)の中の「几十万［数十万の］」は、これは非疑問形式であり、長形式では結合することができず、意味に変化が発生してしま

2　訳注：[　]記号及び数字「1～1」はオーバーラップ、uh-huhは特殊な語気。

う。語用的属性が高い構造では使用においても自由度がもっと高い（Tao 2001）。

　第三に、発音面でも短形式は独立性が高いことが証明されている。実際の録音で感知された結果では、短形式構造の中で音の変化は著しい。

　　(a)「不」の字の韻母の母音の中舌音化（/u/→/a/）
　　(b)「不」の字の声調の弱化。ただし一般的な陰平［第一声］字［この場合「知」］の前では変調するという規則に対応しておらず、去声［第四声］のままである。
　　(c)「知」の字の声母子音と韻母母音の弱化
　　(d)「知」の字の声調の弱化。
　　(e)「不」と「知」という2つの発音が、およそ単字音の半分ほどの長さに短縮。

　主母音の中舌音化、声調の弱化、音の長さの短縮などは、中国語の中で音声弱化の典型的な表れとされている（藩悟雲 2002）。音の弱化はしばしば語用の強度を伴い、その促進化の原因には言語使用がある。高頻率語の構造はしばしば文法や語義の変化を誘発する（Thompson & Mulac 1991）ため、音の外形の変化や項構造の変化など新しい文法現象を派生しやすい（陶紅印 2000b）。ここで議論した文法構造の変化の原則は、下記で議論する二人称の形式についてもあてはまる。

3.「你知道［あなたは知っている］」の談話調節機能

　「你知道 nǐ zhī dào［あなたは知っている、あのさ］」というこの構文は突出した特徴がある。それはこの構文がしばしば特定の語気詞「吧 ba［推量］」、「啊 a［感嘆］」、「吗 ma［疑問］」を伴って出現するということだ。よく見られる「你知道」構造は実際「你知道＋語気詞」という形あるいは語気詞に類する疑問フレーズとの組み合わせになる。「你知道」を全体としてみてもいいし、まさに変化中の語用マーカーと見てもいい。

　「你知道」の語用マーカーとしての役割には2つある。1つ目は、話し手が、話してきた話題を継続し、聞き手に話し手の話題についてこさせる役割。2つ

目は、話し手が、聞き手の注意を喚起し、たとえ中国語の「你知道」が英語のyou knowのように高度に熟語化された程度に至っていないとしても、似たところがあり、この構造がいままさに同様の変化に向おうとしていることを表している。

ここにさまざまな角度から一人称構造と状況が似ているという証拠を列挙する。

第一に、「你知道 nǐ zhī dào［あなたは知っている、あのね］」という主述構造はもともと緊密な結合体で、中間に音声的ポーズはない（あとにしばしばポーズが入る）。この主述構造の間には語気詞も入ることがない。

第二に、「你知道」は1フレーズとして、構文における位置の自由度が高い。たとえば（6）の「你知道」では［全体としての文の］主語と述語の間に挿入されている。

(6) 我那五斗柜……（你知道）运来啊、我要送人。
　　［わたしの整理ダンスだけど…（あのね）運んできてよ、人に送りたいから。］

第三として、「你知道」の「意味の中和（neutralization）」現象である。「意味の中和」のここでの意味は「你知道」は表面上肯定形にも関わらず、文脈の中では逆の意味のことが多く、話し手が提供する情報は、聞き手が知らないものである。だから、「你知道」は否定形の「你不知道［あなたは知らないだろうけど］」と事実上それほど意味の違いがないのだ。

第四に、二人称構造の中の疑問の語気詞の意味の中和現象だ。「吗 ma［疑問］」のような語気詞は、誰もが認める疑問の語気詞だが、「(你)知道吗［あなたは知ってるのか］」は聞き手の回答を特には求めておらず、しばしば上昇調で用いられることもなく、事実上平板または下降調であることがデータの中でよくある。このことは「你去吗［あなたは行きますか］」のような疑問文と比べてみるとすぐわかる。同時に「(你)知道吗」と「你知道嘛［あなたは知ってるはずさ］［断定］」「你知道吧［あなたは知っているでしょう］［推測］」はこの場合の意味はほとんど変わりがない。

4.「(我) 不知道 [(私は) 知らない]」と「你知道 [あなたは知っている]」の非対象性

上述のごとく、二人称構造の中で突出した現象は、非否定形式（肯定形式）〈你知道〉が絶対多数を占めるということ（75%）である。一人称では否定形〈(我) 不知道〉が優勢（77%）であるのと対照的である。一人称と二人称の肯定/否定の状況が対極をなしている。

この両者の対立は、典型的な語用論のポライトネスの原則（Brown & Levinson 1987）で説明ができる。つまり、相手を肯定し、あるいは自分を否定することで相手を持ち上げることは礼儀に合った行為だ。そのためこのような語用の意味のあるフレーズを使うことが会話の優先選択の構文になっているのだ。

一人称の構文では、ことばの中の当事者は話し手であるから、否定形を使ってもフェイスを傷つけることがなく、せいぜい自分を低めるだけで、しかも自分を低めることで相手のフェイスを強化することができる。だから語用論的にはとても自然である。その上、話し手は自己の認知の立場にたって話す傾向があるため、大量の「知道」と、一人称の結合が生まれ、かつそれが多くの場合否定形〈(我) 不知道〉となって現れるのだろう。

二人称の状況は全く違っている。もし話し手が、聞き手にはある種の知識が欠乏していると判断し、かつ明確な否定の陳述文を持ってきたら、会話のポライトネスの原則に反してしまうだろう。だからすでに二人称の肯定形と否定形には、多くの状況下で実質上の語義の差がないことを述べたが、否定構造は実際の言語データの中に探し出すことが難しい。一般の会話の中でたとえ聞き手のある面に関する知識が乏しかったとしても、（すなわち話し手が知っている内容が、聞き手からしてみると新しい情報である場合）話し手は肯定の形（「你知道 [あなたは知っている、あのさ]」）を選んで聞き手の注意を引こうとする。なぜなら、肯定形は聞き手のフェイスを守る最も自然な文法的手段だからだ。

3.4 結論

通常「知道」は目的語をとる動詞として考えられているが、この研究が明らかにしたのは、それには問題があって、少なくとも疑うべきであるということである。「知道」は会話の中で重要な意味を持つ固定形式として出現する。い

ちばんよく見られるのは、一人称代名詞と結合した「我不知道」とゼロ主語形式の「不知道」および二人称代名詞と結合した形式「你知道」である。これらの形式は目的語を排除している。

一人称の長形式「我不知道」は話し手が自然発生的に出す疑惑のマーカーであり、短形式「不知道」は、話し手が話そうとしていることに対する、態度の不確定性のマーカーで、音声上にしばしば弱化現象を伴う。

これらの形式は語用的に特殊な作用と意味をもっている。すなわちいずれも問題に回答し、知識や情報を提供（あるいは否定）するものではなく、話し手の認知面に付加された情報を提供しているのである。また二人称の「你知道」は、会話の参加者同士の相互行為を調節する働きがある。

これらの「知道」の固定した形式にはそれぞれ特殊な語用機能がある。これは言語の主観性と相互行為性という特徴によるもので、言語は話し手の表現の必要と、発話の相互行為を調節する必要に迫られる。まさに深いコミュニケーション上の必要から、これらの形式が発話の中に高頻率で出現し、それによってこれらの形式の文法化が誘発されているのである。

3.5　意義

「知道［知っている、わかった］」の研究は、その他の中国語文法問題研究にも示唆を与えている。主に2点ある。第一に、過去の研究では動詞について議論するときには、動詞目的語構造に力が注がれ、主語の特徴には特に注意が払われなかった。ただし、この研究では異なる人称の主語と動詞の間にある非強制的でありながら、高頻度の組み合わせ現象があることがわかった。たとえば「我不知道［私は知らない、わからない］」のような短フレーズは、深く研究するに値している。第二に、肯定形と否定形は、以前は結合の実際の用例研究は少なかったが、肯定形と否定形は構造的に不均衡に分布していることが注目されてこなかった。これ以外にも「你知道［あなたは知っている、あのね］」の用例中の意味の中和現象などは注目に値するものである。

理論面からいえば、「知道」に様々な構造が出現することは、文法の動態性や、言語のいくつかの固定化形式の存在が創発的文法に強力な根拠を与えているこ

とを意味している。またこの研究はただ語感に頼って文法を研究し、あるいは文法成分（可能性）を組み合わせた規則だけで解釈することは、多くの重要な文法現象を無視してしまうことになりかねないことを私たちに示唆している。

第 4 節　社会語用論

　ポライトネス理論はBrown & Levinson（1987）が提唱した普遍性のある語用規則である。ただし実際の会話の中で相互行為という社会的背景を考慮せずに、むやみとこの原則に当てはめて言語行動を取るなら、コミュニケーション障害を引き起こしてしまうだろう。たとえば、空港に行きたいとして、タクシーの運転手にこのように言ったとしら。

　　（1）Excuse me, would you mind taking me to the airport?
　　　　（すみません、わたしを空港まで連れて行っていただけませんか？）

　乗客と運転手は、顧客とサービス従事者の関係であり、複雑な形式を使って礼儀正しく伝えるのは大袈裟だ。このような場合に言語使用を支配するルールは、普遍的なポライトネスの原則ではなく、双方の社会的背景である。社会的背景とは一種の幅広い概念で、社会的地位、性別、年齢、人種、学歴など様々な要素を含んでいる。社会語用論とはすなわち社会的背景から出発した言語使用に影響を与える要因は何かを考える研究である。いかなる社会的背景が言語行動を決定し、両者にはどのような関連があるのか、これらは全て社会語用論の具体的なテーマである。
　言語学者レイコフ（Lakoff 1975）は女性ことば（Woman's Language）という考えを提唱し、性別が言語行動に影響を与える重要なカテゴリーであることを証明しようとした。つまりある言語行動の上で女性はたとえば、付加疑問や、婉曲表現、社交辞令などを多用するという男性と全く違う特徴を表出するという指摘である。レイコフ（Lakoff 1975）はそれと同時にこのように、ポライトネスと女性の社会的地位、権力には関係があると指摘している。このあと大量の研究によって論証が行われているが、これらの研究の殆どが欧米の言語とその

文化的背景のもとで行われたもので、中国語の研究は比較的脆弱である（趙蓉暉 2003）。

近年中国語使用の性差の研究も増えてきた。その中で晏小萍（2004）は性別、社会的力関係とポライトネス理論がどのように言語行動に影響を与えているかを研究している。下記に紹介していく。

4.1 研究の背景

ゴッフマン（Goffman 1967）の「フェイス」の概念をもとに、Brown & Levinson（1987）は「ポジティブフェイス（positive face 積極的フェイス）」と「ネガティブフェイス（negative face 消極的フェイス）」とに区分した。ポジティブフェイスは、人々が他人に同意と支持を期待することを指し、ネガティブフェイスとは人々が干渉を受けたり、相手に譲歩したために自分を不利にしたくないと思うことを指す。そのため賛同と支持を得られれば人はフェイスを保つことができ、得られなければフェイスを失う。つまり妨害と侵害を受ければフェイスを失う。この区分に照らすと、相手に何かをするよう求めることは相手のネガティブフェイスを脅かし、相手を拒絶すれば相手のポジティブフェイスを脅かすことになる。

このため人は要求や拒絶をするとき、一定のポライトネス・ストラテジーを取ることで、相手のポジティブフェイスとネガティブフェイスを維持し、補っている。マナーのストラテジーには後述する手段の運用がある。呼称、謝辞、謝り、説明、回避、もちあげ、関係修復、などである。たとえば、下記の会話を見てみよう。

(2) 甲：老李、麻烦你帮我在图书馆借本书好吗？我的借书证借满了。
　　　［李さん、悪いけど、図書館で私の代りに本を借りてくれませんか？私の図書カード、借りていっぱいだから。］
　　乙：对不起、我今晚有点事要办、要不明天吧。
　　　［ごめん。今晩やらなくてはならないことがあるから、なんなら、明日どう？］

このやりとりのなかで、「老李［りさん］」は呼称語で、いわば「持ちあげ」だ[3]。「麻煩［わるいけど］」は回避語であり、「我的借书证借満了［私の図書カード、借りていっぱいだから］」、「我今晩有点事要办［わたし今晩やらなくてはならないことがあるから］」は説明語で、「対不起［ごめん］」は謝りことばで、「要不明天吧［なんなら、明日どう？］」は関係修復のことばである。

4.2　研究のテーマ

晏小萍は具体的にどのポライトネスストラテジーを使うかは、通常3要素によって決まるという。会話をする人同士の力関係、社会的距離、および性差だ。そのため、彼女の研究は3つの社会的変数が設けられている。性別、力関係および社会的距離である。この3つの変数がどのように、要求や断りの発話行為に影響するかを調べた。考察したことは（1）中国語の中で男女の言語行動には違いがあるかどうか。（2）性別、力関係の違いは言語行動の上でどのように現れるか。（3）力関係の要素とポライトネスの原則は、要求や断りという2つの言語行動の中でどのような関係を示すのか、である。

4.3　研究方法

この研究はアンケート調査法を使用している。研究者は2種類のアンケートを設計した。コミュニケート場面1と場面2である。2つの場面はどちらも「要求と断り」の言語行動を含んでいて、調査対象者は適当な会話を書きこまなくてはならない。研究のやりやすさを考え、調査対象者は在校の大学生とした。具体的には、調査対象者にその人の最初の反応を書かせ、熟考はさせなかった。サンプル数は40件で、ことばの性差を比較するのに便利なように大学生男女各20名とした。

アンケート内容は以下の通りである。

3　訳註：「老」は自分より目上の人に使う。

場面：
1. 因不慎身份证丢失、你前往派出所请民警给你补办一张。
   ［あなたはうっかり身分証明書を無くしたので、派出所に行って警官にIDカードを発行してもらわなくてはなりません。］[4]
   公民（あなた）：＿＿＿＿＿＿＿＿＿＿＿＿＿＿＿＿＿＿＿＿＿＿＿
   民警（警官）：＿＿＿＿＿＿＿＿＿＿＿＿＿＿＿＿＿＿＿＿＿（断り）

2. 周二了、你的毕业论文指导老师让你下周一交论文初稿。
   ［火曜日です。あなたの卒業論文の指導教官はあなたに来週の月曜日に論文の初稿を出すように言いました。］
   教授：＿＿＿＿＿＿＿＿＿＿＿＿＿＿＿＿＿＿＿＿＿＿＿＿＿＿
   学生：＿＿＿＿＿＿＿＿＿＿＿＿＿＿＿＿＿＿＿＿＿＿（断り）

アンケートでは警官と市民の関係、教師と学生の関係を問題にしており、どちらにも力関係の非対称性がある場面で、かつ社会的距離があり、1は知らない人同士であり、2は熟知した関係である。表3.1のようになる。

表3.1　相互行為の双方の力関係

	要求／非対称力関係	断り／非対称力関係	社会的距離
場面1	市民＜警察	警察＞市民	知らない人同士
場面2	教授＞学生	学生＜教授	熟知

アンケートはその場で回収し、その後、定量分析を行った。それぞれの場面で書きこまれた発話にどのようなポライトネス・ストラテジーが使われているか、男女で何人ポライトネス・ストラテジーを使うか、それぞれがどのようなストラテジーを使っているか、定量的差があるかどうかを調べた。

4　訳註：中国では身分証（IDカード）を全国民が携帯しなくてはならない。

4.4　分析内容

　アンケート調査場面1は市民が警官に身分証明書の再発行を頼むというもので、場面2は教授が学生に期日通りに論文を提出するように要求する場面だ。教授の地位は学生より高いがこれも一つの要求行為である。この2種類の場面の要求行為はどちらも相手のネガティブフェイスを侵害する可能性があるため、脅威を軽減するために、話し手は要求するときにしばしば、呼称語[5]を使う。このようにすれば、相手の注意をひくこともできるし、要求の実施の道筋を作ることができる。

(1) 呼称の選択

　調査の結果、場面1では女性のすべて（100％）が、呼称語または挨拶語を使用していた。その内60％が呼称語を使用、40％が挨拶語「你好［こんにちは］」を使用していた。呼称の形式には警察同志、同志、先生［さん］、叔叔［おじさん］、師傅［おやかた、係の方］などがあった。これにくらべ、男性は80％が呼称語または挨拶語を使用していただけで、20％は呼称語を使用せず、50％が呼称語を使用、30％が挨拶語「你好」を使用していた。

　場面2は、教授が学生に論文を提出するように指示する場面である。要求する方がされる方より力関係が高いため、30％の学生は呼称語を使っており、70％には呼称の使用がなく、いかなる持ちあげや、とりつくろいもなく、直接相手に要求する形をとっている。

　この場面1と場面2を比較すると、場面1の呼称の使用率は大きく、形式も様々で、ポライトネス度も高い。表3.1が示すように、場面1は警察と市民の間には、先生と学生間よりも距離がある。相互行為を行う双方の社会的距離が遠く、力関係に差が大きいとき、力関係の低い方はポライトネス・ストラテジーを使用し力関係の高い相手のネガティブフェイスを守ろうとする傾向がある。ここからみて、力関係の要素が言語行為の選択に影響を与える重要な要因であることがわかる。性別という要素も同じように重要である。

5　訳註：中国では相手を正しく呼ぶことが一種の敬語表現となる。

(2) 要求の言語行動

下記はある学生が場面1のアンケートに答えた内容である。

(3) 警察同志，不好意思打扰一下，前几天不小心把身份証弄丢了，已经向我们辅导员咨询了一下，拿了证明，我想，能不能请您帮忙补办一张？谢谢。

［警察官さん、申しわけありません。お仕事中お邪魔しますが、数日前に、不注意にも身分証明書を無くしてしまいました。すでに大学の指導員に相談し、証明書を持っています。できれば再発行をしていただけるといいのですが、お願いできるかと思いまして。どうもありがとうございます。］

場面1の内容は要求行為に属している。例（3）は挨拶語、謝りなど様々なストラテジーをとり、発話サンプルとして高いポライトネスを表出している。なぜならば、要求する側が弱い立場にいるためだ。これにくらべ、場面2では要求者の力関係は要求される側より高いために、ポライトネスは明らかに低い。表3.2は場面1と場面2のポライトネス・ストラテジーのデータである。

表3.2から見て場面1では（男女の平均で）94％が婉曲的要求表現を用い、場面2では70％しか婉曲要求を使っておらず、その差は24％である。この差は、場面1では相互行為の双方の力関係の距離が大きく、場面2ではその差が小さいことが理由になるだろう。これ以外に、場面1では、1例も、礼儀違反をした直接要求行為がない。ここから見ると、力関係の要素は言語形式の決定の大きな要素だとわかる。

もちろん場面1でも2でも、女性の婉曲的要求の比率は男性より高い。婉曲

表3.2 要求言語行動におけるストラテジーの分布

場面	性別	謝り	感謝	説明	回避	持ちあげ修復	疑問文	婉曲的要求合計	やや直接的要求	直接的要求合計
場面1	男	6		23	16		10	55(92%)	5(8%)	
	女	9	1	25	23		18	76(96%)	3(4%)	
場面2	男				10	6	7	23(58%)		17(42%)
	女				15	13	12	40(80%)		10(20%)

（晏小萍 2004: 85）

的でない、直接的と思われる要求の割合は男性より低い。ここから見て、性別の要素は要求の言語行動に影響する重要な1要素だと言える。具体的には場面2をみると、男女による婉曲使用の差は大きくその差は22%だ。これはつまり要求する側の地位が、要求される側より高いとき、ジェンダーの要素がもっとも出てくるということである。

　定性的分析によっても、男女のポライトネス・ストラテジーによる調整方法と、ことばの強さを柔らかくする方法を知ることができる。たとえば女性教授は学生に論文を出すように求めるときは、要求行動の前に「你的论文作得怎么样了［論文のすすみ具合はどう？］」と間接的な要求方式をとるとし、言語行為の強さを弱め、ポライトネス度を高め、直接相手のフェイスを侵害することを避けている。

(3) 断りの言語行動
　断りは相手のポジティブフェイスを傷つける言語行動であるため、同じようにポライトネス・ストラテジーを用いてあらかじめ補償しておく必要がある。下記の調査の結果は断りの発話の例である。

　　(4) 対不起、补办手续比较麻烦，而我们今天就要下班了。
　　　　［すみません。手続きには結構時間がかかりますが、今日の仕事は終わりです。］
　　(5) 今天不办公。
　　　　［今日、事務はおこないません。］
　　(6) 哎呀、不好意思、我下周一可能交不上、要收集的资料太多了、不过我估计下周三肯定能交上。
　　　　［わぁ、すみません。来週の月曜日は提出できません。集めなくてはならない資料は多すぎます。でも、たぶん来週水曜日ならきっと提出できます。］
　　(7) 能不能宽限几天啊？
　　　　［期限を何日か延ばしてもらえませんか。］

　明らかに(4)と(6)のポライトネスは(5)と(7)よりも高い。晏小萍

表3.3 断り言語行動におけるストラテジーの分布

場面	性別	呼称	謝り	説明	回避	持ちあげ修復	疑問文	婉曲的要求 合計	直接的要求 合計
場面1	男	7	21	8	7			43（91%）	4（9%）
	女	5	24	8	7			44（94%）	3（6%）
場面2	男	8	1	43	16			68（100%）	0（0%）
	女	12	3	50	16			81（100%）	0（0%）

(晏小萍 2004: 86)

は同じように断りの言語行為の中のポライトネス分布表を作った。

表3.3からわかるように、疑問文は要求の言語行動の時はポライトネス度を高めるが、断りの言語行動では関係がない。言いかえると断るときには疑問文を使う人がいないということである。

再度データをみると、力関係的要素は言語形式を決める重要な要素であることがわかる。面白いことに、場面2では断る側の力関係が、断わられる側より低いため、直接断るという事例が1つもない。同時に、女性は場面1でも2でも婉曲的な表現を使うことが男性より多い。

注目すべき点は、要求の言語行動と比較してみると、男女の断りの言語行動の中で、ポライトネス・ストラテジーの使用はいずれも高く、比率は100%に達している。これは性別的要素と言語行動には一定の関係があることを意味している。おそらく、断りの言語行動は、要求よりもさらに相手のフェイスを傷つける可能性があるからであろう。晏小萍は、これは英語の同様な研究結果と比べて、中国語話者はさらにもっとポジティブフェイスの維持に注意を払っているせいであると指摘している。

4.5 結論

女性は男性に比べ他人のフェイスの維持につとめ、ポライトネス度の高い表現を多く使用する。社会的地位と社会的距離が同じ状況の場合、会話をする人たちの性別の要素は個人の言語行動に影響を与える。

力関係の要素と性別の要素は、場面が変われば影響が同じではない。要求する側の地位が要求される側の地位よりも低い時は、男女ともに話し手はポライ

トネスの原則に基本的に則り、ポライトネス・ストラテジーの使用の差は比較的少ない（92%：96%）。要求する側の地位が要求される側よりも高い場合は、男女の話し手のポライトネスの差はかなり大きい（58%：80%）。

　力関係、性別とポライトネスの諸要素は言語行動の類別と関係がある。中国語の場合、断りの言語行動におけるポライトネス・ストラテジーの使用は、要求の場合のポライトネス・ストラテジーよりも高い。相対的に言うと、中国語話者はポジティブフェイスの維持に注意を払うといえる。

　結論として、性別、力関係の要素と言語ストラテジーのポライトネスとは密接な関係がある。女性は男性に比べ全体的にポライトネス・ストラテジーを使うことが多く、力関係の低い人は高い人よりより多く使用し、異なる言語タイプでは男女のポライトネスには相違点と共通性がある。

4.6　意義

　リーチ（Leech 1983）の社会語用論の区分によれば、これは「語用論研究の社会学的側面」であり、「社会学的側面」には2つの側面がある。1つ目は、社会語用論が、社会にある実際の問題を解決する機能があることを示唆しているということ。2つ目は、社会という角度から言語使用に影響を及ぼす社会的環境について研究しているということ。言語行動は語用論の伝統的な研究課題であるが、晏小萍は社会語用論の視点から言語行動を研究し、異なる力関係の男女の話し手には、ポライトネスの使用面で差があるということを発見した。この研究が示しているのは、言語研究が社会と関係があり、社会の新しい方向に向いているということである。

　前述の研究には次のような参考にすべき点がある。(1) 研究デザインの実効性が比較的高く、キャンパス内の調査として模倣できる。(2) 研究の内容が生活と密接な関係があり、類似の言語行動は他にも様々あるため、類推して同様な研究を設計することができる。(3) 類似の調査はキャンパス外の社会でも広げて行くことができるし、範囲を拡大することによってこの研究の結論を論証づけることができる。(4) 同時に実際の言語使用状況を観察し、語感に基づいて書かれた言語データと比較することも可能である。

第 5 節 まとめ

　相互行為の社会言語学は社会学の相互行為理論の枠組みで、言語の相互行為の本質に対して検討を行うものである。本章で紹介した相互行為の社会言語学には3つの異なる研究領域があった。会話ストラテジーと、創発的文法、社会語用論である。
　言語活動のもっとも基本的な形態は会話形式であり、そのため「会話ストラテジー」の研究は典型的に、言語の相互行為は社会の相互行為の1つであるということを示している。会話をするとき、人々はいつも相互行為的予想と仮定があり、双方にはおのおの決まった会話の目的がある。会話をする人たちはいつもことばや発音・語調を選ぶが、これは発話の字面の意味だけでなく、その中に含まれている「コンテクスト化の合図」によって、相手の会話の意図を推測し判定している。ガンパーズが1970年代から発展させてきた「会話ストラテジー」の研究は相互行為の社会言語学の核心的部分で、それは社会言語学理論を豊かにし、現代社会の口頭コミュニケーションの問題を解決する新しい糸口を切り開いた。
　「創発的文法」の研究は相互行為社会言語学の考え方を表し、「文法の源は語用」、「文法は固定したものではない」とする観点を強調している。話し手は毎回のコミュニケーション実践の中で、すでにある文法の規則に何かしら影響を与える可能性がある。つまりそのときどきのコミュニケーション環境に基づいて、話し手は言語の用法を創造したり調整したりしている。この新たな用法の伝播と古い用法との隔たりの蓄積を通じて、文法は絶えず更新されている。そのため、今ある文法書に書かれた規則も過去の言語実践の総括と抽象化に過ぎず、それは今後の文法実践を完全に縛ってはならないし、縛ることもできない。「文法化」と「創発的文法」の研究は、定量研究が得意とするところで、言語の中の新しく生まれた用法をすぐさま見つけ出すことができる。

「社会語用論」研究は、典型的な語用論と社会言語学が結合した研究である。『ことばを使って何をするか（言有所為［ことばには振る舞いがある］）』［ジョン・L・オースティン『言語と行為』の中国語の題名］の分類はその普遍性があるだけでなく、社会的分化の一面もある。たとえば「要求」、「断り」、「ポジティブフェイス」、「ネガティブフェイス」は異なる言語コミュニティの中で違いがあるだけでなく、同じ言語コミュニティの中にも集団性の違いがある。男性と女性の話し手は同一の言語を使用する時、同じポライトネスの原則に従っているとしても、体現された言語行為と守られるフェイスの言語手段の選択には明らかな距離がある。

　本章の第2節から4節で扱った研究例では相互行為の社会言語学研究の考え方、方法や意義を紹介している。紹介した3つの研究例は具体的には異なる考え方と言語の相互行為の別の面を見据えたもので、違った角度から言語学的研究を展開している。

　ガンパーズの会話ストラテジーの研究では、私たちは黒人学生がいかにして「コンテクスト化の合図」を発動させるか、そして相互行為し合う双方が共有する知識を調整することで、理解を促し、複雑で含蓄のある情報を伝えようしたことを示している。研究の考え方は、会話の動態的過程にどのような意味解釈のメカニズムが働くかをいうことである。

　陶紅印の創発的文法研究は、口語データの定量分析を通して、文法の定性的研究の不足をあぶり出し、「知道」のいくつかの常用の構文がすでに特定の語用的マーカーとなっていることを証明して見せた。その考え方は、談話データにある構造形式の使用頻度から文法化の過程を推定するというものである。

　晏小萍の研究設計の良さは、役割を演じることを通して、大学生男女のことばのポライトネスの特徴を測定している点である。

　これらはすべて言語の相互行為の研究であるが、ガンパーズが対象としたのは言語のプロソディー的特性で、陶紅印が対象としたのは、ことばと文法であり、晏小萍が対象としたのは、要求と断りという言語行動である。そこからわかるように、異なる言語という平面から、相互行為の研究は「言語的事実」という外延へと拡大しているということである。

　陸俊明（2003）は、研究者にとって問題の発見は、問題の解決よりもっと意

義があると言っている。優れた問題の設定がなければ、研究は展開することができないし、問題を解決するにも水源のない川となってしまう。社会言語学の特徴は社会の言語的事実に向き合うということである。上述の研究は全て、社会生活の中でしばしばみられる言語現象であり、そのため、如何に日常の相互のことばのやりとり中から問題を探し出せるかということも、これらの研究者たちから学ぶべきことである。

　社会言語学の理論は1つひとつの実証研究の基礎の上に成り立っている。これらの理論は教条ではなく、繰り返しその内容を実証する必要がある。理論を理解し、それを利用して現実生活の中の言語現象を解決することが、問題を発見し解決するための最良の方法である。

　前述の3つの研究例は方法論としてそれぞれの特徴があるが、共通点もある。どれも、問題発見、仮説の提出、資料収集、分析、そして結論を導き出すという一般的な社会科学の研究プロセスに則っている。黒人学生の会話ストラテジーの研究は、会話ストラテジー理論を通して、発話理解の差を生む「コンテクスト化の合図」を探し出すということを示している。研究者は実験相手によって発話の意味の理解が異なるという例を集め、比較分析を行い、最終的に解釈の中で起きる重要な作用である「コンテクスト化の合図」が何かを突き止め、会話ストラテジー理論の実証を行った。

　次の研究例「知道」が目的語を取るかどうかは、本の上の文法規則と、話しことばの現実には距離があることから出発し、定量分析を通して、「優勢構文形式」を帰納し、その上で、それらの語用標識の性質を確定した。

　これらの2つの研究の1つは定性研究で、1つは定量研究であるが、どちらも言語データの詳細なスクリプト化に依拠するところが大きい。もし真実の相互行為データも、これらの言語データの規範に合致したスクリプトもなかったら、上述の2つの研究分析は行えなかっただろう。

　要求と断りにおけるポライトネス研究に関して言えば、語感を利用した簡便な研究方法を利用しているものの、社会調査方法を用いて、異なる性別のグループが提供した言語データの比較を通して、仮説の立証を行っている。

　本章で紹介した3つの研究はどれも「科学的実験」という基本的考え方にもとづき研究対象に対して明確な観察指標を決め、観察条件をコントロールする

ことで因果関係の実証を行っている。「コンテクスト化の合図」とはつまり会話ストラテジーの観察指標であり、研究の中でコントロールした条件は、それぞれ黒人文化と接触程度の違う何組かの被験者を用意したことである。その結果、接触程度の低い人は特定の「コンテクスト化の合図」をキャッチすることができず、そのため会話に含まれた特定の意味を獲得できなかった。

「知道」の研究では「目的語をとらないこと」と「動詞に組み合わさる主語の人称」とを観察の指標とし、肯定と否定も観察指標とした。これらの指標を決めると、それらは他の観察指標のコントロール条件となる。たとえば、「語用のマーカー」という指標の条件は「目的語を持たない」、「一人称、二人称代名詞主語」、「弱音化」、「固定化」などである。

ポライトネスの研究では、条件コントロール上で高度な規範化を行い、異なる性別、異なる力関係、異なる言語行動におけるポライトネス・ストラテジーの使用状況を系統だててテストしている。

上述の研究はすべて「記述と分類」という研究モデルを脱し、異なる次元における因果律の説明を行っている。ガンパーズは現代化した大都市のコミュニティ内に異文化交流の起こる原因を指摘しているが、陶紅印は口語の中でしばしば用いられる語用のマーカーはどのようにして生まれたか、晏小萍は言語行動に違いが起きる原因についても説明している。上位の問題としては、彼らの研究は社会言語学の基本的考えを表しているということである。つまり、言語の使用はコンテクスト（文脈）の制限を受け、また社会のカテゴリーからも影響を受けるということである。これらの研究は、言語研究は、音韻、語彙、文法、語用的局面のいずれにかかわらず、文脈や、言語を使用する社会的文化的背景から離れては、言語的事実を見逃しかねないということを物語っている。

ガンパーズは具体的なケースによって、プロソディー的特性が言語研究の中で重要であることを証明した。語彙や、文法などの言語構造体系的要素と比べると、言語の相互行為の中ではプロソディーの特性による作用がもっとも突出している。

陶紅印の研究は我々に相互行為がどのように、常用動詞の文法的性質を変えるかを示している。「知道」のケースでは、説得力を持って文法の非自立性を証明した。文法の形成と変化は言語コミュニケーションによって推進され、文

法は用法の文法化であるのだ（潘家煊 2005）。

　言語学の研究の伝統では音韻、文法と語義の研究に分けられる。本章で紹介した研究は、言語コミュニケーション活動の中で、音韻、文法、語義は交差しているのだということを示している。そのためこれらの研究も相互に参考にすることもできる。

　たとえば、会話の意味の研究は発音と文法的内容に及んでいる。つまり、動詞の文法的特徴の研究は明確に音の弱化と語義の転換とに関係している。書きことばを通じた言語行動の研究は、音声には言及していないものの、文法と語彙という手段の使用が語用的意味伝達の基礎であることを物語っている。それゆえ、言語の相互行為の研究は言語研究のセグメント化を克服し、それぞれの研究領域の隔たりを壊し、それぞれが有益な促進作用となっている。

　相互行為の研究と変異の研究は社会言語学の重要な2本の柱だ。変異研究は比較的、伝統的な構造研究の枠組みに近いが、社会構造体系と言語構造体系の間の関係を打ち立てている。一方、相互行為研究は、話し手の主観的能動性と言語構造の境界との統合を重視し、それぞれの言語手段とその象徴的意味が、言語コミュニケーションにどのような作用を及ぼすかを考察する。2つの研究の伝統は相互に補足し合い、相互に促進し合っている。この2つはまた重要な共通点もあり、先に言及した社会的な環境の制約を受けるという視点以外にも、両者とも言語の動態性という特性を強調している。変異の研究は言語構造体系の変異性と恒変性（常に変化の状態にあるということ）を強調しているが、相互行為研究では一連の研究手段を発展させ、言語がコミュニケーションと社会の中で変化する過程を提示している。言語は可変的なもので、一時的なコミュニケーションでもそうであるし、コミュニティが共有する文法も同じである。

　言語研究は、一度は歴史的研究を偏重する傾向があった。言語史の研究はもちろん重要だが、言語史の長い歴史という川の探求の中で、言語が過去に生じた多くの変異や変化の例を提供し、私たちが理解している言語の動態の本質に対しておそらく参考になる。それと同時に、現在の言語とは人類の千何百年かのコミュニケーション経験の蓄積であり、言語の過去を理解すれば、もっと深く言語の現実を理解できるだろう。しかし、言語の現在の状況及びコミュニケーションがもたらす問題は火急の研究課題を擁している。歴史的文献は過去の

言語の相互行為の部分的な派生物であり、多くの言語動態のありようをその中から探し出すことは難しい。そのため歴史と現状の研究はどちらも捨てるわけにはいかない。

ここで紹介した相互行為の研究は基本的に現状の研究で、かつ直接、あるいは潜在的に応用的価値を有している。それと同時に主に歴史的研究の言語研究者も相互行為研究からヒントを得ることもできるだろうし、現存の文献資料と言語の実際の間の距離の問題も存在するだろう。

相互行為の社会言語学者はかつて変異理論に対して、マクロ的社会構造との関係において言語変異を研究する場合、話し手個人の主観的能動的作用を無視していると批判した。こうした観点は社会言語学以外にも広く存在する。確かに、相互行為の社会言語学研究が示すように、話し手は多くの言語的記号の調節によって、コンテクストと自分の社会的アイデンティティを構築している。しかしながら、こうした能力は無限のものではなく、一般的にはやはり、話し手の所属する社会集団が掌握した言語変種から制限を受け、調節可能な範囲や幅にも一定の制限がある。と同時に意味解釈をする時にも、社会上に通用している言語規範を基準として参照する必要がある。当然のこととして、話し手が全くの受け身で社会規範を受け入れていると考えることも誤った見方である。相互行為の社会言語学は1人の話し手は言語習得と言語の選択を通して、言語の社会的境界を超え、改造を施しており、これはきちんと研究すべき問題であることを示している。

個人や集団と社会の言語面での相互行為は、社会言語学者の永遠のテーマであり、前述のごとく、相互行為の社会言語学は我々にある程度の答えを提供し、また新たな問題を導き出している。これらの問題を解決するためには、絶えず関連の理論を実践の中で検証していかなくてはならない。この前提のもと、相互行為研究を含めた社会言語学研究は今後も引き続き発展していくだろう。

【本章のポイント】
言語の相互行為的本質　　いかにしてコンテクスト化の合図を見つけるか　語

用が文法に与える影響　社会語用論の研究方法

【基本的概念】
相互行為　相互行為の社会言語学　会話ストラテジー　コンテクスト化の合図　創発的文法　ポライトネス・ストラテジー

【課題と実践】
1. 相互行為の社会言語学は変異社会言語学と比べどのような違いがあるか。
2. 会話ストラテジーの研究にはどのような応用価値があるか。
3. 創発的文法理論を用いて中国語の中のある文法現象を分析してみよう。
4. あなたのいる言語コミュニティの中で、どのような注目すべき社会語用現象があるか、例をあげて説明しなさい。
5. 他にどのような言語行為がフェイス理論と関係するか。どのように関係しているか。

【推薦図書】
1. Gumperz（2001）『会話策略［会話ストラテジー］』徐大明、高海洋訳、北京：社会科学文献出版社。
2. Gumperz（2003）「互動社会語言学発展［相互行為の社会言語学の発展］」高一虹訳、『中国社会語言学』第1期、pp.1-8。
3. 高海洋（2003a）「甘柏滋教授談社会語言学［ガンパーズ教授社会言語学を語る］」、『語言教学与研究』第1期、pp.11-16。
4. 何兆熊（2000）『新編語用学概要［新編語用論概論］』上海：上海外語教育出版社。
5. 晏小萍（2004）「性別、権勢与礼貌策略在漢語請求、拒絶言語行為中的表現［中国語の要求と断りの言語行動におけるジェンダー、力関係とポライトネスストラテジー］」『中国社会語言学』第2期、pp.81-88。
6. 陶紅印（2003）「従語音、語法和話語特徴看知道格式在談話中的演化［音韻、文法、発話の特徴からみた談話中の『知道［しっている］』の進化］」『中国語文』第4期、pp.291-302。

第 4 章 言語接触

第 1 節 概 論

　言語接触（language contact）とは異なる民族、異なる社会集団が社会経済活動の中で交流し接触することによって、その使用する言語間で互いに影響を与えあい、変化を促進する現象を指す。そのため言語接触研究とは言語間の相互の影響に関する研究であると定義することができる。あるいは、特定の言語の立場に立てば、ある言語がいかに別の言語の影響を受けるかという研究を指すものと言える。

　言語接触は異なる母語を話す人の間に発生するし、二言語を併用する人たちの身にも起こり得る。その中で、異なる言語を話す人たちの間の接触では、直接接触と、間接接触に分けることができる。直接接触とは、隣接、あるいは移民などの要因によって引き起こされる言語接触で、間接接触とは、政治的、経済的、文化的などの距離がある交流が引き起こす言語接触のことである。ある観点では言語接触は言語の伝播の結果であるとする。人類の歴史のある時期では、一言語だけという状態は比較的普遍的であり、併用はその後に生まれたものだ。この説には説得力があるが、やはりもっと多くの証拠と進んだ研究が必要である。しかしながら、今の世界の状況からみれば、同一の国家、地域或いはコミュニティの中の併用または、多言語の使用は、すでに普通のことである。それゆえ、言語間の相互影響は、話し手が、未知の言語との接触によって生じるだけでなく、個人またはコミュニティが長期にわたって二言語併用状態であることによっても生じる。二言語併用（バイリンガル）の人たちは彼らがマスターした異なる言語を別々にも使えるし、交互にも使用できるし、ミックスして使用することもできるし、それを一体化させて使用することさえできる。

　言語接触の研究は言語構造または言語使用に重点をおいて研究することができる。研究対象の違いによって、言語接触の研究は以下のいくつかの方面に分けられる。ダイグロシア、言語借用、言語干渉、言語シフト、言語混合とコー

ドスイッチなどだ。

1.1　ダイグロシア

　「バイリンガル」は、個人または言語コミュニティが2種類、或いは2種類以上の言語を使用する現象である。この概念の理解から言うなら、バイリンガル現象は個人的なバイリンガル（二言語併用）現象と社会的な二言語併用現象（ダイグロシア）とに分かれることがわかる。個人的バイリンガリズムはダイグロシアと共存することもできる。すなわち、あるコミュニティの中で広く2～3種類の言語が使用されているなら、このコミュニティの人々は一般的にみんなその2～3種類の言語をマスターしている。だが、ときにはコミュニティは1言語で、それぞれの人たちがバイリンガル能力を持つという場合がある。そのうち1つがコミュニティ内で使われ、もう1つが主にコミュニティの外部との交流に使用され、あるときは、コミュニティが多言語でも、大部分の人は言語能力が1つしかないこともある。

　社会言語学で言うところの「ダイグロシア」研究は、主にコミュニティ内の異なる社会集団のバイリンガルの状況や、バイリンガルの機能分布、異なる言語変種使用における規範、および関連した言語意識などを研究対象としている。「ダイグロシア」には安定的なものと、不安定な状況のものとがある。安定的な状況下では、人口における異なる言語の分布状況や言語使用の規範、人々の言語意識も基本的に安定している。これに反して、上述のいずれかの項目が変化の状態にあるならば、不安定なダイグロシア状態を形成するため、言語状況の変化や言語選択、言語シフトや言語保持の研究がありえる。

　「ダイグロシア（社会的二言語併用）」は安定しているかいなかを問わず、異なる言語には一般的に異なる社会的地位がある。いかに言語計画機関が明確にそれらの言語の平等的地位を規定しても、人々のこれらの言語に対する習熟度や使用状況、およびそれに対する意識はつねに違いがある。そのため事実上言語にも社会的格差があり、社会的地位にも変化が生じる。この変化が反映しているのは、社会の中の言語人口と言語意識の変化という総合的傾向である。

　安定的な「社会的バイリンガル」の研究には「ダイグロシア（diglossia）」

(Ferguson 1959) と「ドメイン理論」(Fishman 1972) の2つがある。前者は異なる言語変種には厳密な社会的な役割分業があるということを指し、後者は言語変種が明確な社会規範を持たないとき使用状況を分析するための理論的枠組みである。

「ダイグロシア」が提出されたばかりのとき、それは同じ言語内の2つの変種のことを意味していた。たとえばアラブ諸国の標準アラビア語とアラビア語の地域変種、またスイスのドイツ語コミュニティの標準ドイツ語とスイスドイツ語、ハイチのフランス語とクレオールの状況などがそうである。これらの同一言語内の異なる変異形は同一のコミュニティの中で使用されながらも、社会的地位、規範程度、そして使用場面で明らかな差がある。ゆえにそれを「高変種 (H変種)」と「低変種 (L変種)」とに区分している。「高変種」は通常、文学作品の中で使われ、一般的に正式な教育を受けた人がマスターできるものだ。だから高変種は一般的に自然に習得できる母語ではなく、「低変種」は一般的に母語として獲得される。使用する上で「高変種」は主に書きことばでの交流や、公式な場合に使われ、「低変種」は主に日常生活の中の会話で用いられる。のちにフィッシュマン (Fishman 1972) が「ダイグロシア」の概念を一歩進めて、社会の中に存在する二種類の言語変種はそれぞれの間に語族の関係が存在していなくても使用する上で「高変種」と「低変種」の特徴があるならば、これも「ダイグロシア」と呼ぶことができるとした。

フィッシュマン (Fishman 1972) は「ドメイン」という概念を提出し、言語の選択について説明した。ドメイン (または言語使用域) とは活動の範囲 (領域) を指し、その範囲の中では、人々がある種の言語変種の使用を選択することを言う。ドメインとは抽象的な概念で、アイデンティティ、地点と話題の3つの部分からなる。フィッシュマンは家庭域、友人域、宗教域、教育域、職場域の5つのドメインを設定した。たとえば、調査によれば、アメリカのニュージャージー州のプエルトルコ人居住区のバイリンガル・コミュニティでは、スペイン語は家庭域や友人域で使用され、英語は宗教域や教育域、職場域で使用されていることがわかった (Greenfild 1968)。

バイリンガル社会でそれぞれの言語の役割が比較的はっきりしている状況下では、「バイリンガル性」の分析は比較的正確だ。役割分業が明確ではないと

きは「ドメイン理論」を応用すれば、バイリンガルの機能分化の傾向を見つけ出しやすい。だがドメイン分析は、アイデンティティ、地点、話題間にある「ずれのある」状況、たとえば家で仕事のことを話す、友達同士で教育問題を論ずるなどの複雑な状況を解決することはできない。

　社会的条件の変化により、バイリンガル・コミュニティにも不安定なバイリンガル状況が出現している。これは主に言語シフトや言語の混合といった2つの状況である。前者は一種類の言語がまさに駆逐され、もう1つの言語が社会的機能を持つようになることであり、後者は2つの言語が結合して新しい言語変種が生まれることを指している。

　以上の議論の中で、ダイグロシアの研究は、しばしばコミュニティ内の言語使用の規範に焦点が当てられ、コミュニケーションの場面によって、どの言語変種を使うかが決められていることがわかる。しかしながら、たとえ個人に関するバイリンガルの研究にしても、社会言語学者は依然として異なるコミュニティのコミュニケーション規範を結合させて考える必要がある。この種の研究は、主に異文化コミュニケーションの研究に属している。バイリンガルの人たちが、どのように異なる言語コミュニティの中でのコミュニケーション衝突に巻き込まれるかが異文化コミュニケーションの研究のポイントである。

　この角度から見ると、これらの研究もまた相互行為の社会言語学の理論的枠組みに入れることができ、第3章で紹介したアメリカ黒人大学生のコミュニケーション例もバイリンガル研究とみなすこともできる。ダイグロシアと個人的バイリンガルが完全に重なる場合は個人の角度から研究する必要はない。なぜならそれはコミュニティのバイリンガル状況とその規範から離れ、独立して存在することはありえないからである。

1.2　言語の借用と言語干渉

　言語の借用と言語干渉の研究はどちらも言語構造に重きを置いた研究で、1種類の言語の立場に立ってその音韻、文法、語彙の構造がどのように他の言語の影響を受けているかを研究するものである。

　言語の借用は、一種類の言語が別の言語の成分を受け入れていることを指す。

語彙は言語の中でもっとも敏感な部分で、しばしば言語接触の突破点となり、借用語として現れる。音韻や文法構造も借用することができるが、一般的に語彙の借用よりは遅い。年代が比較的古くなった借用語は、人々はどこから借りてきたかも忘れ、それらが借用語であったとさえ考えなくなり、正真正銘の元からの自分たちの母語の構成要素だと考えてしまうことがある。たとえば、中国語の中の「站[駅]」、「胡同[路地]」などはモンゴル語から発しているが、現在では一般の人はそれを借用語だとは思わないだろう。

「言語干渉（interference）」はバイリンガルだからこそおこる、言語規範から逸脱してしまう現象のことである。つまり、一方の言語を話すとき、もう一方の言語の構造の特徴が混入することによって変種が生じる。言語干渉は音韻、文法、語彙のどの面にも起こりうる。たとえば音韻面では、ある音素の特徴が入ったり、一部の単音の組み合わせが調整されたり、文法では、ある文法規則の借用、語彙の面では、固定化した訳語の借用語も出現する。干渉はしばしば、第二言語の不完全なマスターによって起きる。

言語借用と言語干渉は、言語の使用研究からは離れていて、局所的な状況に注目している。言語借用は、構造体系の中に、少量の他言語的要素が入ったもので、その構造の全体としての性質は変わらない。言語干渉は、主に対象となる言語コミュニティの中での、比較的個別な現象である。もしある言語の特徴が、すでに全コミュニティの規範になってしまっているなら、「干渉」として処理するべきではない。下記に示す通り、いったん「干渉」が常のことになってしまうと、新たな言語変種が形成されたということになる。歴史的に言語同士がどのように影響し合ってきたかにかかわらず、コミュニティの人たちの一致した用法が正しい文法である。

1.3　言語シフトと言語の混合

言語シフトと言語の混合は、言語使用に注目した言語接触研究である。言語接触は社会的バイリンガルを形成することがあり、1つのコミュニティの中で、2つ以上の言語が流通することで、同時に競合も引き起こす可能性がある。言語の競合はコミュニティの言語状況の変化を進める。コミュニティの言語状況

の変化は言語シフトとなって現れ、しかも最終的に全コミュニティが一種類の言語を放棄するに至ることもある。

　「言語シフト（language shift）」、または「语言替代［言語交替］」、または「语言替換［言語取り換え］」、「语言转移［言語転換］」などと訳す。ある民族またはある民族の一部の人たちが2度と自分たちの母語を使うことなく、もう一種類の言語にシフトすることを指す。理論上、言語シフトは民族的言語シフトと個人的言語シフトとに分けることができる。前者は歴史のある段階の1民族全体で基本的に言語シフトが完成してしまった状況のことで、後者は個人的現象でもいいし、コミュニティの中で比較的普遍的にある現象でもいい。

　社会言語学研究が研究してきたのは言語状況の変化傾向で、そのため、個別の話し手を対象にするのではなく、ある話し手がそのコミュニティの成員としてあらわしている集団的特徴を研究対象としている。ゆえに、歴史的にすでに全民族の言語シフトが完成しているものは、社会言語学研究の重点ではなく、1人ひとりの言語使用の変化も研究の重点ではない。マクロ的次元でシフトという結果をもたらすコミュニティ言語の動態変化の過程こそが社会言語学研究の重点となりうる。

　この種の言語変種の次元にある「進行中の変化」は、一方では言語がどのように直接社会的機能を発揮するかを観察する機会であるし、一方では往々にして社会が解決すべき急務の課題であり、応用研究の機会でもある。

　バイリンガルはそれぞれの言語を明確に分けた状態を保持することもできるが、言語の混合の現象も生まれる。長期にわたる言語接触では混合言語が生まれ、この面で典型的なのはピジン（Pidgin）とクレオール語（Creole）の研究である。ピジン（皮欽語 píqīnyǔ）別名「洋泾滨 yángjīngbāng」は、特定のコミュニケーションの場で生まれた言語の混合現象で、通常、言語構造の単純化を伴う。ピジン（皮钦语）とクレオール（克里奥尔 kèlǐ ào ěr）は一般的に植民地という歴史の産物で、ピジンは交易コミュニケーションでの使用に限られていたが、クレオール語はその場所で生まれた次世代人の母語になり、自然言語のすべての機能を持っている。クレオールは、一種のピジンの基礎の上に発展したものであるが、ピジンが簡潔化するのとは反対に、複雑化の傾向をもち、一連の文法化した新しい形式やスタイルの分化といった現象をも含んでいる。近

年これらクレオール的な言語変種も見つかっているが、植民地としての歴史的条件やピジンを起源とするとは限らず、これらは一般的に「混合言語（mixed language）」と呼ばれている。混合言語の語彙は一種類の言語を主とし、文法構造はもう1つの言語を基礎としている。

1.4　コードスイッチ

　言語コミュニケーションの立場でいえば、いかなる言語変種も1つのコードであるとみなすことができる（郭熙 1999）。そのため、言語コミュニケーションにおいて、バイリンガルの人が、1つの言語変種からもう1つの言語変種に乗り換えることを「コードスイッチング（code-switching）」という。これも普通にみられる言語接触現象の1つだ。コードスイッチの研究は言語使用に注目した研究であり、言語の構造にも着目した研究でもある。コードスイッチは一種のコミュニケーション手段でもある。ある状況下でのコードスイッチは常に特定の意味を表しているからである。コードスイッチは社会的地位や心理的距離、引用、回避、挿入語、対比、リピート、諷刺などを表す作用がある。

　イギリスの社会心理学者ジャイルズ（H. Giles）は「アコモデーション理論（accommodation theory：適応理論）」という理論を打ち立てたが、コンバージェンス（convergence）とダイバージェンス（divergence）がこの理論の中心的概念である。コンバージェンスとは話し手がある状況下で、自分の言語を、聞き手が使用している言語に完全に一致させるか、またはできるだけ一致させ、心理的に相手に合わせようとすることを言う。ダイバージェンスとは話し手が、聞き手の必要を考慮せず、故意に相手とは違う言語変種を使用し、相手に対する差別意識を示すことである。この理論はコードスイッチ現象にも応用できる。

　バイリンガル・コミュニケーションではコンバージェンスとダイバージェンスの程度は同じではなく、コードスイッチで選択する言語も同じではない。もっとも強度なコンバージェンスでは、完全に相手の言語を使用するのに対して強度なダイバージェンスでは、双方が異なる言語を使用する。アメリカの社会言語学者ガンパーズ（J. Gumperz 1982）らは、コードスイッチを一種の会話ストラテジーと見なしている。第3章第2節の研究例が示すように、コードスイッ

チは一種の「コンテクスト化の合図」ともなり、会話の意味するところを解釈するのに役立つ。それもまた一種の意味の伝達のためのコードスイッチだ。

コードスイッチは特定の意味をもたなくてもよく、混合言語を使用した言語モデルである。表しているのは、その使い手が一種のバイリンガルであること、バイリンガル文化の話し手であるという立場を表現している。こうしたコードスイッチは、特定のコードスイッチ規範をもつ言語コミュニティの中で使用されている。たとえばニューヨークのプエルトルコ人のスペイン語と英語のバイリンガル地区など（Poplck 1979）である。

言語使用の研究以外に、コードスイッチには言語構造面の研究もある。研究者は、コードスイッチは異なる統語的位置にも発生することを見つけた。ポップラック（Poplack 1980）は文の間のコードスイッチ（inter-sentential switching）と文内のコードスイッチ（intra-sentential switching）を区別した。

文の間のスイッチは2つの文の間または、文節（clause）のところで起こる。つまり文の間のスイッチは、2つの文または節の境界で発生し、2つの文または節は異なる言語になる。こうした状況は1人の話し手の発話で発生することもあるし、会話をする2人の話者の間に発生することもある。

たとえば、前の人が話すのが言語Aとして、次にこの人が言語Bをしゃべることがある。会話の意味は繋がっているものの、言語はスイッチしている。

文内スイッチの発生は1文内部で起こる。すなわち言語Aの文の中に言語Bの語彙やフレーズが挿入される。この種の転換形式は文内部の構造面の転換であるが、スイッチした部分は同時に2つの言語の文法に則していなければならない。そのためこの種のスイッチの話し手は2言語に精通している必要がある。これ以外に、ポップラックはスムーズスイッチング（smooth switching）と、スムーズでないスイッチング（flagged switching）があるとした。スムーズスイッチングとは会話の中で、言い間違えや、ためらい、あるいは長いポーズもないスイッチのことで、スムーズでないスイッチングでは、言い間違いや、ためらい、長いポーズなどがある。

前述のコードスイッチは構造や、表現形式の区別において、バイリンガルの人の2つの言語の習熟度や、コミュニティ内の言語使用規範、コードスイッチの相互行為、帰属機能と関係づけることができる。たとえば、ニューヨークの

プエルトルコ人の英語とスペイン語のバイリンガル・コミュニティでは、規範的な特定の意味を表さないコードスイッチの大部分は、スムーズスイッチングの文内スイッチである。バイリンガル度が高くない人またはそのコミュニティの規範がコードスイッチを支持しない場合は、スムーズでないスイッチとなりやすい。

第 2 節　オークランドの中国人の日常会話中のコードスイッチ

于善江（2007）ではニュージーランドのオークランド市に住む中国移民のコードスイッチに対して研究を行っている。彼が注目した具体的な問題は、子供のいる家庭におけるコードスイッチと、言語シフトの関係である。彼は数家族の移民家庭の中国人児童を主な研究対象とした。研究の結果、家庭内の日常会話では、もし両親が英語を使えば、子供たちの英語使用量も急増し、かつ子供の言語選択も「レベルアップ」する現象があることが明らかになった。

次に、その研究テーマと方法、過程、結論と意義という方面から紹介していく。

2.1　研究テーマ

(1) 研究の背景

言語接触は言語シフトをもたらすが、これは移民コミュニティにある一般的な現象である。そのため、移民コミュニティの中では、言語保持（language maintenance）、すなわち個人や集団が継続して自己の母語を使用することは、多くの人たちが直面する問題になっている。この問題に対してすでにある研究（Clyne & Kipp 1999）では、オーストラリアの第1世代の移民の言語シフト率が一番高いのはオランダ人で、次がドイツ人とフランス人であった。中国人の中では、香港からの移民の言語シフト率が一番高く、中国大陸からと台湾からの中国人移民の結果は非常に近かった。第2世代になると、オランダからの移民の大部分に言語シフトが発生し、ドイツ人がこれに次ぎ、中国人の言語シフトもかなり進んでいることがわかった。ニュージーランドの社会言語環境はオーストラリアと非常に近いため、于善江は、ニュージーランド移民の状況もオーストラリアと同様か、特に中国人移民の第1世代と第2世代の間にどのような言

語シフト状況があるのか調査したいと考えた。

(2) 研究対象

　研究者が調査の重点に置いたのは、8名の5-10歳のオークランド在住中国人児童の言語状況だ。子供たちのうち7名は、両親についてニュージーランドに移住しており、移住時の年齢はそれぞれ2-10歳とまちまちだ。もう1人の児童はニュージーランド生まれだが、中国語普通話［中国語標準語］が、彼が幼稚園に上がるまでに接触した唯一の言語で、他の児童と言語的背景も基本的に同じである。これらの子供たちの両親たちは、中国大陸から来た技術者移民で、16名の父母はそれぞれ大卒の学歴があり、そのうち7名は修士卒だった。専門は英語、コンピューターサイエンス、植物学、建築学、農業などである。

(3) 仮説

　多くの研究が明らかにしたように、移民の言語シフトは普通、3世代を経て完成する（Fishman 1972, 1991 など）。その言語シフトの過程は、第1世代移民は、主に母語Aと、限界のある居住地の言語Bを使う。第2世代はA、Bの2つの言語ともに習熟し使用する。第3世代の主な言語は言語Aから、言語Bに移り、限られた言語Aを使用する。このタイプの研究と関係するのは言語使用域（ドメイン）の研究で、第1世代と第2世代の移民家庭内言語は主に母語である。第3世代は成長するのに伴い、「家庭」という本来母語の最後の砦も居住地の言語に取って代わられるようになる。

　于善江は彼が研究した中国人新移民グループは、西洋社会の多くの移民グループ（早期の大部分の中国人移民も含む）とは違って、第1世代のバイリンガル状態がかなり高く、家でも移住した国の言語を使うという状況があることを発見した。

　こうした条件下では、言語シフトの過程が、［3世代にわたることなく］2世代間に縮まるのではないだろうか。そのため、第2世代移民が子供時代に使用する言語状況、特に家庭内の言語使用状況を研究の重点とした。どのような要因が児童の言語シフトを促進したり、あるいは抑制したりするのだろうか。両親の言語状況や、その家庭内の言語行動が子供の言語シフトに影響を与えるのかど

うか。これらがこの研究で設定された問題である。

　また、これらの問題に対して、于善江は仮説を立てた。つまり、オークランドの中国人移民第1世代の家庭の英語の使用は子供に影響を与え、移民第2世代に英語への言語シフトに向かわせる、ということだ。

2.2　研究方法と過程

(1) 3つのステップ

　第1ステップでは、選定した移民家庭の日常会話データの収集をし、これらの言語データの中におけるコードスイッチの状況を調べた。言語データの収集方法は主に録音で、毎月1度これらの家庭に行って録音し、すべての過程を1年にわたって続け、全部で90時間を超える録音を得た。

　第2ステップでは、録音した言語データをスクリプト化、コード化し、分析の準備をした。

　第3ステップは、定量分析であり、日常会話の中の両親の言語選択が、子供の言語選択に与える影響を発見した。

(2) 言語データのスクリプト化とコード化

　下記は整理した録音をスクリプト化した例である。

　　例1：S1-(30)

　　　191.　M：是吗？

　　　　　　　［そうなの。］

　　　192.　S2：她妈是个tour guide, tourism industry。

　　　　　　　［彼女のお母さんはtour guide, tourism industry（ツアーガイドなの、旅行業の。）］

　　　193.　M：做那个导游。

　　　　　　　［あのガイドをしてるの？］

　　　194.　S1：对呀。

　　　　　　　［そうよ。］

このS1は子供の話し手のコード番号で、(30)はこの会話のコード番号であり、191-194はこの録音データに録音された会話の191-194番目のターンで(1ターンで1まとまりの会話)、Mは子供の母親のコードである。つまり、ここに記録されているのはS1と母親Mが、食後に話している会話の1段落である。

ここから見てわかるように、これは会話の一部分で、なぜこの部分を示して見せたかと言えば、于善江は「4ターン1ラウンド(conversational round)」を分析の単位としたからである。完全な1「ラウンド」は4ターン(conversational turn)で構成され、それぞれT1、T2、T3、T4とラベリングしてある。そのうちのT1、T3は親のターン(番)で、T2、T4が子供のターン(番)である。このようにすれば、親の言語選択と子供の言語選択の関係を見つけ出すことができる。上記の会話の中で、T1は母親のターンだが、しゃべっているのは中国語である。T2は子供のターンであるが、コードスイッチが起きており英語へ転換している。T3で母親がまた中国語に戻すと、T4で子供も母親の中国語に反応している。

言語選択の状況にもとづき、于善江はスクリプト化した17,157のターンすべてにコード番号をつけた。もし1ターンが全部中国語または英語だった場合、それぞれCまたはEとした。もしコードスイッチが起きた場合はその標識をM[1]とした。このようにすれば、「4ターン1ラウンド」(30)(つまり例1)はCMCCとコード化できる。

下の例を見てみよう。

例2:S1-(106)
    631. F:我写一个, ( )[2]
        [父親:お父さんが1つ書いてみるね。]
    632. S1:这个太, 太boring 啦!
        [子供:これ、すごく、すごくboring(つまんない)よ。]

---

1 訳注:Mは中英混用。
2 言語データスクリプト化のルールで、( )はここでは話し手が、話を遮られたことを示している。

633. F:太printed了,是不是?

[父親:あまりにもprinted(印刷)みたいだってこと?]

634. S1:太printed了,是。

[子供:すごくprinted(印刷)みたい、うん。]

例2会話でも子供の話し手はS1であるが、ここでは父親Fとどのように自分のサインをデザインしたらいいかを話し合っている。その中でT1は父親が先に中国語を使い、T2でS1が中国語と英語が入り混じった答えをしている。T3では父親が子供のコードスイッチにつられて、T4でS1も引き続き混用コードを保って話をしている。例2はCMMM型のラウンド構造になっている。

2.3 分析結果

(1) 家庭内言語選択の全体状況

于善江は全部で17,157回のターンのコード選択状況を統計し、以下の結果を得た(表4.1)。

表4.1 家庭の日常会話の中の親と子供のコード選択状況

	中国語 (C)		英語 (E)		中英混用 (M)		合計
親	6,884	75.6%	945	10.4%	1,276	14.1%	9,105
子	5,239	65.1%	1,772	22%	1,041	12.9%	8,052

(于善江 2007: 236)

表4.1から、これら中国人移民の家庭の中では、中国語が依然として日常会話の主要な言語であるが、英語もすでに相当な割合で入り込み、英語と英中混用の会話ターン数はそれぞれ成人(10.4%+14.1%=)24.5%と子供(22%+12.9%=)34.9%であることがわかる。これらの移民家庭はニュージーランドへの移住の時間が比較的浅い(平均28.1か月)ことを考えると、家庭内の母語使用率が減っていることは注目に値する。もしこの比率を言語シフトの例の指標とするなら、オークランドのこれらの新移民第1世代中国人家庭の言語シフトの傾向は重要である。この結果のおもな原因はこれらの家庭の親たちが比較的高学歴で英語のレベルも高いことと関係していると、研究者は分析する。

彼らに比べ早期の中国人移民は一般的に教育水準が低く、そのため現地のことばの習得はかなり限られていた。

これ以外に、子供たちは家庭の中の英語使用率が両親より高いということについても議論する必要があるだろう。表4.1から見てわかるように、子供と親たちの言語選択の比率の差が大きいのは主に、中国語使用と英語使用の部分で、中英混合の項目では殆ど差がない。中国語使用に関して子供は親よりおよそ10％低く、英語使用は10％高い。それと同時に、子供の英語の使用の割合は大人の倍であることがわかる。

子供は学校で英語を使わなければならず、彼らは英語を家に持って帰るのだ。これは移民コミュニティの中で一般的な現象である。ただし、だからと言って家庭領域の英語使用が完全に、子供が動かしていると言ってもよいだろうか。親たちは完全に作用していないのだろうか？　こうした推測と前述の新移民たちの英語レベルが高いことの解釈には、矛盾が生じるだろう。

于善江は全面的な解釈を試み、これらの家庭の中の言語シフトの具体的な筋道を探して親が子供のコードスイッチに影響を与える作用があることを見つけた。

(2) 両親の言語選択が子供の言語選択に与える影響

1. 両親の英語選択状況

親の発話ターンでの言語選択が、子供の発話ターンの言語選択にどのような影響を与えるのだろうか、親の言語選択は子供の英語選択を促すのではないか。于善江は統計結果を利用してこれらの回答を探った。表4.2は親の英語使用ターンのあとの子供の言語選択状況を表したものだ。

これからわかるように、親が進んで英語を使用する状況は多くはないが、全部で669回ある。親の英語発話の後の子供たちの発話には3つの状況がある。

表4.2　親が英語を使用したときの子供の言語選択

言語	子供の言語選択						合計
	中国語		コードスイッチ[混用]		英語		
合計	52	7.8%	50	7.5%	567	84.8%	669

（于善江 2007: 236）

中国語、コードスイッチ［混用］、それと英語である。しかしながら、具体的な割合が何を証明できるのだろうか。中国語は7.8%で、コードスイッチは7.5%、英語の使用は84.8%に上っている。コードスイッチと、英語の使用とを合わせると、英語を含む言語使用状況は92.3%に達している。

2. 英語がT2に入りこむ条件

　これらの移民家庭の会話は多くの場合やはり中国語で、かつ「4ターン1ラウンド」の初めでは親がT1で、その大部分が中国語である。そのためT2がしばしば英語の入り込む起点になる。以上の状況から、于善江はT2で英語が入り込む「4ターン1ラウンド」の言語データを集中的に分析した。またT1もT2もがどちらも英語（EE）またはどちらも中国語（CC）で変化のないもの、またまれにあるECの状況も除いて分析、CE、CM、MM、MEの4種類の状況だけを残した。次に録音資料の中から622個のこれらのターンを見つけ出した。下記の統計結果はこれらの子供のターンT2の言語選択の状況である（表4.3）。
　この表から見て、T2がコードスイッチ［混用］する状況は（65.4%）であり、英語使用の（34.6%）を超えている。これはコードスイッチとは言語シフトの第1段階である可能性を示唆している。親が中国語またはコードスイッチで子供と話すとき、子供がそれの状態を保持あるいはコードスイッチして言語使用することが、直接英語にスイッチするより断然多いようだ。これ以外にこの表から、親がコードスイッチしたとき、子供が英語にスイッチする（41.6%）のは、親が完全に中国語で話しかけたとき（32.2%）より多くなっている。以上の結果は言語シフトの移行性と、親の言語選択が子供に与える影響があることを説明している。

表4.3　T1がCとM時に、T2がMとEになる比率

T1	T2				合計
C	M		E		
	332	67.7%	158	32.2%	490
M	M		E		
	101	58.4%	71	41.6%	172
合計	433	65.4%	229	34.6%	662

（于善江 2007: 236）

3. 親のT3選択について

前述のようにT3は親が会話のターンを取る2回目の言語選択の機会である。そのため、はっきりとその言語意識を示す機会だと言える。もし両親がT1の時の言語選択を保ち続けるなら、特にT2の選択とT1が違うとき、T3がT1の選択と同じである場合はかなり強い合図を送っていることになる。つまり「私の言語選択は偶然ではない、私はやはりこの選択を維持したい」と言っていることに等しい。これに関する統計結果が表4.4である。

この表から、中国語が選択されることがやはり一番多く（63.3%）、次がコードスイッチ［混用］（28.5%）で、英語の選択が一番少ない（8.2%）。T1と同じ中国語選択（CMCとCEC）は70%前後であり、MMからCへのスイッチも50%以上ある。MEに対してCにスイッチしようとする場合は比較的少ないとはいえ、それなりにある（36.6%）。コードミキシング（MMMとMEM）も40%ほどある。CMでは26.6%がT2のM選択につられてMを選ぶもの、CEでは19.5%がMに引き戻そうとしている。T3でEを選んだ場合は、T1の選択を放棄し、T2に追随したともいえる。中でもEの（CEEとMME）数は（21+6）でMの（CMEとMME）の（11+6）より多い。なぜならMのあとにEを用いる（CMEとMME）は明らかに一種の「レベルアップ」現象だからだ。これは必ずしも親の言語選択がメインになっているということを示しているわけではない。親の主流はやはり中国語を維持することと中国語へスイッチすることだ。子供の言語選択に追随する割合、つまりCMM26.6%、CEE13.2%、MMM40.6%、MEE22.5%となっている。その中でもMの（CMMとMMM）の数（88+41）はEに続く（CEEとMEE）（21+16）比べてより多い。

表4.4 親のT3での言語選択

T1 T2	T3						合計
	C		M		E		
CM	232	70.1%	88	26.6%	11	3.3%	331
CE	107	67.3%	31	19.5%	21	13.2%	159
MM	54	53.3%	41	40.6%	6	5.9%	101
ME	26	36.6%	29	40.8%	16	22.5%	71
合計	419	63.3%	189	28.5%	54	8.2%	662

（于善江 2007: 236）

4. 子供のT4での言語選択

上述のように、T4は4ターン中で子供が取る2度目の言語選択の機会である。親の2度目の選択と同じように、明確な言語態度を表明する機会でもある。もし子供がT2での言語選択を維持しようとするなら、特にT2がT1と異なる時、明らかに「私の言語選択は偶然ではない、これを選びたいのだ」と言っていることになる。それでは、T4の統計結果を見てみよう（表4.5）。

T4の選択もやはり中国語が一番多いが、すでに50％以下（46.1％）に下がっている。コードスイッチ［混用］と英語使用の比率はだいたい同じで27％前後である。4ターン1ラウンド中の言語選択は中国語の慣用表現で言うところの「拉鋸戦［のこぎり戦］」（双方で奪い合う戦い）に例えることができる。2回のターンを比べると、中国語が依然として上位に位しているが、すでに地位が下がってきており、T1の74％（490/662）から、T4では46％（305/662）へと下がっている。

子供のT4での選択は、子供が両親の2回の選択に対する反応と言える。こ

表4.5　子供のT4での言語選択

T1T2T3		T4						
		C		M		E		
CM	CMC	132	56.9%	81	34.9%	19	8.2%	232
	CMM	51	58%	28	31.8%	9	10.2%	88
	CME	2	18.2%	5	45.5%	4	36.4%	11
	合計	185	55.9%	114	34.4%	32	9.7%	331
CE	CEC	38	35.5%	14	13.1%	55	51.4%	107
	CEM	9	29%	10	32.3%	12	38.7%	31
	CEE	6	28.6%	2	9.5%	13	61.9%	21
	合計	53	33.3%	26	16.4%	80	50.3%	159
MM	MMC	32	59.2%	14	25.9%	8	14.8%	54
	MMM	20	48.8%	13	31.7%	8	19.5%	41
	MME	1	16.7%	1	16.7%	4	66.6%	6
	合計	53	52.5%	28	27.7%	20	19.8%	101
ME	MEC	8	30.8%	4	15.4%	14	53.8%	26
	MEM	5	17.2%	6	20.7%	18	62.1%	29
	MEE	1	6.3%	1	6.3%	14	87.5%	16
	合計	14	19.7%	11	15.5%	46	64.8%	71
合計		305	46.1%	179	27.0%	178	26.9%	662

（于善江 2007: 236）

の反応は追随でもよく、反抗でもよい。

追随ではT1やT3の言語選択に近づき、いくつかのパターンがある。つまりCMCC（132）、CMMC（51）、CECC（38）、CEMC（9）、CEMM（10）、MMCC（32）、CMEC（2）、CMEM（5）、CEEC（6）、CEEM（2）、CMEM（5）CEEC（6）、CEEM（2）、MMMC（20）、MMEC（1）、MEMC（5）、MEMM（6）、MEEC（1）、MEEM（1）、MMEM（1）、MMMM（13）、MECC（8）で、合計343、総数の51.8%を占める。

反抗ではT1、T3の言語選択に反しているもので、下記のようなパターンになる。CMCM（81）、CMCE（19）、CMMM（28）、CMME（9）、CMEE（4）、CECM（14）、CECE（55）、CEME（12）、CEEE（13）、MMCM（14）、MMCE（8）、MMME（8）、MMEE（4）、MECM（4）、MECE（14）、MEME（18）、MEEE（14）で、合計319、総数の48.2%を占める。

ここから見れば、追随と反抗でおおよそ半々である。これは約半数の状況下で親が子供の言語選択に影響していると言える。

2.4　結論

于善江の研究からは以下のような結論を導き出すことができる。
(1) 研究に参加した8家庭をニュージーランド中国人新移民家庭の代表として見るならその使用言語は、いまだに中国語が中心であるが、一定の割合で中英混用と英語の使用が見られる。
(2) 家庭環境の中で子供が使用する英語の割合は彼らの両親より非常に高い。しかし彼らの英語使用にも一定程度、親の言語使用の影響が見られる。
(3) これらの新移民家庭の中で、第1世代たちの英語使用は第2世代の英語への言語シフトを促進し、かつ言語シフトを加速させている形跡が見られる。

2.5　意義

この研究の目的はオークランドの中国人が日常会話でのコードスイッチ［混用］と言語選択から出発し、読者に対して母語保持の問題を考えさせている。

海外にいる中国人として、于善江は、移民にとって、母語の継承を成功させるには、現地政府の言語保護政策に希望を託してもだめで、コミュニティ自らの力に頼らなければならないと考えている。その中にはコミュニティの人たち自身が自分たちの言語行動に対して自覚を持ち、自分たちを律していくことをも含んでいる。親たちは子供に自分たちの母語を保持させるためには忍耐強く子供との交流の中で母語を使用していく必要があり、彼らに十分に聞いて話す機会を与え、次の世代が少なくとも母語を聞いて語せる能力を持てるようにしなければならない。

　この研究は明らかに十分な応用性を有している。その点でこの研究は大変意味のある応用的研究である。それ以外に、この研究は理論面と研究方法にも参考的価値がある。理論面では、コードスイッチと言語シフトとを関連づけ、親と子供の言語相互行為、および家庭内の言語シフトを結びつけて考えるという有益な検討を行っている。その研究結果によって、人々は第1世代移民の言語シフトの作用に注目するようになった。方法面では、体系的な言語データの収集や録音データの定量分析にも学ぶ点がある。

第 3 節　マレーシア・ジョホール州の客家人の言語シフト

　王暁梅と鄒嘉彦（2006）はマレーシアの中国人社会における言語シフト現象について研究を行い、客家などいくつかの異なる方言集団の言語シフト状況を比較し、その解釈を試みている。以下に、この研究のテーマ、方法、過程、結論および意義などいくつかの面から紹介する。

3.1　研究のテーマ

(1) 研究の背景

　中国人はマレーシアにおける第2の人口集団で、全人口の約26％を占めている。中国人の中でも、その現地社会の区分により「福建人」、「客家人」、「潮州人」などいくつかの方言集団にわかれるが、どれも歴史的に中国人移民の原籍地から決められたものである。客家人はマレーシアの中国人としては二大方言集団として中国人人口全体の23.5％を占めている。客家人はずっと自分たちの方言の保護維持に努め、「祖先の田んぼを売っても、祖先のことばを忘れてはならない」という言い伝えが伝統として依然として流布している。しかしながら、調査ではマレーシア・ジョホール州の客家人は目下、深刻な言語保持問題に直面していることがわかった。

　ジョホール州はマレー半島の南端に位置し、中国人の人口が集中している州で、中国人が全体に占める割合が36％に達している。また、「福建人」がジョホール州中国人人口の最大方言集団で現地中国人の半分を占めている。次が「客家人」、「広東人」、「潮州人」である。「福建語」はその人口の多さから一時は、現地中国人社会で広く通用する言語となった。客家語はやや小さな範囲で流通し、ジョホールバルのスナイや、クルアンのイエトウーサ新村などで流通している。

(2) 研究のテーマ

　研究者たちは、ジョホール州の中国人言語使用状況調査を通じて、言語シフトの状況を確認しようとした。またその他の民系［方言による民族区分］との状況の比較を通じて、客家人が言語シフトを行う要因を見つけようとした。たとえば人口的要素、歴史経済的要素など、普遍的な要素以外に客家語にかかわる特別な要素は何かを探ろうとした。

3.2　研究方法

　この研究では主にアンケート調査と比較分析法を使った。ジョホール州の中国人言語使用の調査に関しては前後して3つの市と県で行われた。ジョホールバル、クルアン、ムアルで、重点的にその地区の40歳以下の客家人71人を調査した。それと同時に現地のその他2つの方言集団とも比較を行った。

3.3　研究の過程

(1) 客家人の言語状況

　アンケート調査結果によりジョホール州客家人の言語使用および言語意識の状況が明らかになった。

1. 言語能力

　71人の調査対象の中で70人が、自分のもっとも流暢な言語は中国語（標準語）であると言い、1人だけが客家語がもっとも流暢な言語であると答えた。2番目に流暢なことばとして、15人の調査対象者（21.7％）が客家語を選んだ。

2. もっとも好きな言語

　結果によれば、66.2％（47人）の調査対象者が、中国語が好きであると言い、4.2％（3人）がもっとも好きな言語は客家語だと答えた。また14.1％の調査対象が好きなことばは英語であった。

3. 家庭内言語と地域の言語

　71人の調査対象者の内69人（97.2％）が家庭でいつも使用する言語は中国語であると答え、1人だけが客家語を選んだ。88.6％の調査対象者（62人）が、現地の中国人の中でもっとも通用する言語は中国語であると答え、1人だけが地域で通用する言語が客家語であると考えている。

　中国語［標準語］と方言に対する意識について、アンケートでは8項目を設けた。

1. 中国語は方言より美しく、優雅だ
2. 中国語と方言を比較すると、中国語の方が好きだ
3. どんな方言を話す人もかならず中国語を語せるべきだと思う
4. 必ず自分の原籍地の方言を語せるべきだと思う
5. 中国語を使って家族や友達と話すのは親しみを感じる
6. 父母は家で、できるだけ子供と中国語で話した方がいい
7. 現在多くの子供が方言を話せないが、このような状況は憂慮すべきだと考える
8. わたしはシンガポールの「中国語を話そう運動」に賛成だ

　調査対象者は与えられた5段階の評価から彼らの考えにあった項目を選ぶことになっている。

1. 非常に反対　2. 反対　3. 特に意見なし　4. 賛成　5. 非常に賛成

　表4.6は統計の結果である。

　表4.6から見ると、問題1、2と8の回答は平均値がどれも4（賛成）を超えており、ことに、2.つまり「中国語と方言を比較すると、中国語の方が好きだ」の平均値は4.32にも達している。ここから現地の客家人は意識の上ですでに中国語に傾いていることがわかる。これは前に言及した「もっとも好きな言語」の結果とも一致している。

　以上の結果から、ジョホール州の3つの地域の客家人の言語シフトの幅は大きく、40歳以下の客家人では基本的に家庭内言語のシフトが完成し、ほぼ中国語へとシフトしていることを示している。

表4.6　調査対象の言語意識（頻度と%）

問題	1非常に反対	2反対	3特に意見なし	4賛成	5非常に賛成	総合計	平均値/標準差
1	1 1.40%	5 7.00%	12 16.90%	26 36.60%	27 38.00%	71 100%	4.03 0.985
2	0 0%	4 5.60%	8 11.30%	20 28.20%	39 54.90%	71 100%	4.32 0.891
3	1 1.40%	5 7.00%	18 25.40%	23 32.40%	24 33.80%	71 100%	3.9 1.002
4	1 1.40%	6 8.50%	22 31.00%	24 33.80%	18 25.40%	71 100%	3.73 0.985
5	1 1.40%	5 7.00%	24 33.80%	25 35.20%	16 22.50%	71 100%	3.70 0.947
6	0 0%	9 12.90%	20 28.40%	23 32.90%	18 25.70%	70 100%	3.71 0.995
7	2 2.90%	10 14.30%	10 14.30%	30 42.90%	18 25.70%	70 100%	3.74 1.086
8	0 0%	0 0%	21 30.00%	23 32.90%	26 37.10%	70 100%	4.07 0.822

（2）ジョホール州三大方言集団の言語使用と言語シフト状況比較

　福建人は現地中国人社会の中で人口が一番多い方言集団であり、そのため福建語はこの地域でかなり流通していた。潮州人はジョホールバルとムハルで割合がやや高い。ジョホールバルはかつて、「小汕頭（リトルスワトウ）」の呼び名があったが、これは潮州語（すなわち潮汕方言）がジョホールバルで通用したことに端を発している。現在でもジョホールバルなどで潮汕方言が聞かれるものの、通用語としての地位はすでに消失してしまっている。これに取って代わったのが中国語である。

　比較をするための3大方言集団の調査の対象は全部で338人、そのうち客家人71人、福建人182人、潮州人85人である。性別分布は平均しており、男性40.9％（137人）、女性は59.1％（198人）である。一致性と比較可能性を保つため、年齢を40歳以下とした。

　研究者たちはまずカイ二乗検定法（Chi-square test）を使って3大方言集団の調査者対象者の自己申告による「もっとも流暢な言語」と「もっとも好きな言語」および「家庭での常用言語」の3つについて比較した。表4.7がその統計結果だ。

表4.7　三大方言集団の言語選択比較

		中国語	自分の方言	その他	合計	カイ二乗値
もっとも流暢な言語	福建人	160	14	8	182	x^2=8.723
	客家人	70	1	0	71	p=0.068
	潮州人	79	5	1	85	
もっとも好きな言語	福建人	128	16	38	182	x^2=7.642
	客家人	47	3	21	71	p=0.106
	潮州人	48	8	29	85	
家庭での常用言語	福建人	148	30	4	182	x^2=13.372
	客家人	69	1	1	71	$p<0.05$
	潮州人	71	9	4	84	

　表4.7で示されたように、3大方言集団が家庭で常用する言語という項目であきらかな差がある（X^2=13.372, df=4、N=338, $p<0.05$）。福建人が中国語を家庭内言語にしている実際の数値は（N=148）で期待値（N=155.5）に比べて少ないが、民族グループ方言をメインの家庭内言語にしているという割合は比較的高い（N=30）。その反対に客家人は自分たちの民族グループ方言を家庭内の主な言語とする割合は少なく（N=1）、中国語を家庭の主な言語とする数は多い（N=69）。潮州人は2者の間である。このほか、3大方言の集団がもっとも流暢な言語と、もっとも好きな言語の選択にも差があるが、明らかな差と言うには至っていない。

　上記にように、ジョホール州の3大方言集団で言語シフト意識を低～高の順に並べると、福建人、潮州人、客家人と言うことになる。注目すべきは、潮州人は人口で言えば客家人に及ばないが自分たちの方言の保持程度からいえば、客家人よりも高い。

　遊汝傑、鄒嘉彦（2004: 242）が香港の各方言集団の言語シフトの状況を調べたとき、潮州人は香港において言語シフトの度合いがもっとも低い方言集団であることがわかった。ジョホール州の3大方言集団の言語シフトの状況が違っていても、その方向は一致している。すなわち自分たちの方言から中国語へのシフトである。

　続いて研究者たちは一元配置分散分析法（One-way ANOVA）を用いて3大方言集団間の言語意識の差を測定した。統計結果によれば、3集団の第4、7、8問に対する回答には明らかな差があった。つまり「必ず自分の原籍地の方言を

表4.8　3大方言集団の言語意識比較（平均値と標準差）

	総数	全ての中国人は自分の方言を話すべきだ		次世代の方言能力が心配		シンガポールの中国語運動に賛成	
		M	SD	M	SD	M	SD
福建人	181	3.39	1.01	3.33	1.03	3.97	0.88
客家人	71	3.73	0.98	3.74	1.09	4.07	0.82
潮州人	85	3.41	0.97	3.32	1.14	3.71	1.00

語せるべきだと思う」（第4問、F=(2,334)=3.26, p=0.040）、「現在多くの子供が方言を話せないが、このような状況は憂慮すべきだと考える」（第7問、F=(2,332)=4.14、p=0.017）、「わたしはシンガポールの中国語を話そう運動に賛成だ」（第8問、F=(2,334)=3.62、p=0.028）となっている。表4.8では関連の平均値（M）と標準差（SD）が示されている。

　もう一歩すすめて、3方言集団間でどの2つの方言集団に言語意識上で明らかな差があるかについて、研究者たちは多重比較検定（multiple comparison）の中のPost hoc Tukey HSDを使用した（表4.8）。その結果、客家人と福建人の間に「必ず自分の原籍地の方言を語せるべきだと思う」に対して有意の差（p=0.036）があり、客家人はさらにこの意見を支持する傾向があった（M=3.73）、しかし福建人と潮州人の考えは似ている。客家人と福建人の「現在多くの子供が方言を話せないが、このような状況は憂慮すべきだと考える」に対する見方にも、差が存在した（p=0.019）、客家人と潮州人にもこの点についてあきらかな差がある（p=0.041）。客家人はこの考えに比較的多く参同しているが（M=3.74）、福建人と潮州人の考えは似ている。客家人と潮州人の「わたしはシンガポールの中国語を話そう運動に賛成だ」に対する考え方にもあきらかな差が存在している（p=0.034）。客家人は比較的多くの人が参同を示しているが（M=4.07）潮州人の支持率はやや低い（M=3.71）。

　以上のデータから、客家人の意識は比較的中国語に偏っているが、一方で若い世代の方言能力の低下を憂えてもいる。これはすなわち、客家人にあまねく存在する方言能力の低下を側面から証明していると言える。同じく、そのためにより多くの客家人が中国語にシフトし、反対にもっと方言の問題に注目し、自分たちの方言を守るべきだと考えるようになっているのである。これにくらべ、福建人や潮州人の中国語に対する意識はそれほど積極的ではなく、さほど

次の世代の方言能力も心配していない。ここから見て、目標言語に対する意識が言語シフトの過程ではキーポイントとなることがわかる。客家人が精神的には客家語保持に積極的な意識を持っているとはいえ、彼らの中国語に対する傾斜が、中国語へのシフトを招いている。逆に、福建人と潮州人は中国語に対して中立的な態度であるため彼らの中国語へのシフトは比較的少ないと言える。

　3大方言集団すなわち福建人、潮州人、客家人の比較を通して客家人の言語シフトの幅が最大であることがわかった。

(3) 客家人の言語シフトの要因

　客家人の言語シフトの要因は2つに分類することができる。普遍的要因と特殊な要因である。普遍的要因はジョホール州内のあらゆる方言集団も言語シフトを起こす要因であり、特殊な要因とは客家人のみに言語シフトが起こる要因のことだ。

　普遍的要因は主にシンガポールの中国語の大衆メディアの影響やジョホール州内の中国語教育の普及、ジョホール州の中国人の言語帰属感と言語意識、中国語の経済文化的価値および言語政策など（王曉梅 2006）である。これらの要素の合わさった作用がジョホール州の中国人を自分たちの方言から中国語へとシフトさせている。

　ジョホール州客家人が急速に中国語へとシフトしてきた特殊な要因は、まず人口的な要素がある。ジョホール州の各地の中国人人口の中で福建省人がもっとも大きな方言集団で、そのため、福建語が言わずと力の強い方言となり、地域の通用語となっている。客家人は人口の上では弱者勢力で、過去に彼らは一般には福建語を習得していたが、1990年代以降、中国語へとシフトした。中国語は中国人社会の共通語であり、多くの社会的資源に結びついており、客家人の弱い立場を変える近道でもあった。類似の現象は香港にもあり、香港の客家人たちは、社会的地位をあげるために客家語を放棄し広東語にシフトし、香港主流の社会と主流文化に入っていこうとした（Lau 2005）。これもまた弱い立場がもたらした言語シフトである。

　その次は、歴史経済的要因だ。潮州人の人口は客家人より少ないが、言語保持の状況は、客家人よりも良い。それは潮州人の経済力が客家人より高いこと

表4.9 ジョホール州中国人方言集団の言語選択及び言語意識（N=585）

	もっとも流暢な言語		家庭内常用言語		もっとも好きな言語	
	中国語	自分の方言	中国語	自分の方言	中国語	自分の方言
福建人	85.8%	11.1%	81.9%	16.3%	71.2%	12.5%
客家人	98.7%	1.3%	97.4%	1.3%	65.4%	5.1%
広東人	79.1%	16.3%	76.7%	20.9%	48.8%	30.2%
潮州人	90.2%	8.0%	83.8%	11.7%	57.1%	13.4%
海南人	94.1%	2.9%	94.1%	5.9%	70.6%	5.9%
福州人	83.3%	8.3%	75.0%	0%	66.7%	16.7%
その他	85.7%	7.1%	85.7%	7.1%	64.3%	14.3%

に原因があるのかもしれない。潮州人は歴史的に地位が比較的高く、ジョホール州開発の過程でも大きな役割を果たしてきた。潮州人は京果雑貨[3]を扱う仕事を主にし、野菜市場や煙草業界を独占してきた。以上の要素が、潮州人がやや高いアイデンティティを持ち、そのために比較的きちんと自分たちの方言を守り、言語シフトがゆっくり進行する理由となったのであろう。しかしながら客家人はこのような歴史経済的な背景に乏しく、そのため言語保持の状況が潮州人に及ばない。黄宣藩 (1993) が台湾の客家人を調査したときに、客家人の政治経済力はやや弱く、そのための言語シフトの状況もかなり深刻であると指摘している。

　研究者たちは、ジョホール州の各方言集団が言語選択と言語意識の統計結果から、たとえ、人口が客家人より少ない海南人や福州人でも、その言語シフトの程度は客家人に及ばないことを突き止めた。具体的な状況は、表4.9である。

　表4.9から見て、特に中国語と原籍地の方言でどちらを家庭内言語にするかという項目で、各方言集団を言語シフトの程度の大きさの順に並べて見ると、

　　　客家人＞海南人＞福州人＞潮州人＞福建人＞広東人

の順になる。もし人口を基準にすると、海南人と福州人が言語シフトの最大の方言集団になるはずであるが、結果はそうではない。

　これに対して、研究者は言語シフトに与える影響のもう1つの要素について、

3　訳注：京果は皇帝に貢ぐ地方の菓子類。

表4.10　5大方言と北京語間の類似指数と意思疎通指数

	類似指数	疎通指数
客家方言—北京語	0.840	0.528
粤方言—北京語	0.548	0.475
閩南方言—北京語	0.663	0.480
潮汕方言—北京語	0.591	0.430
閩東方言—北京語	0.682	0.513

（鄭錦全1988、1994）

注：客家方言の代表地点を梅県とし、粤方言（広東語）を広州、閩南方言（福建語）をアモイ、潮汕方言（潮州語）を潮州、閩東方言（福州語）を福州とした。マレーシアの中国語方言には、たとえば語彙がマレー語や英語、そのほかの中国語方言などの語彙が吸収されるなど、変異が起こっているが、音韻構造の基本は中国方言と一致している。

各方言と中国語との類似性と、意思疎通具合に関係しているのではないかと予測した。

　鄭錦全（1988、1994、1996）がかつて17の中国語方言の音韻構造について計量研究を行い、諸方言間の類似性と意思疎通度について量的指標を出している。この17の方言調査地点にはマレーシアの中国人が常用する閩南方言［福建語］、閩東方言［福州語］、客家方言、粤方言［広東語］、および潮汕方言［潮州語］が含まれ、表4.10に上述の方言と北京語［中国語の基礎となった方言］の間の類似指数と疎通指数を列挙する。

　表4.10から見れば、客方言と北京語の類似性と疎通度はもっとも高い。他の方言はややそれには劣っている。これにより、1つの解釈ができる。マレーシアの客家人が比較的中国語への言語シフトの過程が早いのは、おそらく方言の類似性から説明ができるだろう。その他の閩語系や粤語系方言と比べると、客家方言は比較的官話［中国、清代の公用の標準語。狭義には、北京官話をさす］の音韻体系に近い。この種の音韻体系の接近性は言語習得に有利であり、当然言語シフトに一定の条件を与えている。つまり、他の条件が同じである場合、客家人と他の方言集団を比べれば有利な条件を備えており、さらに中国語へシフトする可能性が高いということである。

3.4　結論

王暁梅と鄒嘉彦（2006）のマレーシア・ジョホール州での調査でわかったことは、若い世代の客家人（40代以下）では基本的にシフトの過程を終えており、方言能力は全体に弱くなり、家庭内言語も中国語へとシフトし、意識的にも中国語に傾いてきているということだ。そのほか、客家人と福建人および潮州人の間の比較においても、言語選択上も言語意識上も、客家人は中国語へ傾斜していることがわかった。

ジョホール州の客家人の言語シフトの要因は人口的な要素と歴史経済的な要素があるが、それ以外に、客家方言と中国語［北京語］との類似性がかなり高いことも条件の1つとなっている。また、ジョホール州の境界内のその他の中国語方言と比べて、客家語と中国語の類似性と意思疎通度は比較的高い。

3.5　意義

マレーシア・ジョホール州客家人の言語シフトの研究は言語選択と言語シフト理論を応用し、海外の中国人社会における実証的研究となっている。彼らの客家人の言語シフトの分析は、異なる方言集団の言語シフトや、都市へ流入した人たちの言語シフトなど、国内の同じような状況にも応用でき、一歩進んで比較研究も行うことができる。

過去の言語シフト理論の多くは社会経済の角度からその原因を分析したものが多いが、王暁梅と鄒嘉彦の研究は、言語内部の原因から、言語シフトの要因を探求しており、該当言語と方言の類似性が1つの大きな言語シフトの条件になるということをみつけている。

第 4 節　黒龍江省ドルブットモンゴル族コミュニティ言語

　2000年の国勢調査によれば、中国のモンゴル族人口は580万人である。その中で、内モンゴル自治区に480万人が住んでいて、残りの100万人が黒龍江、吉林、遼寧、新疆、甘粛、青海、寧夏などの省や自治区に居住している。各地のモンゴル族の中には、モンゴル語を使用する人もいれば、すでに言語シフトが起こって中国語を使用する人もいる。また一部には現地の方言あるいは現地の少数民族言語を使用する人々もいる。注目すべきは、中国語の影響を強く受けているいくつかの地域のモンゴル族は、一種のモンゴル語でも、中国語でもない言語を使用し、それはまたモンゴル語と中国語による混合言語でもある。こうした状況の下、包聯群（2007）は黒龍江省ドルブットモンゴル族コミュニティの言語がこのような混合言語ではないかとみて確かめることにした。

4.1　研究のテーマ

(1) 言語現象

　黒龍江省ドルブットモンゴル族コミュニティの日常的なコミュニケーションでは、以下のようなモンゴル語と中国語による混合現象がしばしば見られる。

　　　(1) bi:　电话　打-na:
　　　　　私　電話　かけ-テンス語尾na　［電話をかけます］
　　　(2) 数学课　上-əl-na:
　　　　　数学授業　出-接辞əl-テンス語尾na　［数学の授業に出ます］

　音韻的には、中国語の名詞「电话［電話］」、「数学课［数学の授業］」と動詞「打［かける］」、「上［出る］」などはすでに声調を失い、モンゴル語の音韻規則

に従っていて、第1音節にアクセントが置かれている。形態論的には、動詞「打 [かける]」、「上 [出る]」などの後に、モンゴル語の動詞接中辞が後続されている。統語論的には、中国語の「打电话 [かける　電話]」、「上数学课 [出る　数学の授業]」のVO型語順を「电话打 [電話　かける]」、「数学课上 [数学の授業　出る]」というOV型に変化させ、動詞の後にモンゴル語のテンスを加え、テンスの変化が構成されている。動詞「打 [かける]」は未来（現在）テンスを表す「打-na」つまり「要打 [かけるつもり]」、進行形の「打-ʤ bɛ:na」つまり「正在打 [かけている]」、過去形の「打-ʤɛ: [かけた]」などがある。

　このような言語の混合現象はかつて様々な議論があった。ある研究者は、これは一種のモンゴル語と中国語の混合言語だとし、またある研究者は、これは会話の中の一種の偶然の混合言語形式であるに過ぎないと考えている。しかしながら、混合言語と認めるにせよ認めないにせよ、いまだに詳細な調査研究はなされていない。この問題に対して、包聯群は研究を深め、調査したデータをもとに体系的な分析を行った。

(2) 調査対象

　ドルブットモンゴル族自治県は黒龍江省の唯一のモンゴル自治県であり、ここに生活するモンゴル族は4万人で、自治県総人口の約18%を占めている。包聯群はドルブットモンゴル族自治県モンゴル人コミュニティを調査対象とし、コミュニティの人々の日常生活で使う言語変種を「ドルブットモンゴル族コミュニティ言語（Dorbed Mongolian Community Language）」と名付けた。

(3) 仮説

　Muysken & Bakker（1994）は、混合言語は2つの異なる言語が混ざって出来上がったものであると指摘している。混合言語はもともとの言語を単純に継承したものではなく、新しい言語構造体系が形成されできたものだ。この言語構造体系と、もともとの言語体系にはあきらかな違いがあるが、その構成要素のリソースははっきりと識別できる。

　混合言語の構造面の特徴は以下である。(1) 1つの言語の文法体系（形態論および統語論）を基礎とし、もう一方の言語から大量の語彙を借用している。(2)

新しい文法形式が出現している。(3) 音韻的には片方の言語の音韻体系が優勢である。

　言語使用の面では、混合言語には以下のような特徴がある。(1) 混合言語を使用するコミュニティはバイリンガル・コミュニティである。(2) 混合言語を話す人たちは少なくとも、そのもととなった言語の1つを語せる。(3) その混合言語はそのコミュニティ内部のコミュニケーション言語である（in-group language）。

　包聯群の仮説は、「ドルブットモンゴル族コミュニティ言語（DMCL）」は、モンゴル語と中国語が言語接触によってできた混合言語であり、それは一部の専門家が主張しているような、一種の偶然、あるいは規則のない混合、単に語彙の借用だけの問題でもないとする。また、ドルブットモンゴル族コミュニティは混合言語の生まれるコミュニティの条件に合致していて、「ドルブットモンゴル族コミュニティ言語」にも、上記の混合言語としての構造的な特徴もあるという。

4.2　研究の方法

　研究者は、対象コミュニティに何度も足を運び、言語使用状況と言語意識に対し、インタビュー・観察・記述記録・アンケートなどいくつかの方法によって調査した。録音方式で言語データを集めたが、それにはインタビューの録音、調査対象に「物語り」や「個人の経歴」を話させ録音したもの、調査対象者の間の自然会話の録音なども含まれている。

　また、包は、アンケート調査結果と収集した言語データを利用し、混合言語に関する理論と結合させ分析を行い、最初に出した「ドルブットモンゴル族コミュニティ言語」が一種の混合言語であるという仮説を実証した。

4.3　研究の過程

　包は、まず当該地区の言語、歴史、文化について書かれた地方誌や自治県の自治条例および公開の会議文書等の資料を集め、現地のモンゴル族が漢民族と

長期にわたる頻繁な接触があり、様々な面で漢民族から大きな影響を受けていることを知った。

　また、ドルブットモンゴル族コミュニティは二言語併用（バイリンガル）コミュニティで、その中では異なる場面によって、異なる言語選択するという現象が存在することがわかった。つまりある場面ではモンゴル語を使用し、またある場面では中国語を使用し、またある場面ではモンゴル語と中国語の入り混じった「コミュニティ言語」というものを使用している。それならこれらの言語使用の割合は一体どうなっているのか。モンゴル語と中国語の混合言語はすでに普及しているのか。話し手は自分の使用するモンゴル語と中国語の交じった言語をどのように評価するのか。これらの問題に回答を得るため、包は「モンゴル族中学校」の生徒と彼らの保護者を対象にアンケート調査を行った。生徒にはモンゴル語での授業を選択している生徒と中国語での授業を選択している生徒と同時にモンゴル語を勉強している生徒も含まれている。そのあと異なる年齢層および異なる職業の人たちへも補足の調査を行った。

　調査結果によれば、ドルブットモンゴル族コミュニティに存在する言語現象は、さまざまなレベルで、多様化していることがわかった。個人的な言語使用でいえば、一部のコミュニティ内の人々は依然としてモンゴル語を話し、たまにその中に借用語彙を挟んだり、コードスイッチをするといった現象がある。しかし、包は言語コミュニティを研究の対象にしており、注目しているのはコミュニティ内で一般化している現象で、ことに、日常生活の中で多くのコミュニティ内の人々が選ぶ言語選択についてである。

　調査結果により、モンゴル語教育に従事する人や、関係の仕事をする人が特別な場合にモンゴル語を使用し、ごくわずかの老人たちがたまにお互いモンゴル語で交流する以外には、多くの老人・中年・少数の若者はみな「ドルブットモンゴル族コミュニティ言語（DMCL）」を使用し、また一部の中年と大多数の若者は主に中国語を使用していることがわかった。

　調査結果は同時に、半分以上のコミュニティの人たちが自分たちの日常言語はすでにモンゴル語ではなく、一種の「モンゴル語と中国語の混じり合ったことば」であると認識していることもわかった。彼らは、話す対象が変われば、違うことばを使う。もし相手が親しい人または目上の人の場合、モンゴル語と

中国語の混合言語（ドルブットモンゴル族コミュニティ言語）を選択する確率がやや高い。逆に若者あるいは知らない人に対しては中国語を選択する割合がやや高い。

次に包は異なる年齢層、異なる職業の人たちを集めて座談会を開き、彼らに自分の経歴や興味のあることについて話してもらった。そして当事者たちの許可を得て、そのうち何人かの人の会話を録音させてもらった。このほか、包はコミュニティの人たちと一緒に食事をするときに彼らの会話をすることばを観察し、メモを取った。老人の被験者に対しては家庭訪問をし、録音しながら筆録するという方法で、言語データを集めた。

集めた言語資料をもとに、包聯群は「ドルブットモンゴル族コミュニティ言語」に対して分析を行い、彼女はこれらの言語データから次のことを確定しようとした。(1) 当地のコミュニティ言語は音韻、形態論、統語論的にモンゴル語とどのような違いがあるのか。(2)「ドルブットモンゴル族コミュニティ言語」に入り込んだ中国語の語彙にどのような変化があるのか。(3) このコミュニティ言語の音韻はモンゴル語的傾向があるのか、中国語的傾向があるのか。(4) それは語彙構造上どのような形態変化があるのか。(5) 語順はOV型なのか、VO型なのか。

分析の結果、「ドルブットモンゴル族コミュニティ言語」はモンゴル語でも、中国語でもなく、モンゴル語の文法を基礎に、大量の中国語語彙を借用して形成された一種の混合言語であることがわかった。音韻的にはモンゴル語の音韻が優位を占め、文法的にはモンゴル語の文法を基礎としているが、語彙的には大量の中国語語彙を取り入れている。しかし、この言語変種はすでに借用の段階を遥かに超え、混合言語の段階にあり、典型的な混合言語的特徴を有している。

「ドルブットモンゴル族コミュニティ言語」に入り込んだ中国語語彙には名詞、動詞、形容詞、数量詞、助詞などが含まれている。中国語の名詞は「ドルブットモンゴル族コミュニティ言語」に借用されてから、モンゴル語名詞の語構造の変化規則に則っているのだろうか。包は「ドルブットモンゴル族コミュニティ言語」に借用された中国語名詞はモンゴル語の名詞と同様に語構造の変化があること、たとえば「电视m-an视」[テレビなど]のような名詞の総称変化

形があることに注目した。

　また動詞を借用できるかどうかについては、言語学界に大きな論争がずっとある。Moravcsik（1978）らは、動詞は借用が難しいという考えを示している。標準モンゴル語の中では、中国語の名詞の借用だけはあるが、動詞の借用はなく、この考えを裏付けている。ただし、「ドルブットモンゴル族コミュニティ言語」に借用された語彙の中には、多くの中国語の動詞も含まれ、この言語的事実はThomson & Kaufman（1988）の主張する言語接触のもとでは動詞も借用される、という観点に証拠を提供している。

　モンゴル語は膠着型語であるから、中国語の動詞がもし借用されたなら、形態変化のない中国語の語彙にどのような形態変化が起きるのだろうか。モンゴル語の接辞は、中国語語彙に接続するとき、音韻上に変化があるのだろうか。これらの疑問に答えるため、包は集めた言語調査の資料を詳しく見てみたところ、「ドルブットモンゴル族コミュニティ言語」の中に入った中国語の動詞には形態の変化があるばかりでなく、その他の独自の特徴があることがわかった。このような中国語語彙とモンゴル語の接辞、接尾辞等と結びついてできた動詞はバイリンガル動詞（bilingual verb）である。包は中国語由来の単語にくっついた接中辞や接尾辞の違いにもとづいてバイリンガル動詞を二つのタイプに分けた。

　　タイプ1：[V＋接中辞または接尾辞]（中国語由来の動詞Vにモンゴル語の接中辞、アスペクトやテンスなどの接尾辞がついて構成されたもの）

　　タイプ2：[V/N＋xix（する）]（中国語由来の動詞Vまたは名詞Nと、モンゴル語動詞xix（する）が組み合わさって構成されたもの）。

　上記の言語的事実は動詞借用の問題に関する問題を解き明かしている。このような「借用」は言語混合の一種の形で、「語彙の借用」とは区別すべきであろう。

　同じような原理で、「ドルブットモンゴル族コミュニティ言語」に「借用された」中国語の形容詞も、モンゴル語の形容詞の比較級形態変化の規則を遵守

しているのではないだろうか。中国語の助詞「的［の］」の接続には性質形容詞と状態形容詞の区分があるが、それを「ドルブットモンゴル族コミュニティ言語」が取り入れたとき、その区別は保たれているだろうか。

包が収集した言語資料は、「ドルブットモンゴル族コミュニティ言語」の中国語由来の形容詞は、モンゴル語形容詞の比較級の変化規則を遵守していることを示している。たとえば、モンゴル語形容詞の比較カテゴリーには原級と弱程度と強程度、比較級等がある。その表現方法は付加的成分を用いるものと、重ね型を用いるものなどがある。モンゴル語のgegen「明るい」は形容詞の原形だが、その「強度」形はge-b-gegen「とても明るい」である。これは「強程度」を表す接中辞[-b-]が単語の一音節目geの後に付加され、そのあとにまた形容詞gegenが加えられて構成されている。同様に、「ドルブットモンゴル族コミュニティ言語」の中国語由来の形容詞「香［香りがいい］」の原形は「香-di:」で、その強程度形は[xia-b-香-di:]［とても香がいい、美味しい］となる。

「ドルブットモンゴル族コミュニティ言語」は中国語の助詞「-di:（的）」を借用している。だが、助詞「-di:（的）」の使用範囲は、その中国語における使用範囲とは同じではない。中国語の中で、「的」の後続には制限があり、「香的［香りがよいこと］」は物化したフレーズになっており、もはや形容詞ではない。しかし「ドルブットモンゴル族コミュニティ言語」の中の「的（-di:)」はすべての中国語由来形容詞の後に現れ、使用範囲が拡大しているだけでなく、強制性も備えている。

4.4 結論

「ドルブットモンゴル族コミュニティ言語」はMuysken & Bakker（1994）が提出した混合言語の基準に合致している。

(1) それはモンゴル語と中国語という二つの言語の要素が組み合わされたもので、モンゴル語または中国語の単純な継承ではない。

(2) その文法体系はモンゴル語由来だが、語彙は主に中国語由来である。形態論的には、文法体系が主導的立場を占めるモンゴル語の形態規則に則って構成され、形態変化している。統語論的には、主にモンゴル

語のSOVの語順を遵守している。
(3) 新しく出来た文法形式、接辞「-di:」はすべての中国語由来の形容詞の語尾になっている。
(4) 音韻的にはモンゴル語の音韻体系が優勢を占め、借用された中国語語彙は声調や巻舌音を失い、しかも第1音節にアクセントがおかれている。
(5) 「ドルブットモンゴル族コミュニティ言語」を使用するコミュニティはバイリンガル・コミュニティで、そこの人たちは、この言語変種を使える以外に、少なくともその元になったことばの一つ、つまりモンゴル語か中国語がしゃべれる。
(6) 「ドルブットモンゴル族コミュニティ言語」はコミュニティ内言語（in-group language）である。周囲の漢民族たちのコミュニティではこの言語変種を使うことはない。

4.5 意義

包聯群の「ドルブットモンゴル族コミュニティ言語」に対する調査分析は、豊富な言語コミュニティ調査結果を提供し、かつ「混合言語」理論を実証している。ドルブットモンゴル族コミュニティの調査分析は、該当言語コミュニティ自身の理解と認識を助けただけでなく、その他の地区のモンゴル語と中国語の言語接触研究や、我が国の他の少数民族言語と、中国語の接触研究の参考にもなる。「混合言語」の実例の提供を通して、この研究は混合言語の類型研究をも大いに充実させている。アジアや中国の混合言語の研究はまだ大きな空白があり、この研究はこうした状況を一新させた。ここでの紹介を通してより多くの研究者たちが同様な研究に取り組み、さらに発展させていくことが望まれる。

第5節　まとめ

　現在世界の言語は殆ど他の言語との言語接触の状態にあるが、接触の程度には違いがある。言語接触の程度と結果の違いや研究の着目点の違いによって、言語接触研究もいくつかの面に分けることができる。主には、ダイグロシア、言語借用、言語干渉、コードスイッチ、言語の混合、言語シフトなどである。
　ダイグロシアは特定の歴史と文化的条件の産物であり、多くのバイリンガルの個人で構成されているが、コミュニティには階層的な言語使用の規範が存在している。ダイグロシアは安定的なものもあり、不安定な状態のものもある。安定的な状態の研究では「ダイグロシア」理論があり、それはバイリンガル社会では言語の分業が明確な規範を持つ状況を記述している。あまり明確では状況においては「ドメイン理論」によって分析を行うことができる。しかしこれらはどれも静態的視点である。動態的視点研究は比較的不安定なバイリンガル状況の研究に適しており、「ポストダイグロシア」理論や言語シフト、「混合言語」理論等がある。言語シフトと言語の混合も、言語接触の結果の研究とみなすこともできる。前者はあるドメインまたはすべての言語生活の中で、一種類の言語が別の言語に取って代わって使用されることで、後者は二種類の言語の融合であり、もともとあった言語変種が駆逐されることによって出現する状況でもある。
　言語借用と言語干渉は、言語構造に注目した研究や低程度の言語接触状況の研究に適している。これらの状況下では、1つの言語という角度からみれば外からの影響は、比較的局部や偶然の中に限られている。これに比べ、混合言語の状況は、「借用」の規模が十分大きいため、言語構造体系に全体的な質的変化をもたらす。言語の混合は言語の境界が曖昧な状況にあり、コードスイッチはバイリンガルといっても、2つの言語の境界はまだはっきりしている。
　コードスイッチの使用者は、2つの言語に二股をかけることでバイリンガル

という立場を強調している。しかも多くの場合、コミュニケーションの必要によって2つの言語の使用を調節したりコントロールしたりすることにより特別な意味を表現している。

　本章で採用した3つの研究例は内容的に、ダイグロシア、コードスイッチ、言語借用、言語シフトと言語の混合など多くの面に及んでおり、研究テーマ、研究方法、研究の段取り、過程と結論ともにそれぞれ特色がある。下記でこの3例を比較してみる。

　研究テーマから言えば、この3研究は異なるタイプのコミュニティを対象としている。比較的孤立した新移民コミュニティには、一定規模の旧移民コミュニティなどの海外中国人コミュニティと、国内の少数民族コミュニティがあるが、どちらも言語保持と言語シフトの問題がある。その中でオークランドの中国人の言語選択の研究はコードスイッチ理論、言語使用のドメイン理論、言語シフトと言語保持の理論を応用して、「進行中」の言語シフトに対して観察を行い、家庭域の児童のコードスイッチと言語シフトの関係を指摘している。

　マレーシアの中国人の言語シフトの研究は、言語接触理論を応用している以外に音韻構造の類似性に関する理論をも応用し、それによって言語シフトの社会的、歴史的、人口および言語構造の要素から全面的に議論している。

　黒竜江省モンゴル族コミュニティ言語研究は混合言語理論を検証することに重点を置いているが、言語選択、言語意識、言語借用の問題にも言及している。本章の第1節で紹介した理論内容は、干渉を除いて、これらの研究例の中でほとんど扱われている。もし包聯群が提供した言語データを孤立した現象として分析するならば、ある学者はもしかすると言語干渉の理論の視点を応用するかもしれない。しかし、関連の現象はすでに、コミュニティ内の言語使用の常態となっているため、ある文法規則を用いて概括することもできた。そのため混合言語という切り口でより適切な分析ができたのである。このほか、于善江のコードスイッチの分析は基本的に言語構造の内容には言及していないが、彼が提供した言語データからは感情的認識も知ることができる。全体的に見て、言語使用と言語構造は相互に関係しているものであるが、それぞれの研究のポイントが違い、言語使用に重きをおいてもいいし、言語構造に着目してもよいの

である。また分析単位と次元も違っていてもいい。あるものは言語選択をマクロ的指標で、あるものは音韻、文法および語彙を分析単位としている。

　研究方法から見れば、3つの研究はすべて実地調査を行い、すべての得られた言語データに対して比較し、客観的な分析を行い、明確な結論を出している。
　オークランド中国人コードスイッチの研究とジョホール州客家人言語シフトの研究は主に定量の方法だが、ドルブット混合言語の研究は主に定性分析を行っている。
　于善江は「ターンテイキング」と「4ターン1ラウンド」（conversational round）を分析単位として採用している。このため相互行為のレベルの言語の競合を具体的に、生き生きと表現できている。「4ターン1ラウンド」は小さな「ことばの綱引き」試合のようである。親が中国語を話す状況下で子供がコードスイッチ［中英混用］または英語での受け答えをするとき、親は次のターンで会話を中国語に戻したり、子供の言語選択に妥協したりする。子供が英語を使用したり、英語を織混ぜて話したりするとき、親と自分のコード選択が一致していないと気付くと追随を選んでもいいし、対抗または緩和させるなどいくつかの方策がある。子供は、すぐに親の話すコードに従ったり、自分の異なるコードを堅持したり、あるいは限られた譲歩をすること（E英語からM混用に移るなど）、T4時の選択は一種の明確な態度の表明と言える。この過程で、親たちが言語使用の面で子供に与える影響を知ることができた。
　王暁梅と鄒嘉彦はマクロ変量を対象とし、サンプルの中の異なる言語能力、異なる言語使用習慣および異なる言語意識の人の割合を調査した。彼らは厳格な統計方法を用い、データに対して重要度テストと比較テストを行った。これらの統計結果は言語研究の客観性と正確性を高め、言語学や社会学との対話の基礎を作ったことになる。このほか、彼らの調査が採用したアンケートの関連内容は初学者にとって重要な参考的価値がある。
　包聯群の研究も録音、インタビュー、観察、筆録、アンケートなど様々な調査方法をとっている。インタビューとアンケートを通して、ドルブットモンゴル族コミュニティがバイリンガル・コミュニティであること、また様々な言語変種を使用している状況であることを確かめた。また録音、筆録、観察をなど

第4章 | 言語接触

を通して、「ドルブットモンゴル族コミュニティ言語」の音韻、語構造、統語論の特徴と混合言語的性質を確かめた。これは言語使用と言語構造の両方に目を向けた研究で、この延長研究として引き続き定量と定性研究を結合させた研究を行うこともできる。

　研究の過程と準備から見れば、于善江の研究は主に3つのステップを踏んでいる。体系的な言語データ収集と、データのスクリプト化とコード化、そして定量と定性分析である。

　王暁梅と鄒嘉彦の研究も基本は類似の順番を踏んでおり、まずアンケート調査を行い、次に結果の分析と検討を行っている。彼らの分析の過程はやや複雑である。まずジョホール州客家人言語シフトの状況を確認し、それからそのほかの方言集団との比較を行い、言語シフトを促進する普遍的な要因と特殊な要因とを検討、最後に［中国語との］類似性を特殊な要因として解釈した。包聯群の研究はすでにある研究との議論から出発し、混合言語の理論的基準をレビューした上で、コミュニティにおいて調査を行い、集めた言語的事実と理論の基準を比較した。主な過程を次のように概括することができるだろう。理論に基づいて仮説を提出し、言語的事実を収集、事実の分析を通して仮説を実証した。これらの過程には共通点がある。つまり理論と事実との間の循環である。事実を理論に関係づけ、理論に基づいて証拠を収集し、事実の証拠に基づいて実証して、理論を豊富にした。こうして、理論の指導のもと、さらに多くの事実を見つけることができるのである。

　上記の研究の中で、研究者たちは研究した言語とコミュニティのある社会的環境の研究も忘れてはいない。于善江は8つの移民家族を研究するとき、これらの家庭のおかれた社会環境と関係づけ、かつニュージーランド社会とよく似たオーストリア社会の中の移民の言語シフトの状況も比較している。

　王暁梅と鄒嘉彦は、ジョホール州の客家人のジョホール州の中国人社会の中の地位を記述しただけではなく、一歩進めて、ジョホール州の中国人が州の人口、およびマレーシア中国人の全国人口の中で占める割合も紹介した。すべて、人口、歴史、政治、経済の要素から言語シフトを解釈し、背景的情報も提供したのである。

　包聯群も充分な歴史背景研究を行い、ドルブットモンゴル族自治県の歴史的

な蒙漢両族間の長期にわたる密接な交流状況を調べている。そのため混合言語の形成の社会的歴史環境についてもある程度、わかっている。

　研究結果と意義から見れば、この3つの研究は記述の内容、また解釈的内容を含んでいる。オークランド中国人言語選択研究の結果はすでに新移民コミュニティの現在の状態の総括を含んでおり、またその直面する言語保持の問題を指摘している。かつミクロの次元の関連現象に対して理論定性を行っただけでなく、コミュニティのレベル分析の結果を、さらに高次の理論へ押し上げ、すでにあった言語シフトの3世代モデルに挑戦と修正をせまることになった。

　マレーシアの中国人言語シフトの研究もまた記述と解釈と言う2つの面からなり、かつ解釈の中で普遍的要因と特殊な要因に分け、3つの異なる方言集団を比較した結果を通じて、共通する要素を普遍的要因と定め、客家方言に特有の要素を以て、なぜこの方言集団が言語シフトにおいて他の集団を引き離しているのかという解釈を行った。初歩的な比較では、ほとんどは人口的要素で、客家民系が福建民系を超えているのが原因ではないかと見られたが、それでは潮州民系の人口はさらに少ないという事実を解釈できない。そのため歴史経済的要因を盛り込んだが、今度は海南などほかの集団の状況に解釈を与えることができない。一歩一歩の比較を通じて、最後に（言語の）類似性と言う特別な要因が言語シフトの程度の違いを説明できるということを発見した。

　ドルブット混合言語の確定は過去の表面的研究に存在していた問題を解決した。特定の言語の混合現象に対し定性的には、モンゴル語と中国語の視点から「借用」または「混じりこみ」という解釈だけをしていた。新しい言語学の理論を応用することによって、社会的環境とコミュニティにおける言語使用状況を結びつけて解釈したのである。繰り返し理論を実証することにより、以前はバラバラだった事実が、繋がり出し、まとまりを見せたのである。

　海外中国人コミュニティの言語状況の研究は、中国社会言語学研究の世界における重要な研究領域である。海外の中国人の言語維持の問題はその関係するコミュニティ自身の利益に関する問題ではなく、中国文化を発揚し、伝播させるという重要な意義を持っている。

　ニュージーランドとマレーシアの2つの研究はこのため重要で現実的な意義

と応用的価値がある。但し、ニュージーランドの新移民の言語シフトはその国の主体的民族の言語（英語）に向かってであり、マレーシアの中国人は「中国語」——つまり中国人の「民族的母語」に向かっているのだ。この面から考えると2つの状況には異なる性質がある。客家語を話す人が中国語にシフトするとき、［中国語と］構造上似ているという優位性があり、これは中国国内の北方方言地域の話し手は、南方方言地域の話し手たちが標準語を学ぶのに比べて、苦労がやや少ないということと同じである。この角度から言えば、客家語と北方語の歴史的な源がどうであるかは検討するに値する要素ではないだろうか。もし方言の変種の近似性が方言融合の条件の1つであるなら、民族共通語の形成と拡散には、言語構造に基礎があることになる。こうした観点は標準語を推し進めるのに有利だが、方言間の差を完全に客観化してしまうのは、一種の単純化で、応用的にはあまり良くない効果をもたらす。関連した問題として、ジョホール州客家人の中国語に対する帰属意識は、言語シフトの結果なのか、それとも言語シフトを促した要因なのだろうか。もし彼らにとって中国語学習が比較的容易という理由だけで、彼らの中国語に対する帰属意識が生まれるなら、歴史的、文化的、人口といった要素は全く関係がなくなるのだろうか。やはり問題は複雑で、今後のさらなる十分な研究が必要である。

　ドルブットモンゴル族コミュニティ言語の研究にも重要な現実的意義がある。多民族、多言語国家として、燦然と輝く歴史をもつ中華文化は、我が国の各民族の文化をも内包している。中華民族の形成と発展の過程に置いて、漢族と各少数民族間の交流と言語接触はずっと存在してきた。中国語は、各民族間の交流のための言語として、中国語と漢字は各少数民族の中でも非常に広く使用され、広範なダイグロシアを形成してきた。特定のコミュニティの中では、長期にわたる密接な言語接触が言語融合をもたらすことは正常な現象である。ある意味、これはコミュニティの自然な選択で、その経済社会と文化環境の1つの反映だ。モンゴル語文化の維持発展という面から言えば、混合言語の誕生と持続的な使用は不利な要素かもしれない。しかしコミュニティの全面的な発展の中の言語の役割も客観的に考慮する必要がある。言語研究者からすれば、文化を運ぶものとしての言語の重要性、文化的産物としての言語構造の貴重性、言語の発展変化という基本的属性や、言語が社会に馴染み、社会に奉仕するとい

う基本的機能があることを指摘したい。混合言語は一種の新しく生まれた言語変種として分析せずに否定してしまうことはできない。またもっと重要なのは、言語の研究者は、どんな言語変種を使用するコミュニティや集団に対する差別も回避できるよう、社会に対して働きかけるべきだということである。

　本章で紹介した3例は現在の言語接触研究の中の一部に過ぎないが、これを選択した大きな理由は初学者に向けてこれらの研究の考え方や方法、過程を紹介するためだが、特に初学者がこれらを学んで模倣するときのやりやすさを考えてのことである。

　このほか、内容から見ると、3つの研究は今後の研究に対して啓発的作用がある。しかしながら研究範囲からみれば、言語接触を全面的に包括しているわけではなく、たとえば比較的安定したバイリンガル状況に関する「ダイグロシア」の研究はなく、コミュニティの規範的コードスイッチの状況に関する研究もない。

　上記のいくつかの面の研究と言語接触のその他の研究として、読者はここ数年内に発表された、たとえば甘于恩（2003）の「四邑話：一種粤化的混合方言［四邑語―広東語化した方言］」、黄翎（2003）の「従命名看澳門土生葡人的文化特徴［命名から見るマカオ生まれポルトガル系人の文化的特徴］」、包智明・洪華清（2005）の「双語現象的量化研究［バイリンガル現象の定量的研究］」、徐大明（Xu 2006）「シンガポールタクシー運転手の言語使用状況」、劉熠・馮溢（2007）の「語碼転換与認同研究［コードスイッチとアイデンティティ研究］」など、そのほかの論文を参考にするとよいだろう。

【本章のポイント】
言語接触研究の主な内容　少数民族移民の言語選択　多言語環境下における言語の弱強関係　混合言語の形成

【基本的概念】
言語接触　干渉　借用　混用　コードスイッチ　言語シフト　混合言語　ドメ

イン理論

【課題と実践】
1. 言語接触には方言接触は含まれるか。言語接触と方言接触は同じか。
2. 混合言語は「悪い言語」か。
3. 言語接触と言語変異にはどのような関係があるのか。
4. 世界には言語接触を経てできた言語があるか。
5. 歴史上人類はかつて1言語しかなかったのだろうか。

【推薦図書】
1. 徐大明・陶紅印・謝天蔚（1997; 2004）『当代社会語言学［現代社会言語学］』第六章、第七章、北京：中国社会科学出版社.
2. 徐大明（2006）『語言変異与変化［言語変異と変化］』第五章、上海：上海教育出版社.
3. 祝畹瑾（1992）『社会語言学概論［社会言語学概論］』第六章、長沙：湖南教育出版社
4. 于善江（2007）「奥克蘭華人日常生活中的語言選択［オークランドの中国人の日常生活における言語選択］」徐大明編『中国社会語言学新視角——第三届中国社会語言学国際学術検討会論文集』pp.232-241、南京：南京大学出版社.
5. 包聯群（2007）「杜尓伯特蒙古族的語言使用和語言態度［ドルブットモンゴル族の言語使用と言語意識］」『中国社会語言学』第2期.
6. 王暁梅・鄒嘉彦（2006）「馬来西亜柔佛州客家人的語言シフト［マレーシア・ジョホール州客家人の言語シフト］」『中国社会語言学』第2期、pp.30-43.

第 5 章 言語コミュニティ理論

第 1 節　概　論

　社会言語学は「社会の中の言語」を研究するため、「言語の社会的環境」に注目する必要がある。「言語の社会的環境」は多くの研究内容を含んでいるが、中でももっとも重要なのは、「言語コミュニティ（Speech community）」という考え方である（徐大明 2006: 140）。社会言語学者の間ではすでに、言語コミュニティの調査は言語研究の基本的方法であるという共通認識に達している。多くの人が「言語コミュニティ」の重要性に気付きながらも（Patrick 2002: 573）、今のところ完全な「言語コミュニティ理論」はまだ確立していない。しかしながら「この理論はいったん成熟し始めれば、必ず社会言語学の中心的理論になりうる」（徐大明 1997: 266）。本章ではこの理論を成立させるために払ってきた努力とその成果を紹介したい。

1.1　言語コミュニティの定義

　言語コミュニティ（speech community）は［中国語では］「言語社団［ことば社会］」あるいは「言語共同体［ことば共同体］」、「言語社会［言語社会］」、「語言社区［言語コミュニティ］」、「語言集団［言語集団］」などと訳すこともできる。Speech communityの訳語は統一されてはおらず、研究者たちはこの概念に対してそれぞれの解釈をしめしている。事実、中国語の中だけでなく、他の言語でも、言語研究者たちの理解が同じではない部分が多い（Patrick 2002: 573）。
　まず「社会言語学的ではない」解釈について見てみよう。チョムスキー（N. Chomsky）の著名な論述には、「理想的な話し手と、理想的な聞き手で構成された1つの完全に同質の言語のコミュニティ」（Chomsky 1965: 3）とある。ライアンズ（J. Lyons）の定義では、「ある言語を話す（あるいは方言を話す）すべての人」（1970: 326）である。前者が議論しているのは、一種の理想的な言語コミュニ

ティの状況であり、複雑でわずらわしい言語的事実を超越することを意図している。後者は「言語コミュニティ」を「ラング」のこととして処理している。上述の言語コミュニティの定義はどちらも他の理論の目的のために前提として演繹的に出されたもので、言語コミュニティの実際から出発したものでも、言語コミュニティ自身を重視したものでもない。

　ブルームフィールド（Bloomfield 1933）は彼の著作『言語（語言論）』の中で、特に章を設けて、「言語コミュニティ」について議論しているが、これが「言語コミュニティ」の専門研究の発端と言ってもよいだろう。下記は『言語（語言論）』からの引用である。

> 言語に頼って相互に交流し合う人々を「言語コミュニティ」と呼ぶ。(p. 45)
> 言語コミュニティの大小はケタちがいである。(p.46)
> どんな人たちが同じ言語コミュニティに属しているかを詳しく決めるのは、いかなる状況下でも難しいし、それは基本的に不可能である。このことは偶然ではなく、言語コミュニティの本来の性質がそうさせているのだ。(p.48)
> 1つの集団の中で、言語にとってもっとも重要な差は、コミュニケーションの密度の違いによって生じる。(p.50)
> 1つの言語コミュニティの人たちの話し方は非常に似通っているはずで、誰でもが相手の語がわかる。あるいはその差が大きくて、住むところがやや遠い人では互いに理解できないということもありえる。(p.57)
> つまり、言語コミュニティというこの用語は相対的価値である。(p.58)

　ブルームフィールドの言語コミュニティの考え方は3つの要素を含んでいる。つまり、人々、言語の相互行為、交際の密度だ。これらはどれも重要な内容で、その後の理論に影響を与えている。ブルームフィールドは、言語コミュニティに対して現実主義的態度をとっており、「言語の相互行為」を強調しているため、彼の定義は一定の社会言語学的性質を持っていると言える。これ以外にブルームフィールドは、コミュニティの大きさや同じコミュニティ内の言語差、言語

集団の相対性などについて、客観的な考えを提出している。彼は、「もっと詳しく言語コミュニティについて定義することは難しく、あるいは全く実現不可能なことである」とも言っている（Bloomfield 1933:29-45）。

その後、ホケット（Hockett 1958: 8）は、以下のように言語コミュニティを定義している。「それぞれの言語はある1つの言語社会を決める。すなわち、共通の言語を通して、直接的、または間接的に互いにコミュニケーションを行う全体としての人々である」（2005: 7）。ホケットはライアンズの「言語をもって区分する」という観点とブルームフィールドの言う「言語の相互行為」の観点を結合させているが、比較的はっきりと、言語コミュニティの単一言語性ということに絞っている。

ル・ページ（Le page 1968: 36）では、

> 1人ひとりは、自分の言語行動のためにある体系を作り出す。それを使うことで、そのグループの一員であること、あるいはその集団と系統が同じであることを認めてもらうのに十分な体系を使って次のことを行う。
> a. 彼はこれらの集団を識別できる。
> b. 彼にはこれらの集団の行動体系を観察し分析できる機会と能力がある。
> c. 彼の動機は強力に彼に選択を迫り、かつそれに応じた行動に変更させる。
> d. 彼は必ず自己の行動を変化させる能力も持っていなければならない。

ここでル・ページは話し手個人と言語コミュニティの心理的関係およびアイデンティティと言語行為との関係を指摘している。

ボリンガー（Bolinger 1975、Hudson 1990: 37からの引用）は、人類が自己確認、安全、利益、娯楽、崇拝、またはそのほか共通の目的から結びつく方法は無限であり、そのため社会の中に存在する言語集団の数や種類も無限になると考えている。

ここでは、ブルームフィールドと同じく、ボリンガーも言語コミュニティの

数と種類を問題にしている。しかし彼は比較的はっきりと言語コミュニティと、その他の人類コミュニティ類型を関連付けようとしている。

　ハイムズ（Hymes 1972: 47）は、「社会言語学が分類する自然な単位であり…ラングではなく、パロールのコミュニティである」と明確に指摘している。しかし、言語コミュニティの成員を決めるというこの難しい問題においては、彼はただ共通の言語の知識ということだけに頼ってコミュニティの成員と参与者（たとえばフィールドワークの研究者）を区別するのでは十分ではないため、彼は非言語学的基準、たとえば「生来の」という基準、つまりそのコミュニティで生まれたかどうかを成員かどうかの判定基準にするという考えを出した。

　ガンパーズ（J. J. Gumperz）は言語コミュニティを3度にわたって定義している。1962年の定義では、「我々は『言語コミュニティ』を一種の社会集団の1つと定義し、この集団は単一言語であってもいいし、多言語集団であってもよい」、「それは社会的な相互作用モデルの使用の頻度によって集まり、かつ、コミュニケーション方法の強弱によって他の周辺地域の人たちと分けられている」（Gumperz 1968: 35）としている。ガンパーズはここで初めて言語コミュニティは多言語集団でもよいということを言っている。このほか、彼は言語の相互行為とコミュニケーション密度（頻度）という考え方を維持している。

　ガンパーズの1968年の定義では、「1セットになった共通の言語記号をよりどころにするルールがあり、経常的な交流を行い、しかも言語使用上に有意の差があり、他の類似の集団と区別することができること」（Gumperz 1968: 5）としている。この「共通の言語記号」とは、彼が取り入れた重要な基準で、こうすれば「ことばを以て地域を決める」ことを回避でき、言語コミュニティが単一言語だけという制限も必要がなくなる。「ルールがあり、経常的な交流」とは、すなわち、「言語の相互行為」と「コミュニケーション密度」のことである。

　ガンパーズは更に、「大多数の長期にわたって続く集団で、小は1対1の関係から、大は地域区分のない現代国家、あるいは同業協会、地区の集まりに到るまで、言語の特色について研究する価値がありさえすれば、これを等しく言語コミュニティとみなしてよい。これらのコミュニティの言語行動は恒久的に1つの体系をなしている……」（祝畹瑾訳版 1985: 36）としている。このパラグラフから見れば、ブルームフィールドと同じく、ガンパーズも言語コミュニティの

規模は大小を問わないと考えていることがわかる。しかし彼は言語コミュニティの言語行動は1つの体系を成していると指摘する。この体系性ということについて彼は、「言語コミュニティが使用している各種の変種は、たとえ互いに差があっても、1つの体系となっている。なぜなら彼らとその人たちが共通して知っている社会規範が互いに関連しているからである。…言語コミュニティは言語変種の分布を通して、現実的な活動領域を反映させている」(同上: 37)と指摘している。ここでは、バイリンガル・コミュニティの中の異なる言語変種の使用規範を具体的に指摘し、言語コミュニティの規範性を強調している。

つまりまとめてみると、「共通の言語記号」と「共通認識された社会規範」ということが、ガンパーズが提出した言語コミュニティの主な2つの基準である。この2つの基準はその後、ラボフ (Labov 1972) によって言語コミュニティの中の言語変種分析に受け継がれた。ラボフ (Labov 1972) は、言語コミュニティをどう限定するかという問題は、言語成分の使用上に明らかな一致があるということにもとづくのではなく、むしろ同じ規範を守っているかどうかにもとづくべきだと指摘している。規範は集団内の人々が公言する行動の中にも現れ、変異の抽象モデルの一致性を通しても観察される。つまり特定のコミュニティにある用法からみて、これらの変異の抽象モデルは確定したものなのである (Hudson 1990: 30-36)。

ガンパーズの1982年の定義は、ラボフの研究との整合性を増している。彼は、「言語コミュニティは共通の規範と融合したいという願望によって成り立つ、話し手の多様な体系のことである」(Gumperz 1982: 24) と指摘している。

以上から、「言語コミュニティ」の概念は理論の演繹から、事実からの帰納へと、研究者たちの認識も少しずつ深まり、すでに多くの共通認識に達していることがわかる。

1.2 言語コミュニティ理論

言語コミュニティの概念はすでに各研究者による論考があるが、その他の概念との関係が明らかにされてこそ、もっと内容が豊富で、体系だった理論となるだろう。特に1つの実証を可能にする理論になるだろう。徐大明は長年にわ

たってこの理論の構築に力を注いできた。「自然コミュニケーションの集合体」という議論（徐大明等1997）から『言語コミュニティ理論』（徐大明2004）の正式な発表まで、「言語コミュニティ理論」という考え方は次第に形成され、目下実証的研究の段階に至っている。

　言語コミュニティ理論の主な考え方は次の通りである。

　(1)「コミュニティを第一、言語を第二」という原則を通して言語とコミュニティの関係を明らかにし、その2者間の循環論証を避ける。「コミュニティ」は社会学の基準から決めてもよいが、「言語コミュニティ」は社会言語学の基準から規定すべきである。つまり「言語」から「言語コミュニティ」を確定するという誤りを避けるために、まず先にコミュニティを確定し、そのあとでそのコミュニティで使用されている言語変種を確定するのである。「コミュニティの標識となる言語がなくてもいいが、コミュニティというより場がない言語は認められない。言語の基本存在単位をコミュニティとし、生きた言語はすべてコミュニティの中におさめられている」（徐大明2004: 21-22）。

　(2) この理論が扱う内容は、(i) 言語内部の差と同一性の対立の関係で、言語コミュニティにおける同一性の実証的基礎とその差の特徴との間の定量関係。(ii) 言語使用者の組織体系の解釈に関するもの。「言語の体系的研究の中で、今までもっとも無視されてきたのは言語の使用者の体系だ。もしこの体系の研究が深まってこないなら、その他の体系の研究も影響や障害を受ける。なぜなら、言語のそれぞれの体系の間には相互に関係しあい相互に作用しあい、話し手と体系はその中の重要な成分であるからだ」（徐大明2004: 26）。

　(3) この理論研究の考え方は、言語コミュニティとは、観察し計測のできる実体であるということである。1つの言語コミュニティは一連の定量的指標の組み合わせによって限定できる。そのため、実証的方法を用いて、1つの言語コミュニティが確認できる。言語コミュニティ理論の役割は、言語コミュニティ内に存在する基本的条件を列挙し、その着実で実証可能な客観的指標を示すことである。言語コミュニティとは、社会化された言語の相互行為の産物である。ゆえに、言語コミュニティの要素には、「人口」、「地域」、「相互行為」、「施設」と「アイデンティティ」といったものを含んでいる。これらの言語コミュニティの要素はすべて定量的指標として転換でき、それを用いて言語コミ

ュニティの実体の測定を行うことができる。

　具体的には3つのステップに分けられる。まず、社会的コミュニケーションの規模、強さ、方法および効果（質）などいくつかの方面から計測を行って言語コミュニティを確定する。次に言語使用の具体的状況を通して、相応の言語変種を生んでいるかどうか、コミュニティが一種類以上の言語変種を使い分け、使用しているかどうかを確認する。最後にこれらの言語変種が属している言語現象の境界を確認するのである。

　言語コミュニティ理論の役目は、言語コミュニティを発見し測量する筋道を提供することであり、そのため実証が可能な理論なのである。そのほか言語コミュニティ理論は社会言語学と一般言語学、また言語学とその他の社会科学をつなぐ橋を架けることでもある。なぜなら、一方では、それは言語構造の体系的研究を発展させ、言語使用の体系的研究に関係づけたものであり、また一方では、社会科学の実証性と定量的方法を言語研究に応用したものであるからだ。

1.3　研究テーマ

　言語コミュニティが存在するかどうかと言語コミュニティに対する研究には、多くの研究者が疑問を持ってきた。「言語コミュニティ」に対する認識上の混乱と不一致があることを考え、以下のいくつかの問題に対して研究を進める必要がある。

1. 言語コミュニティとは何か。これは研究者の研究モデルでしかないのか、それとも、話し手の意識の中の心理的現実なのか。言語コミュニケーションの物理的範囲なのか、それとも社会的組織なのか。
2. 言語相互行為の社会的産物として、言語コミュニティは1つの真実で、具体的に測定し定義づけることのできる実体なのか。
3. 如何にして上記の仮説を証明するのか。実体論と量化の作業が人々の認識を統一できるかどうか。
4. 言語コミュニティはまず社会的主体であるのか、それとも言語的主体であるのか。言語コミュニティは、とどのつまりある言語を基盤とする社会分析単位なのか、それともある社会を基盤とする言語分析単位なのか。

5. 「パロールのコミュニティ」と「ラングのコミュニティ」には違いがあるのか。
6. どのように1つの言語コミュニティの人々を確定するのか。「ラング」をもってコミュニティを確定するなら、その言語に対してフィールドワークをする研究者はコミュニティの一員と言えるのか。
7. 「そこで生まれ、生まれながらに持っていること」を言語コミュニティの一員の基準とするかどうか。
8. 研究の中で、言語コミュニティをあらかじめ確定された対象とするのか、1つの既成事実の産物とするのか、それとも、研究の目標と角度に基づいて確定させるのか。
9. 言語コミュニティ理論が提出する5つの要素、人口、地域、相互行為、施設[1]、そしてアイデンティティ、これはすべて必要か。
10. 言語コミュニティには他にどのような要素があるのか。

　上述の問題は、たとえば言語コミュニティの実体性、言語とコミュニティの関係、コミュニティの規模と成員の定義などすでに以前からある問題である。またあるものは、「言語コミュニティ理論」と関係してでてきたものである。たとえば5つの要素や、定量分析などがそうである。研究が進むに従い、いくつかの問題は解決され、新しい問題が引きつづき出てくることだろう。

1　訳注：編者徐大明氏によれば「施設」とは居住地にある公共施設などのコミュニティ活動を促進する施設のこと。言語コミュニティから見れば、言語も施設であり、互いに使用し帰属意識を認めあうものとなる。言語だけではなく、言語技術や言語景観も施設類に入れることができる。

第 2 節　シンガポールの中国人社会の言語状況

　徐大明（2004）は言語コミュニティ理論とダイグロシア理論に依拠して、シンガポールの中国人の言語意識と言語使用の状況の調査分析を行った。分析後、シンガポールの中国人社会（中国人コミュニティ）のバイリンガルの状況は典型的なダイグロシアとは異なることがわかった。そのほか、言語コミュニティの基準については、ここでは満足な結果は得られなかった。こ2つの面の考察を通じて得た結論は、シンガポールの中国人社会はダイグロシア・コミュニティではなく、かつ言語コミュニティとしての同一性という特徴をも欠き、そのため、これを1つの「言語コミュニティ」とみなすことができないということである。
　下記で、研究テーマ、過程、結論と意義など具体的に紹介していく。

2.1　研究のテーマ

(1) 研究の背景
　シンガポールは面積も狭く、人口も300万程度であるにも関わらず、多民族社会で、その言語使用状況も複雑である。シンガポールの公用語は4種類あり、英語、マレー語、中国語とタミル語である。1990年の人口調査によれば、中国人は総人口の77.7%で、シンガポールの中国人が今まで使用してきたことばはアモイ語、潮汕語、福州語等の各方言が主で、一般に2つ以上の言語変種をマスターしている。シンガポールは独立以来、英語が大幅に普及し、近年では中国語も激増している。そのため、目下、シンガポールの中国人が使用する言語変種は主に、英語、中国語と上記のいくつかの中国語の方言であるが、具体的な状況はかなり複雑である。
　1995年シンガポールの中国人社会に対して言語調査を行おうと決めた時、

中国人社会では、広く個人的バイリンガリズム状況があることがわかっているだけで、ダイグロシア状況はどうであるか、どのような性質に属しているのか、まだ明らかではなかった。そのためこの調査（Xu et al.徐ら 1998, 2004）を行ったのである。ここに紹介する研究は、当時の調査と、その後、言語コミュニティ理論を応用し調査結果を分析したものである（徐大明 2004）。

(2) 理論と仮説

徐大明（2004）は以下のような2つの問題を検討した。(1) シンガポールの中国人社会は民族コミュニティである。では、それは、同時に言語コミュニティでもあるかどうか。(2) シンガポールの中国人社会（中国人コミュニティ）の言語状況はどのような性質のものか、もしダイグロシア状況であるならば、どのようなタイプに属しているか。

言語コミュニティかどうかを判定するには、言語コミュニティ理論を応用する必要がある。言語コミュニティ理論では、言語コミュニティは、人口・地域・相互行為・施設とアイデンティティという5要素を備えていなければならないとする。この5つの要素は本来社会学のコミュニティ理論からきたものだ。これを言語研究に応用すればもっと詳しく以下のことを確認できる。つまり、一定量の話者が、一定の範囲の活動域を持ち、その人たちの間で頻繁な相互行為があって、[共通の] 言語記号体系を享受し合い、規範を使って、同じような言語意識と言語評価の基準を持っているということである。定量の標準ということで言うと、上述5項目はいずれも一定の数量に達している必要がある。もし変異が存在するなら、コミュニティの一致性は主体性の上に現れているはずで、主流であり多数が一致しているということである。

上記の理論に基づいて、仮説1は、定量の結果シンガポール中国人社会には、指標の面から全て、独自の基準に達しており、ゆえに1つの言語コミュニティであると認定できるということ。

仮説2は、定量の結果、シンガポールの中国人社会の指標は独自性の基準に達しないため、ゆえに1つの言語コミュニティであるとは認定できないということである。

ダイグロシア理論（Ferguson 1959）が指摘するように、安定的なバイリンガ

ル社会では何種類かの通用言語変種が、それぞれの使用にふさわしい場面で使用されている。ハイレベルな政治経済の場にふさわしい変種を一般的に「H変種（high variety 高変種）」とし、比較的低レベルの場で使用される変種を「L変種（low variety 低変種）」と呼んでいる。また社会全体がこれに対して共通した見方と、一致した実践を行い、これに反すると非難され、ひどい場合はコミュニケーションの失敗や停止を来たしてしまう。シンガポールの中国人社会がこのような条件に合っているかどうか、また「H変種」と「L変種」といった規範があるのかが、シンガポール中国人社会をダイグロシアであるかどうかを判定する決め手となるのである。

　ダイグロシア状況であることの証明と言語コミュニティである証明は互いに補完的な関係にある。ダイグロシアは1つのコミュニティの規範であると同時に一種のバイリンガル・コミュニティである。もしダイグロシアの状態であれば、言語コミュニティと言う基準に合致している。ゆえに、仮説1は、シンガポールの中国人社会はダイグロシア・コミュニティである、仮説2はシンガポールの中国人社会はダイグロシア・コミュニティではない、ということなのである。

2.2　研究内容

(1) 調査内容

　シンガポールの中国人社会の言語意識と言語使用情況の調査は以下の4つの面からである。(1) 言語意識。被験者の英語と中国語に対する見方、被験者が考える中国語の持つ主要な機能、被験者の子女が方言を学ぶことに対する見方など。(2) 異なる場合の、異なる相手と、異なる話題をするときに使用する言語。(3) 言語混用の状況。被験者が中国語を話すとき他の言語の語彙をさしはさむかどうかと、混用がおきる原因。(4) 被験者の性別、年齢、職業、教育程度、家庭の収入および住居のタイプ等の社会的特性。

(2) 調査の手順

　シンガポール中国人社会の調査ではアンケートと現場観察を結合させる方法

をとった。アンケートは全国規模のサンプル調査で、主に層化抽出法をとった。

サンプリングの第1段階は、全シンガポールの中国人に対して1000分の1のサンプリングを行った。つまり回収率の問題を考慮し、調査のアンケート数は1990年中国人人口の1000分の1を基礎にその約2倍に増やして、全部で4000部にした。調査中、教育機関に協力をお願いし、全国の大学、中学、小学校の異なる学年からいくつかのクラスの生徒と生徒の保護者に調査対象になってもらった。教師に参与してもらい配布し回収する方式で調査し、アンケートの回収率を確保した。協力してもらう学校を選ぶときに学校に対して分類を行った。学校のタイプごと或いは全面調査（たとえば大学や、著名なエリート校や、中国人学校など）、またランダムサンプリング法をとり（異なるタイプの小中学校から若干選んだ）。またサンプルの中で学歴の低い集団と老人の割合を増やすために、各工業パーク地区へ出向いて労働者を対象とした調査をし、住民のコミュニティ活動センターに出向いて老人に調査を行い、また宗郷会館[2]を通じてアンケートを配ってもらった。

第1段階の調査の結果にもとづき、回収したアンケートの中からまたポスト層化抽出（post-stratificational sampling）行い、サンプルが1990年の人口調査結果に近い社会層になるようにした。

全国の異なる地域の、異なる場面の、異なる言語使用状況の体系的観察は、アンケート調査結果の客観的検証となり、個別の項目以外にも全体として観察結果とアンケート結果は基本的に一致した。

2.3　研究結果

(1) 言語使用状況

シンガポールの中国人が異なる場面で使用する言語状況は同じではない。表5.1を参照してほしい。

表5.1によれば中華レストランで中国語使用率が58％に達している以外に、他の場合では、言語使用に著しい傾向はなく一番使用率が高いものでも50％

2　訳注：血縁および地縁による中国人組織。

表5.1　シンガポールの中国人が異なる場所で使用する言語の百分率

	英語（%）	中国語（%）	中国語方言（%）	英語と中国語（%）
政府機関	45	31	3	16
ショッピングセンター	31	39	4	17
中華レストラン	12	58	4	13
小売センター	2	50	17	5
バザール	5	39	24	6

（徐大明 2004: 24をもとに作成）

表5.2　シンガポールの中国人が政府機関とショッピングセンターで使用する英語と中国語の百分率（バイリンガルを含む）

	英語（%）	中国語（%）	合計（%）
政府機関	61（45+16）	47（31+16）	92
ショッピングセンター	48（31+17）	56（39+17）	87

（徐大明 2004: 24をもとに作成）

に達しているだけである（小売センターでの中国語使用情況）、あと［その他の言語使用率］は2-45％の間である。

　もしこの表1の中で、英語や中国語の方言という2つの指標だけをみれば、英語が「H変種」であって、中国語方言を「L変種」と見ることができる。しかし、この2つの部分の［英語と中国語の方言使用］合計は全体の16-48％を占めるだけで、半分にも達しておらず、これもまたコミュニティの全体の状況を説明することはできない。

　単に英語と中国語（英中バイリンガルも含め）であればその使用率の合計は90％前後に達している（全体の90％の人の言語使用状況を反映していると言える）。結果は表5.2である。

　総合的な代表性は増加するが、HとLの言語使用の差は減少している。上の表が示すのは、たとえ「政府機関」と「ショッピングセンター［デパート］」という高級な場所であっても2つの言語の使用はあまり変わらず、どちらかの言語が絶対的優位を占めているかは、明らかではない。政府機関では英語使用率はやや中国語よりは多いが、ショッピングセンターでは中国語が英語よりやや優勢である。だがこの差は10％前後であり、典型的なダイグロシアのどちらかの言語に偏っている「一辺倒」という状況とは大いに違っている。前出の英語と方言の対比では確かに一辺倒の状況であるが、総体としては小さい。なぜ

ならそれは中国語を使用する人たちを外へ排除しているからである。1990年代、中国語を使用することはシンガポールでは主流で、これは社会のバイリンガル状況を議論するのに、無視することができない内容であった。そのためシンガポールの中国人社会は言語選択の状況からみれば「H変種」と「L変種」の別が存在していないことになる。英語が政府機関では中国語より多く使用されているが、中国語はショッピングセンターや中華レストランで英語より多く使われている。かつその差はあまり大きくない。中国語方言は決して「H」傾向はなく、総体的使用率はすでに低く、全体を代表することは不可能である。

そのため言語選択の状況はダイグロシア・コミュニティという仮説を支持することはできない。しかもコミュニティの中での主流は欠けており、言語選択の状況も言語コミュニティという仮説を支持できない。

(2) 言語意識

英語と中国語の評価比較を含む調査では、アンケートには「より役に立つ」、「よりステイタスが高い」、「権威が増す」、「より簡単である」、「よりフレンドリーだ」、「より親しみがある」、「音が心地いい」等の項目があって、それを「英語」、「中国語」、あるいは「どちらも同じ」から選んでもらった。

表5.3はアンケート調査の統計数値である。そのうち、「役に立つ」、「よりステイタスが高い」、と「権威がある」が示しているのは言語の功利的な面からの評価である。「簡単である」、「フレンドリーだ」、「親しみがある」、「音が心地いい」は感情的な面からの指標であり、主にアイデンティティを示している。結果から、感情の面では、中国語はやや優勢であるが、功利性評価の面では3

表5.3 シンガポール人の英語、中国語に対する言語意識の指標（百分率）

	英語（%）	中国語（%）	合計（%）
役に立つ	14	19	33
ステイタスが高い	32	13	45
権威がある	39	12	51
簡単だ	19	58	23
フレンドリー	10	43	53
親しみがある	10	51	61
音が心地よい	12	33	45

（徐大明 2004: 24をもとに表5を作成、やや改訂）

つとも同じような評価で中国語がもっとよいという意見が比較的多く、英語はステイタスと権威があると思うものが比較的多かった。

しかし重要なことは、すべての差は、40％以内であり、一番少ない差は、5％であり、これはどれが主流だという傾向がないことを意味している。特に注目に値するのは、各指標がすべて10％以上のものは対立的評価であり、「中国語は英語に比べて役に立つ」vs「英語は中国語に比べて役に立つ」や、「中国語を話すのは英語を話すよりステイタスが高い」vs「英語を話すのは中国語を話すよりステイタスが高い」等など。英語と中国語に対して、はっきりとした意識を持つ人は人口の3割～6割で、これは、主要な意識の欠如を示すものである。

典型的な言語コミュニティには一致した言語使用の規範と、一致した言語意識があるもので、上述の言語使用状況と言語意識の調査結果は、また1つの「言語コミュニティである」という仮説を支持しえない結果となった。

(3) 社会の分断

上述のように調査内容は、調査対象の社会的背景の情報を含んでおり、これらの情報を結合させることで、われわれは言語の社会の分断という分析を行うことができる。先行研究によれば、言語コミュニティの内部は自然と言語使用の差が存在するが、言語意識は基本的に一致している。しかしながら、シンガポールの中国人社会の調査の中で、言語使用上にもまったく異なる傾向があることが分かり、それはコミュニティの半数を超えてさえおり、言語意識とはまるで反対の結果となった。

調査対象の背景情報と結合させ分析した結果、異なる社会的特性の人たちの言語に対する評価は、同じではないことが分かった。たとえば25歳以下の大学生や、英語教育をうけた者、高収入家庭出身者は英語に有意の高い評価を与えているが、45歳以上の労働者や、教育程度の低い人や、低収入で中国語教育を背景に持つ人は中国語に対する帰属意識が強い。一歩進んだ分析では「教育的背景」は、言語使用と言語意識が異なる傾向を生む最大の条件であり、この条件が区別する作用は、年齢、収入、職業など他の因子を超越している。自ら「中国語教育的背景」を選んだ人は中国語使用を主とし、中国語に対する評

価が高く、「英語教育的背景」を選んだ人は英語に対する評価が高かった。
　これらの分析を通じ、初歩的に分かったことは、シンガポールは、中国語教育学校と英語教育学校の伝統が基礎にあり、シンガポールの中国人社会には、英語コミュニティと中国語コミュニティとの2つの言語コミュニティがあるということである。少数の中国語方言話者たちは前者または後者に帰属意識を感じている。当然ながら実際の状況はこれほどはっきり分かれてはいない。1つの新しい傾向として注目できるのは、多くの調査対象者が「英語と中国語は同等である」という答えを選んでいるということだ。この融合した傾向が発展していくのかどうか、注目に値する。

(4) ポスト・ダイグロシア
　歴史的に見て、シンガポールはかつて典型的なダイグロシアの状況であった。1つは植民地宗主国の言語と、植民地現地住民の言語の機能とが分化したダイグロシアを形成していた。英語と中国語は当時、ダイグロシアの関係であった。もう1つは民族社会内部のバイリンガル制で、当時のシンガポールの中国人社会で、中国語と出身地の方言はこのような関係を形成していた。しかし、独立後、言語状況に大きな変化が起こった。1995年の調査から見ると、どの変種がどのようなコミュニケーション機能に適しているかは、言語コミュニティの人々に完全に一致した意見というものがなく、明らかな言語意識の分化が生じている。とはいえ、言語コミュニティ成員の言語意識と言語使用の規範の主要な傾向はいくつかに帰納でき、この傾向は統計数字から見えてくる。1つの傾向は、過去のダイグロシアの中の変種（HL）の地位は一致している。たとえば、英語は政府の言語であるし、民族言語は生活のことばで、異なる場面では中国語と方言も使用されていることなど。しかしもう1つ、新しい傾向も生まれている。英語の普及に従い、英語も広く生活用語としても使われている。たとえば以前は小売センターや市場では、おもに方言が使われていたが、現在多くの人たちは中国語を使用し始めており、多くの中国語が語せる若者はすでに各場面で方言を使用していない。このため、シンガポールは現在バイリンガル制・ダイグロシアから「ポスト・ダイグロシア」への転換を経験していることになる。ダイグロシアの言語使用領域はかなり絶対的で、「コードスイッチ」（ある場

面で2種類の言語を交替で使用する状況）は相いれない状況だった。その後1995年の調査では、若者の間では、コードスイッチは非常に一般的で、社会全体がこの現象に対しても容認の態度をとっている。このため、高低（HL）変種の境界も打ち破られ、広範なコードスイッチ現象や言語規範と言語意識の不一致という現象が起きている。これらのシンガポール中国人社会の状況は、総合的には一種の特殊な安定的バイリンガル状況であると定義できるだろう。これは「ポスト・ダイグロシア」(Post-diglossia) に属している（Xu et al 1998）。

　ポスト・ダイグロシアとは、ダイグロシアが発展変化してきた社会的バイリンガル状態のことである。このような状態の中では、社会と政治形勢の変化と教育の普及によって、もとあったダイグロシアの中での各言語の役割はすでに錯綜し混乱が生まれている。ただもとあった高低変種の相対的な地位は、いまでも一定程度存在している。こうした場合、言語意識と言語使用の社会分化が言語コミュニティの分裂と再編成ということに至る。現在社会の一部の人たちは、以前のダイグロシアの変種間分業を維持し、一方で、別の人たちの中では、新しい変種が機能分業を始め、また機能融合の状況をも生み出している。シンガポールでは、こうした状況の発生は、同時に新しい言語変種の拡大を伴っている。中国人社会は植民地の時期にはほぼ、誰も中国語［普通話：中国語標準語］を母語とはしなかったが、現在、中国語母語話者はすでに1つの主流集団となっている。

2.4　結論

　この研究の結論は（1）シンガポールの中国人の異なる場面における言語使用の状況の調査分析を通して、シンガポール中国人社会に公認の「H変種」や「L変種」というものが存在しないことがわかった。そのためシンガポールの中国人社会の言語使用状況はダイグロシアとは様相を異にする。つまり、シンガポールの中国人社会は1つの典型的なダイグロシア・コミュニティではないということである。(2) シンガポールの中国人に対する英語と中国語の言語意識調査を通して、高比率のグループがそれぞれ異なる言語意識を持ち、相互に言語評価が対立しており、これは言語コミュニティの「一致性」という基準と

相いれない。そのため、シンガポールの中国人社会を1つの言語コミュニティとみなすことはできない。(3) シンガポールの中国人社会の言語状況は一種の不安定な二言語併用状況で、「ポスト・ダイグロシア」の社会的バイリンガル状況であると言ってもよい。

2.5　意義

　シンガポールの中国人社会の調査研究には、以下のいくつかの意義がある。(1) シンガポール社会に対する現実的意義。シンガポールは多民族人口を背景にした伝統的多文化社会として、情報の整備、社会と政治の整合の問題に直面している。その独自な民族言語状況を全面的に理解することはコミュニティ建設及び、国家建設の重要なステップである。1995年の中国人社会言語調査が提供した情報は社会のマクロ的言語状況及び言語の帰属問題を反映しており、シンガポールの言語計画に影響を与えた。(2) バイリンガル研究に対する意義。過去にはポスト工業化社会のダイグロシア状況はしばしば少数民族言語の状況の研究に限られてきた。なぜなら独自な民族は基本的に単一言語（モノリンガル）の状況だからである。シンガポールには特殊な歴史背景があり、独自の民族的に複雑なバイリンガル状況のケーススタディを提供している。この種の独自な民族の大規模な動態バイリンガル状況は、「ポスト・ダイグロシア」という社会言語形態を提供した。これらにはどれも重要な理論的意義がある。(3) 言語コミュニティ理論にとっての意義。シンガポールの中国人社会の全面的調査と、言語コミュニティ理論を応用した分析によって、中国人社会の中に2つの異なる言語コミュニティがあり、一方は言語コミュニティの規範とアイデンティティの基準を実証し、一方では各民族のコミュニティが必ずしも、言語コミュニティと重っているわけではないということが明らかになった。これらの発見は言語コミュニティの実体性という視点をサポートしていることになる。

第 3 節 　南京市「小姐 [お嬢さん]」という呼称語の使用状況

　葛燕紅（2005）の「小姐 [お嬢さん]」という呼称語の調査研究は、言語コミュニティ理論の下の呼称語と共時的変異研究であると言える。この研究は、観察、アンケート調査、インタビューといった方法を結合させ、材料を収集し、その後に定量分析を行った。下記にその研究テーマ、方法、過程、結論および意義のいくつかの方面から具体的に紹介していく。

3.1　研究のテーマ

(1) 研究の背景

　「小姐xiǎojie [お嬢さん]」という呼称語は語義に面白い変化が起きている。このことばは、旧時代にあっては「お金持ちの家の使用人が、ご主人様の娘を呼ぶときの呼称」（『現代感漢語詞典』2005）で、これは一種の敬称だったと言える。解放後から改革開放前 [1949～1980年代] まで、「小姐」という呼称は外国人との交流場面あるいは香港、マカオ、台湾の同胞が尊称として使う以外には、基本に一種の蔑称となっていた（永順1995）。改革開放以後、「小姐」はまた敬称として使われ [Missの意味]、社会全体に伝播し通用し始め、『国家公務員手帳』の中でもマナー用語として指定された。但し、1990年代末期から、ある地方で性を提供するサービスの女性をも「小姐」と呼ぶようになり、これによって「小姐」ということばに侮蔑的な色合いが含まれるようになった。ある特定の場合においては、「小姐」は回避すべき呼称語とさえなったのである（永順1995、江藍生2003、崔麗2005）。

　「小姐」という呼称語の語義と使用上の変化は研究者たちの興味と注目を引き起こした。すでにある研究は2つに分類できる。1つは主に「小姐」という呼称語の歴史上に発生した語義の変化を考察し、「小姐」という呼称語の現在

の状況に対して論評し、今後の発展の予想をしたもの（徐時儀 1994、永順 1995、1996a、1996b、李成軍 2001、劉暁玲 2002、李文彬 2003、崔麗 2005 等）。もう1つのタイプの研究は社会調査の方法を採用し、「小姐」という呼称語の使用状況を記述したものである。その中でも、樊小玲らが報告した、全国24都市における「小姐」呼称使用状況（樊小玲・胡範鋳・林界軍・馬小玲 2004）や、盧驕傑・伍桐（2005）、唐師瑶（2005）は、それぞれ山西省と長春のショッピングセンターの販売員に対して、「女性の顧客をどう呼ぶか」という調査を行っており、「小姐」という呼称語とその他の呼称語の使用状況を比較している。

(2) 設定した問題

　言語の通時的変化は、言語の共時的変異の中で誕生し現れる（徐大明等 1997）。言語の変化の過程を知るのにもっとも直接的な方法は、共時的変化の進行を記述し分析することである。「小姐 xiǎojie［お嬢さん］」という呼称語に対して歴史の変化を詳細に分析研究した成果はすでにあるが、「小姐」というこの呼称語の共時的変化状況の調査研究はまだあまり多くない。そのため今後の傾向を予測する根拠も不足している。葛燕紅はこの呼称語の共時的変化について研究を行い不足を補っている。

　社会言語学の言語コミュニティ理論にもとづき、全面的にある言語現象を考察するには、音韻、語義および文法などの言語構造を研究する以外に、言語使用者の体系的な研究を行う必要がある（徐大明 1997、2004）。すでにある共時的変化の研究の1つは、都市間での「小姐」使用状況の比較であり、もう1つはショッピングセンターの販売員に対して行われた異なる呼称語使用に関する比較研究であり、都市レベルの「言語コミュニティ」調査研究は乏しい。都市の言語コミュニティとは言語使用者体系の中で重要な側面である。そのため、葛燕紅は、言語コミュニティにおける呼称語の調査という空白を埋めることを目的に、南京の言語コミュニティを研究対象にした。

　南京を研究対象としたいままでの研究結果は必ずしも一致していない。李文彬（2003: 74）の結論は、「目下、この'小姐'という歓迎されない（ことばの）流行は南京、武漢などの都市から北の都市へと蔓延、拡散中である」という。またあるメディアの報道でも「南京、北京の若い女性たちは'小姐'という呼

び名に反感を持っている」と伝えている。しかし樊小玲他（2004）の研究では、これと反対の結論が出ており、南京の80%の女性は「小姐」と呼ばれることに慣れており、70%の女性は他の人を「小姐」と呼ぶことに慣れていると指摘する。また各々の場合も「小姐」という呼称語の受容程度はみな70%を超えていた。では「小姐」という呼称語は南京での使用状況は一体どうなのであろうか。先行研究の結果の間にある矛盾を解決することがこの調査の目的の1つである。

(3) 研究の仮説

葛燕紅は、先行研究にある異なる結論の出現は言語コミュニティ理論の欠如によるもので、言語コミュニティを調査単位として研究しなかったために、やや偏った観察と結論になったのだろうと考えた。呼称語の変異の研究には言語コミュニティを結合させて行う必要があるという。

葛は、南京市は1つの言語コミュニティを構成しており、このコミュニティの中の呼称語は比較的一致した理解や評価、使用基準があるという仮説をたて、コミュニティ内の調査と言語変異の定量分析を通して、主な傾向を見つけることができた。つまり、「小姐」という呼称語の使用の主な傾向を見つけ、南京の状況報告の議論を解決させたと同時に、南京市が1つの言語コミュニティであるという仮説にも支持が得られた。

3.2 研究方法

葛は、観察、アンケート調査およびインタビューを結合させ調査を行った。調査は2つのステップに分けて行われた。第1ステップは観察法だが、具体的には、公共の場に行き市民がどのように見知らぬ女性に呼び掛けているかを記録し、異なる呼称語を見つけ、その使用状況をタイプ別に分け、アンケート調査のための基礎資料とした。第2ステップでは、観察にもとづき対象に合わせたアンケートを設計し、配布した。2つのステップを進行させながら、インタビューを挟み、インタビューの結果をもとにアンケート設計や改良を行い、アンケートの結果の解釈の上にも参考とした。

3.3　研究の過程

　葛は調査の範囲を南京市の6つの主要な区である鼓楼、玄武、白下、秦淮、建鄴、下関と決め、観察とアンケート調査を各地域の常住の住民に対して行った。

　第1ステップは観察活動で、観察場所は、街かど、ショッピングセンター、ホテル、レストラン、遊興施設、役所・企業という6つのタイプが含まれている。累計観察時間は約50時間である。

　第2ステップはアンケート調査である。200部配布、184部回収した。調査の対象は男性が51％、女性49％、年齢分布は18歳から60歳までで、大部分は18歳から39歳に集中している。前段階の観察により、18歳から39歳というこの年齢層が「小姐」という呼称語の使用頻度が一番高く、またこの層の女性は「小姐」を使用する主体であり、かつ呼称される客体でもあるからだ。このためこの年齢層へのアンケート配布率を増やした。調査の対象には学歴の違い、社会階層の違う人たちが含まれている。階層区分はアンケートに書き込まれた職業状況にもとづき、かつ朱力、陳如（2004）主編の『社会大分化——南京市社会分層研究報告［大きな社会的分化——南京市階層化研究報告］』を参考にして決定した。

　2つのステップを進める間に前後して、インタビューをのべ30人余りに対して行った。

　アンケート調査の内容は2つの部分に分かれている。第一部は「小姐」という呼称語使用状況調査で、主に
- 南京市民は見知らぬ女性を呼ぶときどのような呼称語を使用するか。
- 「小姐」という呼称語を使うか。使うとしたらどのようなコミュニケーション対象に、どのような場面で使用するか。場面とは、「街角での道聞き」、「ショッピングセンターでの買い物」、「レストランでの食事」、「ホテルの宿泊」、「遊興施設での娯楽」、「役所や会社など職場で仕事上」の6種類だ。

　分類の基本と観察場所の分類は一致しており、そのため人々の言語意識と言語表現が一致しているかどうかを実証できる。呼称語の選択項目は観察の段階の記録に依拠して設定した。つまり、「小姐」、「小妹xiǎomèi［家族呼称を取り入

れたお嬢さん])」、「大姐 dà jiě［おねえさん］」、「美女 měinǚ」、「師傅 shī fù［親方、先生］」、「同志 tóngzhì［同志］」、「服務員 fúwùyuán」、「姑娘 gūniáng［娘さん］」、「その他」である。

　これ以外にも3つの問題を問うた。(1)「小姐」という呼称語は、まずどのような意味があるか。(2) それを使用し何歳ぐらいの年齢層の女性を呼ぶか。(3)「小姐」という呼称語を受け入れることができるか（この問題は、女性を対象に聞いた）。

　アンケートの第二部は回答者の属性で、性別、年齢層、学歴と職業等である。
　調査の結果の定量分析によりわかったことは、「小姐」という呼称語の使用状況とその指し示す意味との理解の一致性で、同時に一定程度の変化があることもわかった。

(1) 使用状況の一致

1.「小姐」の広範囲の使用

　このアンケート調査では184人の回答の中で、94％の調査対象者が「小姐」を使用して見知らぬ若い女性を呼んでいることがわかった。その中の90％の人が場面によって「小姐」を使うかどうかを決めており、10％の人だけがどんな場面でも「小姐」を使って女性のコミュニケーション相手を呼んでいることがわかった。

2.「小姐」と呼ばれる年齢

　第1ステップの観察の中で「小姐」と呼ばれる女性の年齢は上限では49歳に達していたことがアンケート調査で分かった。184人の回答者の中で75％の人が「小姐」は30歳以下の女性を呼ぶときに使用すると答えている。「40歳以下」を選んだのは15.8％だけである。

　葛燕紅は続けて5人の40代の女性にインタビューしたところ、すべての人が確かに「小姐」と呼ばれることがあるが、「小姐」と呼ばれることはふさわしくなく、少し不自然と感じると答えた。そのため、葛燕紅は「厳密に言えば、南京人は『小姐』と言う呼称語の指示対象年齢を心理的な認知の上では30歳以下と考えているが、年齢は完全に生理的年齢を指しているのではなく、見た

ところ若くて30歳以下という年齢イメージを指している」と書いている。

3.「小姐」の意味するところ
　多くの先行研究では「小姐」のほめことば、けなしことば度合について議論している。研究者たちは関連調査を参考に、「小姐」ということばの語義を4つに分類している。「一般的な社会の中の女性」、「地位のある社会的女性」、「サービス業従事者」、「性サービス従事者の女性」の4つである。調査結果では63.6％の人が「小姐」という呼称語の最初の語義は「一般的な社会の中の女性」とし、社会的地位、経済的地位、職業、教養等とはあまり関係がないことがわかった。

(2) 言語変異の制約モデル
　ラボフ（Labov 1972）の研究によれば、言語コミュニティ内部の変異は統一的な制約を受けると言う。葛燕紅は南京の言語コミュニティは呼称語「小姐」の使用に対して少なくとも2つの面からの制約があることを突き止めた。

1. 場面における変異
　葛燕紅は「街角での道聞き」、「ショッピングセンターでの買い物」、「レストランでの食事」、「ホテルの宿泊」、「遊興施設での娯楽」、「役所や会社など職場での仕事上」という6つの場面における呼称語の使用状況を調査した。その結果「役所や会社など職場での仕事上」という場面を除いて、他の5つの場面では「小姐」が第1位を占めており、中でも「遊興施設での娯楽」と「道聞き」の2つの場面で、「小姐」という呼称語使用頻度が最も高く、65.8％と61.4％であった。
　南京の言語コミュニティ内では、「小姐」の使用場面は区分上、男女とも言語コミュニティの全体の傾向と一致していた。90％の場面で、男性と女性が呼称語「小姐」を使用する割合は88.2％と91.8％だった。性差という制約ではいかなることも起こりえるが、場面によって起きる変化が取るに足りないことを意味している。

2. 集団変異

　呼称語「小姐」の使用区分で場面が、南京の言語コミュニティの主な特徴で、90％が一致している。しかし10％の人たちはどの場面でも「小姐」を使用する傾向がある。それだけでなく、インタビューとアンケートを通じ、葛燕紅は、その中の一部の人が「小姐」をすべての年齢の女性にも使っているということがわかった。これらの人にとっては、「小姐」はすでに完全に女性に対する社会的な通称となっているわけである。しかし同時に葛は、これは特定の集団の人たちの特徴であることも発見した。

(a) 年齢構造：基本的な分布としては40歳以下が88.3％を占めている。40歳以上の人は一般に「小姐」という呼称語を使用するとき場面によって使い分ける。50歳以上の人は場面を分けることなくこの呼称語を使用している。
(b) 学歴構造：大学以上の学歴のある人が76.5％を占めており、中学校及び中学以下の学歴の人の占める割合はほぼ0だった。
(c) 階層：インテリの人たちが1つの集団を作っており、相対的に言えば広く「小姐」という呼称語を使用している。

　つまり、学歴が高いほど、年が若いほど、この呼称語を使用する傾向があるということである。これらの言語コミュニティ内部の変異はよくあることであり、言語コミュニティの主体性には影響がない。人々の呼称語「小姐」の使用の上で違いがあるわけだが、これらの違いには条件がある。言語コミュニティにはいつもある種の主流的傾向があり、変異は限られた範囲内で、かつ制約を受けている。

3.4　結論

　葛燕紅（2005）で出した結論は以下の通り。「小姐」という呼称語は目下、南京市民が見知らぬ若い女性に対して使うもっとも主要な呼称である。大部分の人は「小姐」という呼称語を場面によって使い分けており、かつその場面による使い分けには一致した傾向がある。ただし、若くて、教育程度の高い人ほど、広く「小姐」を使う傾向がある。

「小姐」という呼称語の市場状況、適用対象および第一義の理解の上に立つ傾向が言語コミュニティの独自の傾向を表している。「小姐」の使用の上に現れる集団的変異は、言語コミュニティの同一性を前提にした秩序ある差であり、言語変異がコミュニティ内で受ける制約状況を表している。このため、「小姐」という呼称語の調査結果は、「南京は都市言語コミュニティ」であるという仮説を証明するものとなった。

3.5　意義

南京の「小姐」と言う呼称語に関する調査研究は以下のいくつかの点で、学ぶべき点がある。

(1) テーマ設定の現実的意義がある。研究者は現実生活の中の言語現象に注目しており、言語学の理論を結合させ分析を行い、科学的な認識を得ることができた。

(2) テーマ設定には比較的、強い対象性がある。呼称語に関してたがいに矛盾する研究結果があることを承知したうえで、言語コミュニティ理論のもと事実を集めるという過程を経て論争を解決した。

(3) 観察、アンケート調査を採用し、インタビューという方法を結合させ、主観、客観の双方向から材料を集め、相互の証明手段とした。

第 4 節　農民工言語コミュニティの調査研究

　現在、我が国の農民工の人口は2億人以上に達しているが、この集団の言語に関する研究はまだ少ない。この状況下で、夏歴（2007a、2007b）は言語コミュニティ理論を応用し、農民工の言語能力、言語使用状況および言語意識に対して調査研究を行った。
　以下、この研究がテーマにした問題および研究方法、研究過程、結論および意義などを紹介していく。

4.1　研究テーマ

(1) 理論的背景

　夏歴（2007a）は「言語コミュニティ理論が歩んでいるのは、外部からの理解からコミュニティ内部への理解であり、抽象的な総体から具体的な定量へとつづく道である」と指摘している。そのため言語コミュニティ理論をもとに農民工集団に対して、調査研究を行うと同時に実践の中で検証することで、言語コミュニティ理論を改善していこうとした。

(2) 調査対象

　夏歴が調査対象に選んだのは「地域を跨いで北京へ流入してきた労働者」[農民工] である。農民工にはすでに20数年の歴史があるが、1990年代には地域を越えて流入してくるという状況は多くはなかった。大部分は「土地を離れても（農業を離れても）故郷を離れない、工場で働いても北京へは行かない」という状況であった。90年代末、農民工たちは大規模に地域外から、また省の外から流入してくるようになった。この状況下で、農民工たちが接触する対象範囲は急速に拡大していき、彼らは相互の、また流入した居住区の住民との接触

も増え、自然と農民工自身の言語状況に変化をもたらすことになった。
　夏歴は調査の範囲を北京市の農民工と限定した。この調査の範囲を確定するにあたって以下のような点を考慮し決定した。(1) 北京市は農民工を受け入れる大都市であるため一定の代表性がある。(2) 北京は我が国の首都であり、広く普通話［標準語］が使用されており、こうした背景のものとでは、農民工の田舎の故郷のことばと普通話の使用状況を比較しやすいということ。

(3) 仮説
　夏歴は在京の農民工が言語コミュニティを形成しており、しかもそれは新しく形成された言語コミュニティであると仮定した。
　この仮説を証明するために以下のことを考察した。(1) 農民工が北京へ働きに来る前と後の言語能力と言語使用状況、またそれには大きな変化があったかどうか。(2) 北京の農民工の現在の使用言語に共通した規範があるかどうか、彼らの普通話と故郷の方言に対する意識には一致した傾向があるかどうか。

4.2　研究方法

　夏歴はサンプル調査法を採用し、約1000人の農民工の人たちを調査対象として選んだ。調査対象の範囲や数量を決定するとき、特に、異なる地域で異なる仕事に従事する農民工集団が分布できるよう配慮した。「スノーボールサンプリング法」という方法は、たとえばミルロイ（L. Milroy 1980）が、イギリスのベルファストの労働者のコミュニティで行った調査や、郭駿（2005）が行った南京の溧水「町ことば」の調査など、多くの社会言語学の調査で使用されている。この方法の特徴は少数の対象を出発点として、次第に調査の範囲を拡大していくことにあり、調査対象がまるで雪玉のようにどんどん膨らんで行くことにある。農民工は一般的に親戚関係や、地縁関係で集まるためこのような方法は調査にとって便利であるためこの方法を採用したのである。
　調査にはアンケートを利用したが、その内容には「言語状況」、「社会的背景」が含まれている。「言語状況」には、「言語使用」、「言語能力」、「言語意識」の3つが含まれ、「社会的背景」には「性別」、「年齢」、「学歴」、「職業」、「収入」、

「労働時間」、「住まい」、「付き合う相手」、「どこから来たか」などが含まれている。

4.3　研究の過程

　この研究は3つのステップを基礎に完成させている。つまり探索的調査、予備調査、そして正式な調査である。

　探索的調査では、北京の農民工が言語コミュニティを形成している可能性について考察するためにアンケートを85部配布し、80部の回答を得た。調査の結果、初歩的に仮説を実証することができた。予備調査の段階では、在京農民工というこの全く新しい言語コミュニティの形成を証明するために、75部のアンケートを配布し、70部を回収した。調査の結果、基本的にその仮説を証明することができた。

　大規模で正式な調査では在京農民工の言語状況について全面的に調査を行った。調査対象は建築現場の労働者から、飲食店の店員、美容室の美容師、小さい店の経営者、工場労働者という5つの職業サンプルを抽出し、ほかの職業からも少しばかりサンプルをとった。配布したアンケートは全部で800部、回収したアンケートは723部、回答率は90.4%であった。そのうち、有効回答は680部、有効回答率は94.1%であった。

　最終的な分析には正式な調査で得た結果を使用した。

(1) 言語能力の変化状況
　アンケートの設問には以下が含まれている。

(1) 働きに来る前と後で普通話［標準語］の使用能力はどうか。
　回答には、「聞きとれない」、「聞きとれるが話せない」、「少し話せる」、「基本的にコミュニケーションできる」、「コミュニケーションに問題がない」の5から選んでもらった。
(2) 働きに来る前と後で普通話の発音はどうか
　回答には「非常に悪い」、「あまり良くない」、「まぁまぁ」、「比較的良い」、

「とてもよい」の5つから選んでもらった。
(3) 働きに来る前と後とで普通話に対する運用状況はどうか。
　　回答は「まったく習熟していない」、「あまり習熟していない」、「まぁまぁ」、「比較的習熟している」、「非常に習熟している」の5つから選んでもらった。

　調査の結果は、来る前、普通話が「聞きとれない」が1.17％、「聞きとれるが話せない」が11.47％、「少し語せる」22.06％、「基本的にコミュニケーションできる」26.18％、「コミュニケーションに問題がない」が39.12％であった。
　発音に関しては、「まぁまぁ」と「それ以下」が殆どで、自分の発音がよいと評価している人は20％だけであった。
　普通話の運用面では、「まったく習熟していない」、「あまり習熟していない」がそれぞれ11.47％と30.3％、「まぁまぁ」が30.29％、「比較的習熟している」、「非常に習熟している」がそれぞれ13.82％と14.12％であり、70％の人が普通話に習熟しておらず、「まぁまぁ」または「まぁまぁ」以下の状態であった。
　農民工たちが北京に来てからの普通話でのコミュニケーション能力は、全体的に以前の状態から向上しており、約90％の人たちが普通話でのコミュニケーションに困難を感じなくなり、だれも「聞きとれない」と言う状態にはなく、「聞きとれるが話せない」と「少し語せる」という状況は合わせて13％ほどであった。
　発音では「非常に悪い」は5％未満で、「あまり良くない」が18.53％である。運用面では「まったく習熟していない」、「あまり習熟していない」の2項目は、合わせて10％に満たない状態であった。
　全体としての傾向は一致しているが、農民工の内部には依然として一定の差が存在している。調査が示すのは普通話と「学歴」、「職業」、「年齢」、「収入」、「労働時間」、「普通話を勉強し始めた時」、「住まい」と「付き合う相手」などの要素と相関関係があるということである。

(2) 言語使用状況の変化

1. 故郷での言語使用状況

　アンケートでは言語使用の場面を、「家族と話すとき」、「同郷の友だちと話すとき」、「学校で先生やクラスメートと話すとき」、「市場で買い物をするとき」、「仕事で同僚と話すとき」、「お客さんと話すとき」、「ショッピングセンターで買い物をするとき」、「他の地方から来た人と話すとき」の9つの場面を設定した。これは基本的に農民工が北京に働きに来る前の活動範囲をカバーしている。

　回答の選択肢は、「すべて故郷のことばを使う」、「故郷のことばを使うことが多い」、「普通話と故郷のことばの使用は同じぐらい」、「比較的普通話を使うことが多い」、「すべて普通話を使う」、「このような場面がない」の6つだ。

　調査の結果は、故郷にいる場合は、どの場面でも故郷の方言の使用率が一番高く、全て60％以上で、それぞれの場面での普通話の使用率は非常に低く平均20％以下であった。

2. 北京における言語使用状況

　アンケートでは、言語使用の場面を、「家族と話すとき」、「同郷の友だちと話すとき」、「仕事で同郷の同僚と話すとき」、「市場で買い物をするとき」、「仕事で同郷でない同僚と話すとき」、「お客さんと話すとき」、「他の地方から来た人と話すとき」、「ショッピングセンターで買い物をするとき」の8つの場面を設定した。これは基本的に農民工が北京に働きに来てからの活動範囲をカバーしている。

　回答の選択肢は1.と同様である。

　調査の結果は、農民工たちが北京で使用する言語には、使い分けをする傾向があることがわかった。「家族」、「友人」と話すときは故郷の方言の使用率が高く、それぞれ75.4％と60.97％であった。普通話の使用率は低く、20％以下であった。だが、「同郷の同僚」、「同郷でない同僚」、「顧客」、および「公共の場で知らない人と話すとき」は普通話の使用率は60％で、そのほかの状況での普通話の使用率は平均90％以上で、故郷の方言の使用率は相対的に非常に低かった。

　全体的に見て、農民工たちは故郷での様々な場面ではほとんど故郷のことば

を主に話しているが、北京に来てからは、家族および同郷の友人と話す時は故郷のことばが主であるものの、その他の場面では平均的に普通話を中心に使うことがわかった。

(3) 言語意識の考察

　言語意識の調査は、普通話と故郷のことばに対する機能的評価、地位的評価、感情的評価の3つである。アンケートでは異なる意識を抽出するために、調査対象者に、「全くそう思う」、「まぁそう思う」、「どちらでもない」、「ややそう思わない」、「まったくそう思わない」あるいは「そのように思ったことがない」から選んでもらった。

1. 普通話に対する意識

　普通話［標準語］に対する機能の評価には、「使用範囲」、「用途」と「表意機能」の3つの内容を含んでいる。

　これらの設問に対する回答は大変高い一致性があり、ことに「使用範囲」と「用途」の2項目の機能に関しては、大部分の農民工が肯定的態度を選び、普通話の使用範囲は広く、用途も多いとしていて、「どちらでもない」という意識はあまりなく、否定的意識の人は1人もいなかった。「表意機能」に関しては60％以上の調査対象者が普通話は正確に意思を伝えられると考え、少数が普通話では自分の言いたいことは表せないと考えていることがわかった。

　普通話を話す人の地位に対する評価は、「教育程度が高い」、「平等意識が強い」、「自信が強い」、「礼儀正しく教養がある」、「経済的地位が比較的高い」、「尊敬を受ける」などだった。

　回答の中では「教育程度が高い」、「尊敬を受ける」の2項目に対して肯定的な回答が50％であったことを除いて、他の項目は全て肯定的な回答が60％以上を超えていた。

　普通話に対する感情的評価は、「聞き心地がよい」、「親しみを感じる」、「友好的」の3つである。結果は、3つの評価は肯定の回答率がどれも55％以上で、否定的回答の比率は15％以下であった。

　自己の普通話レベルへの期待度に関しては、「非常に習熟していて、発音も

よい」という回答は40％で、「習熟して、比較的発音もいい」は35％に近く、「基本的なコミュニケーションができる」は20％近く、「特に（使用する）必要がない」は10％であった。

　次に、子女が普通話を学ぶことに関する意識に対しては、非常に明らかで、「子供たちが必ず話せるようになってほしい」または「できるといい」に集中しており、「望まない」は全くなく、「あまり望まない」と「どちらでもいい」の2項目の合計は5％に満たなかった。つまり、北京在住の農民工は、子供たちに普通話が語せるようになってほしいという期待度が大変高いことがわかった。

2. 故郷のことばに対する意識

　感情的評価では肯定的回答が主で、「親しみを感じる」という項目の肯定回答は73.59％に達し、その他の2つの感情項目も肯定の回答が優勢で、3つの感情項目の否定的回答の比率は少なかった。「親しみを感じる」という項目のマイナス回答は10％以下で、「聞き心地よい」の［マイナス］回答は20％、「友好的」と言う項目の［マイナス］回答は3つの中で一番高かったが、40％には達していない。

　調査対象者の故郷のことばに対する機能的評価は高くなく、「用途」の項目でのプラスの評価は20.01％で、中立的立場は23.24％、マイナス評価は46.18％を占めていた。また、8.82％の調査対象者は故郷のことばに対する機能に「特に何もない」と思っており、故郷の方言に対するマイナス評価は50％前後に達していた。

　故郷の方言の地位的評価では機能的評価と一致の傾向があり、プラスの評価は20％前後で、中立的評価は20％前後、マイナスの評価は50％前後だった。

　但し、55％の調査対象者が、子女に故郷のことばを維持することを望んでおり、20％の農民工だけが、子女に故郷の方言を維持することを望んでいない。

　上述の故郷の方言への意識調査の結果には内部的な差もあった。これらの差は、社会によくある変数と相関していて、たとえば「教育程度」、「職業」、「収入」と関係していた。このほか、「労働時間」、「住まい」、「付き合う相手」、「どこから来たか」などの変量とも関係していた。

4.4　結論

　調査の結果から、北京の農民工が北京に来てから使用する言語と、言語能力には大きな変化があることがわかった。言語使用面では、北京で働く農民工の言語選択には規則性が見られた。言語意識に関しては、彼らの普通話と故郷の方言に対する意識にはどちらも傾向が見られた。これは言語コミュニティの主要な2つ言語学的指標すなわち、「言語使用の規範の一致性と言語意識の一致性」(徐大明 2004) に当たる。

　農民工たちが北京に来る前と後の言語能力、言語意識、言語使用状況の考察と分析を通じて、夏歴は以下のような結論を出した。

　北京にいる農民工たちは、1つの新しい「言語コミュニティ」を形成しており、それぞれの異なる変種（故郷の方言）をもち、かれらの言語使用と言語意識および言語能力の上で変化の方向に一致性を見せている。このことから、北京の農民工は、元の居住地の言語的背景を超越した言語コミュニティを構成していることがわかる。

4.5　意義

　夏歴が農民工の言語コミュニティに対して行った研究には、以下のような初学者が学ぶに値するところがある。

　(1) テーマ選択の意義。農民工は我が国の社会の中の重要な集団であり、新しく生まれてきた集団でもあり、急激な変化の状態にある。そのため、現在の農民工の言語状況は社会言語学が今まさに記録、掌握すべき、研究材料の宝庫である。(2) 理論的価値。この研究は言語コミュニティ理論を証明し、一歩深めることに貢献し、在京農民工が一種の新しい言語コミュニティ、つまり元の地域の方言に局限しない言語コミュニティを形成していることを証明した。(3) 応用的価値では、農民工の言語状況と言語アイデンティティの状況の把握は、言語政策を策定し、和諧［調和のとれた］社会の言語生活の建設に対しても有益である。

第 5 節　まとめ

　本章では言語コミュニティ理論とその理論を応用した3つの研究例を紹介した。理論部分は以下の内容を含んでいる。1. 言語コミュニティの概念およびそれに関するこれまでの議論。2. 言語コミュニティ理論の主な内容。3. 言語コミュニティ研究が問題にするテーマ。

　言語コミュニティに対する認識は、まだ理論以前のラベリング段階から、比較的専門的な研究への過程である。言語コミュニティに対する定義は理論の仮定から導きだされたものであると同時に、言語コミュニティの特徴の観察にもとづいて帰納されたものでもある。初期の議論では、言語コミュニティが存在するかどうか、言語がコミュニティを決定するのか、それともコミュニティが言語を限定するのか、どのように言語コミュニティの成員や規模を定義するのか、といったことが議論されている。

　言語コミュニティ理論は実践のともなわない書斎的学問や、正式でない観察研究モデルを超越し、実証的な研究方法を提供しようとしている。この理論の前提は言語コミュニティの実体性である。言語コミュニティ理論はその実体を見つけ出し検証するという研究モデルを打ち出した。言語コミュニティはコミュニティの1つのタイプであり、そのため「コミュニティ」と同じように5つの要素を含んでいる。つまり、人、地域、相互行為、装置、それとアイデンティティ（帰属意識）である。社会言語学者がやるべきことは、どのようにこの5つの要素を言語学のテーマとして定義するかということだ。

　言語コミュニティ研究が対象とするテーマには、言語コミュニティの定義の議論や、コミュニティ理論の説明を含んでいるが、さらに一歩進めて具体化することが可能だ。たとえば、言語コミュニティは必ずモノリンガルでなければならないのか、もしバイリンガルのコミュニティがあるなら、かならずダイグロシアでなければならないか。どのように言語コミュニティの一致性を確認す

るのか。言語コミュニティの5大要素は具体的にはどのような様相を呈しているのか、などである。

　シンガポールの中国人社会の研究が対象とした問題は、言語コミュニティと民族的コミュニティは重なりあうのかということで、シンガポールの中国語コミュニティがダイグロシア社会であるのか、もし違うとすればどう評価すればいいのか、ということである。研究の結果、シンガポールの中国人社会のケーススタディは、1つの民族コミュニティが1つの「言語コミュニティ」とは必ずしもかぎらず、シンガポールの過去のダイグロシア・コミュニティは現在解体と再組織化という局面にあり、現在の状況は「ポスト・ダイグロシア」としてとらえることができる。

　南京「小姐」呼称語の調査研究が対象とした問題は、南京市内は、1つの言語コミュニティをなしているかどうか、言語コミュニティの独自性と変異に対する制約はどのように「小姐」という呼称語の上に現れているかということ及び、言語コミュニティ理論を応用することによって先人たちの「小姐」呼称語研究上の議論を解決できるか、という問題である。研究結果は、呼称語に対する偏った観察は、言語コミュニティの調査を通して克服でき、南京の市内の住民たちには確かに呼称語の上で主流の傾向があること、つまり南京の「小姐」という呼称語の調査結果は、南京市内の人々が言語コミュニティを構成しているという仮説を支持する結果になった。

　北京の農民工の調査研究が対象とした問題は、農民工が1つの言語コミュニティを形成しているかどうか、農民工の言語コミュニティにはどのような特徴があるのか、その構成員の方言的背景や地縁関係を超越しているかどうか、ということである。研究の結果は、北京の農民工の言語能力および言語使用の規範と言語意識は大きな変化を生じているということ、しかもこれらの変化のおおよその方向が一致しており、そのため在京農民工はすでにある程度出身地の言語コミュニティから離脱し、1つの共通する規範と、一致したアイデンティティを有する新しい言語コミュニティを構成しているということが分かった。

　言語コミュニティ理論の研究は基礎研究に属しているが、それは応用的な内容を含まないという意味ではない。

シンガポール中国人社会言語状況の分析はシンガポール社会が安定的に経済発展をしている問題と関わっている。ある国家の主な民族の調和と統一ということは重要で、なかでも言語の統一と言語アイデンティティという問題を解決しなくてはならない。前述の研究はいかにこれらの問題を考えていくかということに貢献している。
　南京「小姐」呼称語調査では現代社会のコミュニケーション問題を提示している。「小姐」という呼び名を適用させる年齢が拡大しており、研究者が指摘している要因ばかりでなく、それは30歳以上の中年女性に対する呼称語が欠落していることにも原因があるだろう。中国社会の急速な発展と変化により、社会におけるコミュニケーションの中で、呼称語の欠落と敬語的言語の社会的規範の安定は1つの現実的な問題である。葛燕紅が「小姐」という呼称語の使用が拡大している傾向を発見したのは、言語変化の兆候の1つであり、呼称語の欠落を埋めようとしていることが、その拡大の促進力であるかもしれないからだ。
　農民工の言語研究はおのずと我が国の言語政策と言語計画にとって密接な関係にある。夏歴は論文の中で普通話普及に関する提案も行っており、調査結果は人の流動性や都市化事業にともなう言語問題をどう処理するかに参考の価値がある。

　研究の方法の面ではこの章で紹介した3つの例の共通点は、どれも社会調査と定量分析という過程を経ているということである。シンガポールの調査と南京の調査はアンケート調査と観察調査の2つの部分からなり、調査対象の自己評価と実状との差に注意を向けている。また3つの調査はいずれのコミュニティの中の異なる集団の代表性を問題にしている。シンガポールの調査では、人口調査（国勢調査）の資料中の社会的分布状況を参考にし、南京と北京の調査では関連の社会学研究を参考にしている。これらはすべて言語学と社会学の相互関係と相互補てんという今後の方向性を示している。
　研究過程からみれば、これらの研究は社会的現実の中の言語現象と言語問題から出発し、それぞれ関連の言語学理論を応用して、研究内容を確定し、明確な仮説を提出、仮説の検証方法とその道筋を提供している。

これらの研究は記述だけに留まることなく、特定の言語現象が生じる原因を解明しようしている。シンガポールの言語変化は現在の社会政治的条件の制約を受けながらも、歴史的に異なる教育が重要な影響を及ぼしているのである。南京の呼称語の変異には多くの原因があり、研究者はインタビューを通して、「小姐」が対象とする年齢の問題を探求し、主観的、客観的の両方面からの原因を指摘している。

　農民工の研究はマクロ的研究であるが、研究者は農民工言語コミュニティが形成される社会的基礎について説明を試みている（紙面の都合上、本章では言及していない）。

　以上の研究例を紹介するもっとも重要な目的は、以下のことを説明することである。つまり、言語研究の主観的な偏向性、理論の実際的な傾向からの離脱や、恣意的で、大風呂敷で現実的でない内容、これらを克服して社会科学に近づくために、研究者たちがこれまでどのような努力をしてきたかを説明することにある。現在の状況は、すでに一歩を踏み出してはいるが、まだまだ道は遠い状況である。依然として存在している問題は、厳格なサンプル調査の応用が足りないこと、アンケート・デザインに科学的基準が欠落していること、観察法の構造に対するコントロールがまだ足りないことなどである。

　前述の研究事例はそれぞれ違った方向から、言語コミュニティ理論を補強しており、言語コミュニティに関する一般的な問題に対して初歩的な回答を与えている。たとえば、言語コミュニティは必ずモノリンガルか。答えは否である。なぜなら少なくとも前述の2つの研究が言及している言語コミュニティには異なる言語変種があるからだ。

　また、バイリンガルの言語コミュニティはダイグロシアか。シンガポールの研究はこれに回答を与えている。ダイグロシアの解体は言語コミュニティの解体を伴い、言語の選択に対する規範の違反はコミュニティの制約作用が2度と戻らないということを証明している。

　また、コミュニティ内部の変異はどのようにコミュニティの同一性と結びつくのかということ。南京の「小姐」呼称語の使用状況はこれに対してこのように説明している。変異は場面という条件の制約を受けている。この点において、

コミュニティ内の一致率は90％に達している。かつ不一致の部分でさえ集団的条件の制約を受けている。こうした制約モデルは、コミュニティの階層レベルは変化がなく、コミュニティ内の同一性ということを示している。

　言語コミュニティの規模と次元もこのようにより明らかになった。それはダイグロシアの民族コミュニティでもいいし、教育的背景を基礎に形成された社会的言語のせめぎ合うコミュニティであってもいいし、異なるコミュニティから来た流動人口からなる、普通話を目標に形成されるコミュニティであってもよい。その人口は多様化していてもよいが、つねに一定規模の話し手集団で構成されているものだ。またこの話し手集団は異なる社会的背景を持っていてもよいが、活動の空間の制限を受けるので、言語コミュニティは「地域」という要素を含んでいなければならない。

　夏歴（2007a）の論文では、北京にいる農民工の資料にもとづき言語コミュニティの「地域」という要素に疑問を持ち、在京農民工の言語コミュニティの人々はすでに出生地域の制限を受けなくなっていると指摘している。言語コミュニティの地域的要素は、必ずしも出生地と関連しているわけではない。まさに夏歴が指摘した「北京在住」というこの事実がその農民工の言語コミュニティの必要条件で、「土地を離れたが、故郷を離れたわけではない、工場に入ったが街に入ったわけではない」の段階では、こうした農民工の言語コミュニティは形成されることはない。在京農民工の言語コミュニティの形成は、農民工が北京の言語コミュニティの影響を受け、北京での生活という条件の制限の下、一定の段階的な言語の相互行為によって形成されるものである。言語の相互行為の空間は、言語コミュニティの「地域」という概念に等しい。その地域的条件の変化によって、農民工言語コミュニティの人々は新しい言語使用規範と言語意識を獲得したわけであるから、言語コミュニティの「地域」という要素は欠くことができない。それと同時に「北京の農民工言語コミュニティ」は北京の言語コミュニティの「子」コミュニティ［下位コミュニティ］であり、その他の「子」言語コミュニティとは、地理的、行政上の「区域」に区別されるわけではない。しかし、このように社会的背景の違いのように見えるが、実際は、相互行為の対象と空間の違いであって、もしある農民工コミュニティの人たちが他の農民工コミュニティ人たちとの相互行為をやめてしまえば、そのコミュ

ニティ員としての立場が保てるかどうかは問題になる。

　言語コミュニティの「地域」という要素に対する疑問を除いて、他にも言語コミュニティの「施設」としての疑問も存在する。楊暁黎（2006）は言語コミュニティを構成する基本要素を検討し、以下のように言っている。

　1つの言語コミュニティの認定には、「おおよその地域を決定でき、ある程度安定的で、適当な人口があり、地域の集団の成員が共通に認めかつ使用している言語変種がある」ということで十分で、「施設」は必ずしも必要ではない。楊はまた相互行為と帰属意識がすべての言語コミュニティ活動に存在し、「施設」や「言語活動」には直接の関連はない。それらは、それぞれ言語コミュニティの言語変種の「構成基盤と、さまざまな角度からの観察」とみなすことができるとしている。楊暁黎の考察はそれを一歩進めて議論する価値がある。

　徐大明（2004）はかつて、言語コミュニティの「施設」とは、「一切の有形無形の、言語コミュニケーション活動を維持し、保証する」ものであると言った。つまりコミュニケーションの物質的情報で、たとえば、音声を伴う言語や書面言語の伝播の経路のことや、またタイプ化されたまたはタイプ化されない言語規範、言語計画機関や言語計画の取り組みのことである。しかしながら、もっと重要なことはガンパーズの言う「共有する言語記号体系」ということであり、つまり楊暁黎が言う「共通に認め合いかつ使用されている言語変種」ということになるだろう。

　「言語」は、ソシュールの言い方によれば、「コミュニティの財産」で、ソシュールの観点はおそらく「施設」論を源にしている。「構成基盤と立体的参照」が何であれ、「施設」とは言語コミュニティの中で欠くべからざる成分で、その中でももっとも基礎的なものは「言語」ではなく、相互行為の規範ではないだろうか。もし「標識的な言語が、言語コミュニティにあるかないか」という考察と関係づけるなら、1つの明確に認められた言語変種は、言語コミュニティの必要成分とは限らないだろう。形成段階の言語コミュニティでは、コミュニケーションは新しい言語変種のいまだ決まらざる段階として進行している。言語アイデンティティは、言語コミュニティを認定するハイレベルの段階だが、認定のためにかならず明確な言語変種があるということを頼りにする必要はない。

第4章で紹介したドルブットモンゴル族のコミュニティ言語には、明確な名称はないとはいえ、そのコミュニティの中の生活におけるはたらきは欠くべからざるもので、コミュニティの人たちはそれを自分たちの帰属意識の特徴としている。
　楊暁黎が「人口、地域、相互行為」を言語コミュニティのもっとも基本的な要素とするのにも一理ある。なぜなら、この3要素はつまり言語コミュニティを形成するスタート的条件である。言語コミュニティは社会化された言語の相互行為の産物であるため、相互行為の主体は不可欠で、相互行為の空間的条件も必要である。ただし、コミュニティ形成には継続的な相互行為が必要である。相互行為の持続には、また規範と比較的安定したモデルが必要であり、同時に自然とこうした規範とモデルは形勢されていくものでもある。これらの規範とモデルは「共有する言語記号体系」という程度までに到達しているかどうかにかかわらず、おそらく「施設」の内容を必要としているといえる。
　楊暁黎の提案では、「施設」だけでなく「アイデンティティ（帰属意識）」ということまで除外しているが、私たちは「施設」が不可欠であるだけでなく、「アイデンティティ」も不可欠であると考えるため、楊の考えについては一層の議論が必要であろう。もし一定程度の帰属意識が多くの接触と関係を必要とするなら、「アイデンティティ」はほとんどコミュニティの必要要素の最後に位置づけられ、ある種の条件下ではなくてもよいということになる。しかし、広義のアイデンティティは起点的アイデンティティ、つまり相手が言語相互行為の相手であるという認識である。この基本的認識がないなら、相互行為も始まることはない。こうしてみるなら、アイデンティティという認識も欠くべからざるものだ。上記の議論から言って、5要素は捨てることはできず、どれも言語コミュニティの形成の開始から含まれる要素である。
　5つの要素に関する討論は、すでに言語コミュニティ理論の内部的議論であると同時に、言語コミュニティに対する基本観点つまり「実体論」もまた論証作業が必要である。言語コミュニティという認識は研究フレームにすぎないという観点はとても影響力がある。
　祝畹瑾（1985）は「我々は明確で、安定的した言語コミュニティの境界を想定することができない。この意味から言うと、言語コミュニティは研究者が提

出した構想であるといえる」と言っている。パトリック（Patrick 2002）は、「調査研究をする前に、ある言語コミュニティが1つの社会の統一体と設定するべきではない。この種の統一は相互行為から生まれる必然の結果として、また当然のこととして言語コミュニティの規模を設定し、現存の言語コミュニティをあらかじめ確定した実体だとして研究されることを期待してはならない。また言語コミュニティが果たしてどのようなものかは、研究者が注目し、問題を提出してから決めるべきものである」と指摘している。

言語コミュニティが実体であれ、研究の構想にすぎないにせよ、理論とは研究の経路で、手段でしかない。それは私たちが言語コミュニティと呼ぶもの、またはほかに呼ぶ何かの認識を助けるものである。科学的研究の過程を通し、私たちは、この世界に対する認識を深めていく。それこそが進歩だと言える。

言語コミュニティの研究はここ数年中国社会言語学界において大いに発展してきた。上述の夏歴（2007）、楊暁黎（2006）などの研究以外に、鄭海翠・張邁曽（2004）、張紅燕・張邁曽（2005）などの理論研究、周剛（2005）、陳菘霖（2005）、王暁梅（2005、2006、2007）、林綱（2005）、Banfi（2005）などの実証的研究などがある。実証研究の内容は、海外の中国人社会、キャンパスのコミュニティ、インターネットコミュニティなどの多方面にわたっている。

言語コミュニティのこれからの研究と発展には今後も人々が思索を深めていく必要がある。言語コミュニティ研究は下記に挙げる研究と連携することができる。つまり、言語と社会の連動に関する研究、多言語、多方言の認識と処理、おのずと一体になるコミュニティとコミュニティの階層化と、重複する認識と処理、コミュニティ内部に存在する相互に矛盾した規範に対する認識などである。このほか、言語コミュニティの研究面では個人や社会的ネットワークと「言語」の単位と次元に注目し、言及することも不可欠である。

言語コミュニティは最低限、2組の中心となる家庭で構成された家族で（Jackson 1974）研究してもいいし、最大では、同一種の言語を使用するいくつかの国を対象に研究することもできる。ここからみて、言語コミュニティとは1つの多層的概念である（Patrick 2002: 591-592）。そのため関係する問題は、言語コミュニティは社会のネットワークと区別することができるか、もし分けて考えることができるなら、社会のネットワークを超越したものなのか、それと

も関連がないのか。コミュニティの言語研究の実践は、最近では大きな発展をとげている（Chambers et al. 2002）。が、どのようにコミュニティと言語コミュニティを区別するか、あるいは結合させるかも解決すべき問題である。

このほか、5つの要素を基礎にして提出された言語コミュニティの実体測定の具体的指標（言語使用の規範、言語意識の同一性の指標の問題、それからコミュニケーション密度の指標、コミュニケーション度の指標等を含め）は、現在まだまだほぼ概念の次元にとどまっている。このためまだまだ取り組まなければならない問題が数多く残されている。

【本章のポイント】
言語コミュニティのさまざまな定義　言語コミュニティ理論　言語コミュニティの測量指標　言語コミュニティの一致性と内部的差異

【基本的概念】
言語コミュニティの5つの要素　呼称語　観察法　言語意識　アンケート調査

【課題と実践】
1. 「言語コミュニティ」を1つの「研究の構想」とするなら、どのような働きがあるだろうか。
2. 「言語コミュニティ」は、「実体」なのか。「言語」は実体だろうか。
3. 「言語コミュニティ理論がたどるのは外部から内部への理解、抽象的な概括から具体的測定へ向かう道筋だ」ということをどのように解釈したらいいだろうか。
4. 言語コミュニティはどのような要素を包括していると考えるか。
5. もし1つの言語コミュニティを測定するのに、量化指標が必要だとするなら、具体的な量化指標基準をどのように決めればよいか。

【推薦図書】

1. Bloomfield, Leonard（布龍菲爾徳/ブルームフィールド）袁家驊他訳（1980）銭晋華校『語言論［言語］）』(2002年第4版）北京：商務印書館。
2. 陳松岑・徐大明・譚慧敏（1999）「新加坡華人的語言態度和語言使用情況的研究報告［シンガポール中国人の言語意識と言語使用に関する研究報告］」李如龍主編『東南亜華人語言研究［東南アジア中国人言語研究)』から転載、北京：北京語言文化大学出版社、pp.196-206。
3. 葛燕紅（2005）「南京市"小姐"呼称語的調査分析［南京市の『小姐』という称呼についての調査分析]」『中国社会語言学［中国社会語言学］』第2期、pp.196-206。
4. 夏歴（2007 a）「農民工言語社区探索研究［農民工言語コミュニティの探索的研究］」『語言文字応用』第1期、pp.94-101。
5. 徐大明（2004）「言語社区理論［言語コミュニティ理論］」『中国社会語言学』第1期、pp.18-28。
6. 鄭海翠・張邁曽（2004）「言語社区理論研究的発展［言語コミュニティ理論研究の発展]」『中国社会語言学』第2期、pp.6-14。

第6章 都市言語調査

第 1 節　概　論

　言語と社会の関係を研究することは、異なる国の社会言語学の間でも共通している部分であろう。しかしながら、それぞれの国の言語状況や、社会文化的背景、民族心理、風俗習慣などには大きな違いがある。そのため、それぞれの国の社会言語学には独自の個性がある（陳建民・陳章太 1988: 114）。

　たとえば、ソ連の社会言語学は二言語併用（バイリンガル）のマクロ社会言語学的研究に偏っていたし、アメリカの社会的分断は、英語の社会的分断に目を向けさせることとなった。わかりきったことだが、中国の社会言語学を発展させるため、世界に向かって発信していくためにも、必然的に中国の国情に合った、中国の社会的現実に目を向けた社会言語学の研究の道を切り開いていく必要がある。

　都市言語調査研究は近年、中国に誕生し発展してきた言語学研究の新しい分野であり、かつ特に中国社会に目をむけた社会言語学研究である。

1.1　都市言語調査研究の分野の創設

　都市言語学調査は社会調査の方法を取って、都市の言語的特徴とそこでの言語コミュニケーションの問題に集中しており、都市方言学と言語コミュニティ理論を結合させ生まれた。我が国の都市化の過程に適応した応用力のある社会言語学研究であり、言語学研究を現代社会の複雑多岐にわたる言語的事実に引き寄せる重要な手段でもある。

　南京大学は都市言語調査の発祥の地である。2002年、徐大明は南京大学中文系の学部の授業に「都市言語調査」という選択科目を開設した。2003年6月に第1回の都市言語調査をテーマとした報告会が南京大学で開かれ、この報告会によって新しい中国の都市言語学が幕を開けた。参加者は中国国内とマカ

オの研究者であった。2004年、南京大学社会言語学実験室は第2回都市言語調査報告会を開催したが、参加研究者の範囲を拡大し、香港やアメリカの研究者たちも加わった。この2回の都市言語調査専題報告会は、規模は大きくはなかったものの、先駆けとしての意味を持っていた。

　都市言語調査の研究領域はすぐに中国の言語学界と国際言語学界の注目を集めた。2004年以来、国内外の都市言語調査に関する研究成果が次第に増加している。2005年には、「都市語言学調査専題報告会」を「都市言語調査学術研討会［都市言語調査シンポジウム］」と改名、正式に国際的な学術会議となった。2005年6月、第3回都市言語調査シンポジウムが南京大学で開かれた。この会議は組織的な都市言語調査研究活動が、国内外の学界により大きな範囲で始まったことを意味している。当時この会議の参加者は42名で（列席代表を含め）、中にはカナダ、イギリス、アメリカ、オランダ、イタリア、マレーシア、シンガポール、韓国などの国の代表15名、中国国内代表27名であった。会議に集まった研究者たちは都市言語調査の理論や方法、都市環境での言語コミュニケーションの問題および言語とアイデンティティの問題、工業化・都市化がもたらした都市言語の変異や変化などについて検討しあった。

　この後、「都市言語調査」シンポジウムは継続して開かれている。2006年7月の第4回シンポジウムはドイツのマンハイムで行われた。会議の主なテーマは都市言語調査の方法論で、アンケート調査、非接触式測定、参与観察、マッチドガイズテクニック（主観的判定比較テスト法）に関するものなどであった。この回の会議では、中国の都市言語調査とヨーロッパの都市言語調査の比較をするという大きなブレイクスルーが起きた。たとえば、中国の都市言語環境とヨーロッパの都市言語環境にはどのような面で似ているか、異なる都市の言語環境を研究するとき、どのように統一的な指標体系を応用するべきかといった問題である。これは都市言語調査の研究課題を発展させただけでなく、都市言語調査理論の発展にもなった。2007年第5回都市言語学検討会はオランダのライデンで行われ、2008年の第6回シンポジウムは上海の復旦大学で、2009年第7回シンポジウムは香港城市大学で行われた。これらの会議の開催は都市言語調査の影響の範囲が拡大していることを意味している。

1.2 都市言語調査の起源

都市言語調査の発展の過程で、密接に関係している学問には社会言語学、方言学そして都市方言学がある。都市言語学調査とこれらの学問との関係を明らかにすることは、都市言語調査の対象や研究内容を理解する助けになるし、都市言語調査の性質や役割とその特徴の把握に役立つだろう。

(1) 都市言語調査と社会言語学の関係

社会言語学と都市言語調査は一般と特殊という関係にある。都市言語調査とは社会言語学の中の新領域であり、それは社会言語学のほかの領域と同じように、社会言語学の基本理論と方法のルールに従っている。そのため都市言語調査は都市化の過程で起こる言語変化に対する実証的調査研究であり、確立されてきた概念や、理論体系は社会言語学の基本理論をもとに演繹的に発展してきた。都市言語調査の研究者は常に一定の社会言語学的理論と方法とを研究の基礎にして出発点としている。それと同時に、都市言語調査は、都市化の過程での言語使用、言語アイデンティティ等の研究を行い、言語の本質と、発展規則へ認識を獲得することによって、言語コミュニティや言語接触、言語変異、言語アイデンティティ等、社会言語学の理論面を豊かにしている。また社会言語学は都市言語調査に対しても理論モデルや方法を提供しており、社会言語学に豊富な実証調査の材料を提供し、その繁栄と発展の基礎づくりともなっている。

(2) 都市言語調査と方言学の関係

方言学は一定期間発展した後、社会言語学の影響を受けて、方言学者たちも以前の研究にはいくらか欠陥のあったことを意識し始めた。それはしばしば社会的な要素を無視してきたという点だ。実際、言語の社会的変異と地域的変異は等しく普遍的で重要である。あらゆる方言は地域的であり社会的である。すべての話し手は居住地域の違いだけでなく、社会的背景も違う。会話をする中で発話者は互いに同じ地方から来ていても、社会階層や年齢、などの違いがあることに気が付いているだろう。

方言学はかつてその精力を、ある特定の調査対象者の言語に集中させ、しば

しば別の社会集団が使用する方言には注意を払わなかった。こうした欠点に気付いた後、一部の方言学者たちは研究をおこなうときに社会的要素を意識するようになった。アメリカとカナダで「言語地図集」を作成するとき、多くの状況下で研究者たちが採用したのは伝統方言学のモデルであったが、1930年イングランド地域の労働者を調査したとき、社会的要素に基づいて発音調査対象者をいくつかのタイプに分けた。当時の分け方の基準には主観性も交じっていて、調査対象の選択も適当で、選んだ人はすべて知り合いだったが、当然のこととしてこれらの欠点は方言調査からみれば問題ではなく、方言学の発展の中の重要なできごとだった。

都市言語調査と伝統的方言学の間には共通点もあれば、明らかな違いもある。都市言語調査と伝統的方言学の類似点はどちらも方言に注目することである。両者の差は以下のいくつかの点だ。

まず、調査範囲面：方言学は辺鄙な田舎の方言を調査する傾向があり、古くからゆっくりと変化してきた言語現象を見つけ出そうとしてきた。初期の方言学はわざと大・中の町の多くの人が使用する言語形式を無視した。都市化が高度に発展した国家ではこれは、はなはだ大きな欠落であった。たとえば、イギリスでは90％の人が都市に住んでいるが、方言学者は彼らの使用する言語形式には注意を払わなかった。都市方言の研究が議題に上がるようになり、より多くの人々がこの研究に意味があり、必要性があると意識し始めた。しかし初期には、都市方言調査は依然として伝統的方言学から抜け出せず、研究をおこなうときも依然として伝統的な方法を使用した。たとえば、エバ・シーベルトセン（Sivertsen 1960）の著作『ロンドンなまりの発音（Cockney Phonology）』はロンドン（世界最大の都市の1つ）で行われた農村方言学研究だ。たとえ「ロンドンなまり」をロンドン東地区労働者階級が使用する英語であるとみなしても、それは依然として多くの人が使う変種であり、筆者の集めたデータのすべては、4人の調査対象者から得たもので、かつその4人は全員60過ぎの女性で、ベソナル—グリーン（Bethnal Green）という場所に住んでいた。

都市言語調査は社会言語学、社会学、伝統的言語学研究の基礎の上に、科学的社会調査方法をもって、専門的に都市の言語のもつ特徴を研究するものである。都市化により起こる言語問題の研究に重点をおいているため、都市言語調

査は調査範囲を方言学のように狭い範囲内にしておくことはできない。研究の方法上、方言学は主に漢字読み上げ（方言調査字表読み上げ）という方法を用いていたが、都市言語調査はさまざまな都市言語の状況にふさわしい方法が試みられている。たとえば、道聞き調査法、アンケート調査法、マッチドガイズテクニック、観察法などである。

　シンプルに考えると、どのような方法がよいかは問題ではなく、それぞれの研究者がそれぞれ研究の実際の状況を下にその中の1つまたはいくつかを選べばよい。どのような方法をとるにせよ、[調査対象は] 必ず全体の各部分から十分に代表性が保証されなくてはならない。方言学に比べ、都市言語調査は調査対象の選択の上で人数も多く、タイプも広範であるという特徴がある。

　このほか、都市言語調査と方言学調査の [対象] 単位の性質も同じではなく、類型も多岐にわたるという特徴がある。方言学上の方言区 [方言区分] というのはバーチャルなもので、言語的特徴にもとづいて分けた単位である。都市言語調査の単位は言語コミュニティである。言語コミュニティは実体であり、言語レベルの特徴や、コミュニケーションの密度や互いの帰属意識によって分けられる単位で、言語コミュニティの範囲は大きくてもいいし、小さくてもいい。しかしかならず一定の数量の話し手からなる1つの社会集団である。

1.3　都市言語調査の理論

(1) 都市言語調査と都市化理論

　都市言語調査の誕生は、現在の中国における都市化の進展と密接に関係がある。「中国人民共和国国家標準城市規画術語 [中国人民共和国国家標準都市計画用語]」の定義によれば、「城市化 [都市化]」とは人類の生産と生活様式が、農村型から都市型に転換する歴史的過程を言い、主に農村が都市に変わり、都市の人口および都市が絶え間なく発展改善される過程をさす。

　都市化は初期段階、加速段階、成熟段階の3段階に分けることができる。都市化率25％以下が都市化の初期段階で、都市化の発展速度は緩い。都市化が25-75％進んだ段階が加速段階で、都市化のスピードは加速される。75％以上を都市化の成熟段階を呼ぶ。18世紀中葉から1960年代までに世界の工業化

国家あるいは発達した国々は基本的に都市化を終えている。たとえば1965年、スウェーデンの都市人口は総人口の77％で、イギリス87％、ドイツ連邦79％、オランダ86％、オーストラリア83％（李強 2004: 328）である。中国の都市化はおおよそ4つの段階を経ている。第1段階は1950年代（1949-1960）で都市化が始まった時期だ。都市化の程度は1949年の10.7％から1960年には19.8％に上昇した。第2段階は1960年代から1970年代後半で、都市化の逆転期であった。都市化のレベルは1960年の19.8％から1976年には17.4％に下降した。第3段階は80年代［改革開放の前半10年］で、都市化が再スタートを切った時期で、都市化のレベルは1976年の17.4％から1989年には26.2％へと上昇した。第4段階は90年代以降で、都市化が急速に進んだ時期で、都市化のレベルは1989年の26.2％から2001年には38％、2003年にはさらに上昇し40.53％となった（鄭孟煊 2006: 4）。

　目下中国は、未曾有の大規模都市化の進行過程の中にある。都市化は中国の経済発展と経済構造の改変や社会構造の分断を推進し、中国社会の流動ルートを広げ、社会の流動性を加速させている（陸学芸 2004: 14）。言語は相対的には安定性があるが、社会とともに変化する可変的な特徴を持っている。都市化によってもたらされた社会構造の変化は、必然的に言語使用機能の変化や、言語関係の変化を引き起こしている。しかも異なる民族、異なる地域の人々が絶え間なく都市に流れ込み、その結果、必然的に都市の中に異なる方言地域の人々が雑居するという状況を加速させている。このような都市の人口分布の再編と文化的背景の変化は、都市の言語使用や、言語アイデンティティなどの面に影響を与えているはずである。また新しく興った工業地域と都市の住民の言語変化の状況を研究し把握することは、現代言語学、特に社会言語学の重要な任務である。なぜなら「言語の研究は社会環境をまったく無視すれば、言語の複雑性を無視し、意味のある現象をも無視してしまい、理論の進歩発展の機会を失ってしまう」（Trudgill 1992: 22）からである。

　1960年代に社会言語学は欧米で盛んになって以来、欧米各国ではすでにポスト・モダン社会に突入し、都市化の時期の言語変化は基本的に完了してしまい、ゆえに欧米の社会言語学者たちは工業化、都市化の過程と住民の言語の変化の関係をタイムリーに調査できなかった。しかし、都市化が現在進行中の中

国社会言語学界はその空白を埋めることができる。そのため、中国の社会言語学者たちは自分たちの目を都市化が進行中の言語へ向け、社会言語学の関連する理論と方法を運用し、変化中の言語に対して実証的調査を行い、都市化の進行中における言語使用や、言語アイデンティティなどの状況に対して、記述と総括を行い、これらの研究を通して言語の本質に近づき、都市化の進展の中の言語変異の規律を把握し、都市化過程で生ずる各種の言語問題を解決しようとしている。

(2) 都市言語調査と言語コミュニティ理論

　言語コミュニティ理論と都市言語調査には密接な関係がある。つまり言語コミュニティ理論は都市言語調査の方法であり、考え方や理論的背景で、都市言語調査の結果は、翻って言語コミュニティ理論を検証し豊富にしている。

　言語コミュニティ理論の中心的観点は、言語を一定の同一性と安定性のある記号体系と考えている。人類の言語コミュニケーション活動を一種の抽象ととらえているだけでなく、また社会の中の集団構造の標識として他と区別するための特徴としている。「言語コミュニティ」を定義するとき、「コミュニティ［社区］」を第一とし、「言語」は第二番目に重要なものとしている。また「言語コミュニティ」とは社会学の定義による「コミュニティ」であり、客観的に存在する実体であると同時に、一種の言語特性を有するコミュニティである。その内部の一致性ということが、言語コミュニティの定義の特徴である。言語コミュニティの同一性とは、コミュニティの言語的特徴がコミュニティの成員1人ひとりすべて現れていることを指すのではなく、またコミュニティの人々が例外なくその言語の評価メカニズムや言語使用の規範を遵守しなければならないというわけでもない。言語コミュニティ理論の中で説明された言語コミュニティの同一性とは一種の確率モデルだ。言語コミュニティ内部の社会の構造は大変複雑で、個人の間には必然的に差がある。そのため言語コミュニティの人同士の同一性とは、言語内部構造の規則と同様におおまかな状況であり、人々の言語行為と社会的評価の2つの面で、多かれ少なかれ同じであるということである。言語コミュニティは1つの言語活動の自然な集合体として、その同質性は社会行動のルールの確率に現れる。コミュニティの各層の社会構造に下支え

され、人々が言語の解読を行うときに統一的なフレームが存在しているのである。彼らの言語行動や文法判断および言語意識が確率の上で一致性があり、その中で主観的成分と客観的成分を比べるとさらに強い一致性が存在している。

　全体としていえば、言語コミュニティ理論を使って都市言語調査を行う目的は、新しい言語研究モデルを模索することにある。言語コミュニティ理論が説明している言語観と方法論は、都市言語調査の指導的原則と実践的基準として展開していくことができる。

(3) 都市言語調査と言語計画

　過去の言語調査と比べ、都市言語調査はさらに調査方法の科学性と客観性を重視し、言語データの収集は直接的で、リアルタイムで大規模化という特徴がある。それは現実のコンテクストの中で言語を考察することで、言語変化が起きる要因を社会的要因と結びつけ、言語変化の過程を分析し、その傾向を予測することを目的としている。

　これらのことは都市言語の状況についての情報を提供し、新たに生まれた言語問題の記述や分析を示している。都市化の過程における公衆のコミュニケーションや、社会的統合などの問題を解決するときに必要な事実的根拠となる。そのため、都市言語調査は中国の言語計画と言語管理にも重要な役割を発揮する。

　歴史が私たちに教えてくれるのは、言語は科学的な計画と管理が必要であるということである。いくつかの都市言語問題の出現は、言語計画が非科学的で、管理が合理的でなかったことと密接な関係がある。このため科学的で合理的な言語計画の制定と、科学的な管理方法の採用が、都市化の進行過程における言語の安定的発展の基本条件となる。中国の現在の言語の実際の状況からみれば、多くの問題解決が待たれる。たとえば、都市化の過程における普通話と方言の関係、普通話と少数民族言語との関係、都市化の中での特殊な集団（たとえば農民工）の言語使用と言語へのアイデンティティ、彼らへの普通話［標準語］研修などの問題である。都市言語研究者は研究の成果をもとに関係部局に提案や意見を提供することもできる。

第 2 節　新興工業団地の言語研究

　中国は現在工業化、都市化という過程をたどっているが、この半世紀以来中国で建設された何百という工業地域や数千の［小規模］工業地区にさまざまなタイプの言語状態が出現している。中国の新興工業団地における言語の状態の形成と変化の規則を研究することは、目下緊迫した歴史的任務である。

　楊晋毅（2002）は中原工業団地で調査研究を行ったが、これは新興工業団地の研究に属している。以下、この研究が問題にした内容、方法、過程、結論および意義について紹介していく。

2.1　研究テーマ

(1) 研究の背景

　中原地区とは河南一帯の平原地帯をさし、1949年［新中国成立］以前はわずかな鉄道、石炭鉱業以外には近代的工業は基本的に空白状態であった。新中国成立後、中国政府は中原地区で大規模工業建設を行い、建設された工業団地は基本的に河南省西半分の京広線［北京―広州を結ぶ鉄道］以西の地域に位置している。楊晋毅は洛陽機械工業団地と鄭州紡績工業団地、三門峡中国水力発電建設第11工程局、焦作煤炭［石炭］工業団地、南陽三線工業団地などの5つの代表的工業団地を選んで研究を行った。

(2) 研究のテーマ

　楊は工業団地の現在の言語状態とその出現の原因、普通話と方言の使用状況、およびそこに存在する可能性がある原因と規範に注目した。

2.2 研究方法

(1) アンケート調査法と観察法

　研究者は小・中学校を層化抽出法[1]、等間隔抽出法[2]、クラスターサンプリング法[3]でサンプル調査をした。調査対象は9,875人で、それぞれ洛陽市20か所の小・中学生1,905人、第一トラクター工場7か所の小・中学生1,971人、鄭州市中原区14か所の小・中学生2,860人、南陽市5か所の小・中学生1,640人、三門峡市7か所の小・中学生1,005人、焦作市鉱務局2か所の中学生494人である。

　楊はアンケート調査し、その内容は生徒の両親の籍貫［本籍］、学歴、職業、両親が通常使用する言語、祖父母が通常使用する言語、生徒自身が通常使用する言語、普通話［標準語］と方言の習熟情況、言語意識などの項目が含まれている。またアンケートと同時に補足的に観察を行い、上述の学校で10-30組の生徒の言語使用状況を記録、生徒がアンケートに回答したことが正確かどうかを検証した。

　また、それぞれの工業団地で等間隔抽出法によって、洛陽市の1%人口（200戸）、洛陽トラクター工場1%人口（200戸）、洛陽ガラス工場1%人口（100戸）、洛陽綿紡績工場1%人口（100戸）、鄭州紡績センター（5大紡績工場）5%人口（100戸）および南陽、信陽等の都市工業団地の世帯調査を行った。世帯調査は一般的に予備調査と本調査と点検調査との3段階を経た（小・中学生への調査も同様である）。調査の方法は同様にアンケート調査、観察を用い、調査の内容は、調査対象者の本籍、学歴、職業、家庭で常用する言語、職場で常用する言語、子女が常用する言語と新聞購読数、旅行回数、経済状況等である。

1　訳註：部分母集団が互いに大きく異なるとき、各部分母集団（層）毎にサンプルを抽出する方法。
2　訳註：無作為抽出の手法の1つ。母集団の一覧（名簿など）から等間隔で調査対象者を抽出していく。
3　訳註：母集団を、小集団である「クラスター（集落）」に分け、クラスターの中から、いくつかのクラスターを無作為抽出し、抽出したクラスターの中で全数調査を行う。

(2) 文献研究法

　　研究者はまた文献研究法を使って、工業団地の背景となる資料を集めた。それは志書［地方史］（省志、市志、区志、工場志、専業志など）、年鑑（省、市、区、企業の各種年鑑）、文史資料[4]、史書（工場史、専門史、都市発展史など）、各大企業と各市区派出所のコンピュータが管理している資料、および国務院各部委員会が出版した年報などである。

2.3　研究の過程

(1) 中原五大工業団地の言語状態比較

1.　小・中学生言語使用状況

　　5つの工業団地の子弟学校［労働者の子供のための学校］の生徒に対し「常用するのはどのような言語か」と問うた。回答は表6.1である

　　洛陽（澗西）工業団地、三門峡水電11局、南陽石油二機工場などの企業の第2世代人の普通話使用率は93％-97％だが、観察によれば少数の工場外の子供が日常生活のコミュニケーションで方言を使う以外は、工場内の子供の日常用語は普通話［標準語］が主だった。インタビューの中で発見したことは、工場内の子供は、方言を主要なコミュニケーション語とする工場外の子供を明らかに排除していた。このような状況は次第に改善の傾向にはある。

　　鄭州紡績工場工業地域の子供たちの学校を例にとると、1950-1980年代は学

表6.1　子弟学校生徒が常用する言語

	アンケート結果		観察結果	
	普通話	河南語	普通話	河南語
洛陽（澗西）	97％	3％	98％	2％
三門峡（11局）	93.6％	6.4％	97.8％	2.2％
南陽（二機工場）	97.7％	2.3％	96.7％	3.3％
鄭州（紡績工場）	48.5％	51.5％	46.7％	53.3％
焦作（鉱務局）	14％	86％	20％	80％
洛陽（老城）	6.9％	93.1％	4％	96％

（楊晋毅 2002: 15）

4　訳注：文史資料とは清末～新中国成立直後までの様々な時間に関わった人々による回想録・口述筆記などを集めたもの。

校の主要なコミュニケーション語は、鄭州方言で、普通話を話せる生徒は大変少なかった。1990年代以降、状況に変化が生じ、普通話の学校内の使用はますます増え、普通話もますます上手になっており、ここ数年、普通話は生徒たちの間での使用率が継続的に高くなっている。しかし普及しきってはおらず、普通話の使用は授業時に限られ、放課後や家庭などでは依然として方言の使用率が高い。

2. 生徒の両親、祖父母の言語使用状況

　五大工業地域の子弟学校の生徒の「両親、祖父母がもっともよく使用するのはどのような言語か」という問いに対する回答は表6.2の通り。

　表6.2によると、父母世代で普通話の使用率が高いのは洛陽（潤西）と三門峡工業団地で65.7％、74.2％、次いで南陽石油第二機械工場が44.3％、第3位は鄭州紡績工業団地で26.3％。父母世代で普通話の使用率が最も低いのは焦作鉱業団地で4.9％だった。祖父母世代で普通話の使用率が高いのも洛陽（潤西）と三門峡工業団地で32.6％と37.8％、次いで南陽石油第二機械工場が19.3％、第3位が鄭州紡績工業団地で12.3％。普通話使用率が最も低いのは焦作炭鉱工業団地でわずか1.6％であり、洛陽（潤西）、三門峡、南陽などの工業団地にくらべ、その差が大きい。

(2) 異なる言語状態が生じる原因

　楊晋毅の調査でわかることは、普通話の話される工業団地は一般に技術集約

表6.2　子弟学校生徒の両親、祖父母が常用する言語

	父母の日常語			祖父母の日常語			
	普通話	河南語	外省語	普通話	河南語	外省語	分らない
洛陽（潤西）	65.7％	25.8％	8.5％	32.6％	45.3％	16.5％	5.6％
三門峡（11局）	74.2％	23.1％	2.7％	37.8％	36.0％	14.9％	11.3％
南陽（二機工場）	44.3％	42.6％	13.1％	19.3％	51.1％	23.1％	6.5％
鄭州（紡績工場）	26.3％	69.3％	4.4％	12.3％	66.5％	15.6％	5.6％
焦作（鉱務局）	4.9％	93.9％	1.2％	1.6％	89.9％	4.9％	3.6％
洛陽（老城）	7.8％	91.2％	1％	1.7％	86.9％	2.3％	8.1％

（楊晋毅 2002: 15）

型の工業団地であり、一方、方言が使われる工業団地は一般に労働集約型の工業団地である。技術集約型と労働集約型工業団地の建設では、初期に外から移って来た人たちの最大の違いが学歴の差であった。技術集約型工業団地は、外から移って来た人たちの多くが、学歴が比較的高い知識人で、しかしながら、労働集約型工業団地はほかの地域から来た人たちの多くは学歴の低い労働者たちだった。鄭州綿三工場と洛陽トラクター工場を例にとれば、工場建設の初期には、鄭州綿三工場はそれぞれ、江蘇、済南、南昌などから1,520人の熟練工が異動してきて、大多数の人たちの文化的程度はとても低かった。一部の人たちは非識字者であり、技術工と教練労働者はわずか356名で、幹部は414名だった。だが洛陽トラクター工場はこれに比べ、送り込まれた6,931名の中で、幹部は3,245名おり、教養水準が比較的高い人たちが1,000人に達していた。洛陽トラクター工場建設の初期、外来人員の子女は学校で多くは普通話を選択し使用した。インタビューの結果、大部分の保護者たちは子女が学校で普通話を使用することに賛成で、彼らが当地の方言を使うことに反対した。少数の生徒たちは家で、河南語で両親と話をすることを許されているが、クラスではすぐに普通話に切り替えている。方言を話すことが恥ずかしかったのだ。

　楊晋毅は、トラクター工場や中央計画経済の背景の下で建設されたほかの技術集約型工場では、普通話が主要なコミュニケーション用語である理由は、それらの工場職員が知識人や幹部で構成されている割合と相関関係があると考えている。

　表6.3から分るのは、ほとんど普通話［標準語］を主とする工場は技術者の割合が4.0％以上で、もっとも多いところでは9.4％に達している。幹部の比率は16％以上で、もっとも多いところでは、20.6％に達している。反対に方言を主とする工場では、工業技術者は平均して1.5％前後で、幹部は6％-7％前後である。楊晋毅はこの数値には一定の代表性があると考えている。彼は、一定の条件下（中央計画経済で、あまり発達した地域でなく、一定の規模に到達しているという条件下）では、一企業の工業技術者が1.5％前後あるいはそれより以下のとき、工場の第2世代たちが主に使用するのは方言で、4％以上のとき、主に使用する言語が普通話となる指摘する（楊晋毅 2002: 20）。

表6.3 両タイプの異なる言語状態の工場幹部、工業技術者の割合（%）

普通話を話す工場	職員総数	幹部	工業技術者	方言を話す工場	職員総数	幹部	工業技術者
洛陽トラター工場	32454	20.0	6.7	鄭綿一工場	6758	7.3	1.5
洛陽鉱山工場	15071	20.0	9.4	鄭綿三工場	9186	7.5	1.4
洛陽ベアリング工場	19309	20.6	4.1	鄭綿四工場	8809	7.59	1.6
洛陽銅加工工場	10346	18.23	5.5	鄭綿五工場	9553	6.7	1.8
洛陽ディゼール工場	6592	17.11	8.3	鄭綿六工場	9301	6.3	1.2
洛陽耐火工場	4256	16.6	4.4	焦作鉱務工場	49164	6.3	1.5
洛陽ガラス工場	7074	15.87	4.0	洛陽紡績工場	8769	6.7	1.5

（楊晋毅 2002: 20）

2.4 結論

楊晋毅の調査で分かったことは、中原地区の五大工業団地の中で、洛陽、三門峡、南陽は普通話地域で、第2世代の人たちが主に使用するのは普通話である。鄭州紡績工場、焦作は中原官話方言区であり、すなわち第2世代の人たちが主に使用するのも中原官話（鄭州語）である。研究者は中原工業団地の2種類の異なる言語状態の誕生は、工業団地の初期状態の企業職員の学歴と関係していると考えている。普通話を主にする工場はその工業技術者と幹部の割合が比較的高く、方言を主にする工場では工業技術者や幹部の割合は比較的低いことを発見した。

2.5 意義

新工業団地の居住民の言語変化の状況を研究し把握することには以下のような意義がある。(1) 社会言語学史上、新工業団地の言語状態の研究は長い間、顧みてこられなかった問題であったため、社会言語学の発展に一定の理論的意義と学術価値がある。(2) 新工業団地の異なる状態が生じる原因と特徴の研究、およびその発展と変化の傾向の分析は我が国の言語、経済、文化の発展の特殊な法則をさらに深く理解することに寄与し、我が国政府の関係部門の言語政策の制定に対して根拠を提供できた。(3) 楊晋毅の研究は大量の実地調査と定量

分析の基礎の上に、言語現象の経済、文化的背景を深く探り、異なる言語状態が生まれる経済・文化の要因を分析しており、この研究モデルが言語学の研究モデルに対して意義を有している。

第 3 節 　南京「道聞き」調査

　大規模で急速な都市化の過程の中では、経済の発展や人口の流動と推移に伴い、都市の言語コミュニティの言語使用には大きな変化が生じている。この種の状況下ではタイミングを逃さずに都市言語生活の状況を把握することは重要である。

　徐大明・付義栄 (2005) の南京「道聞き」調査は、言語コミュニティ理論を下敷きに、南京コミュニティの普通話使用状況に対して調査を行ったものである。以下に研究テーマ、研究方法、過程、結論および意義について説明していく。

3.1　研究のテーマ

(1) 研究の背景

　近年、普通話 [標準語] の調査はその大多数がアンケート調査方式であるが、調査対象者の自己申告による普通話使用状況と習得状況から、調査範囲は往々にして、学校と学生に限られ、社会全体の普通話使用状況を反映させるという点で欠陥があった。徐大明・付義栄は社会言語学理論に則り、より客観的な方法を選んで調査し、普通話の普及程度を理解しようとした。

(2) 研究のテーマ

　この研究は2つの問題に回答を試みようとしている。(1) 南京市内で、外出する場合に話し手の内部言語と外部言語の使用状況はどうであるか。(2) 市内の異なる場所、異なる年齢、異なる性別の話し手の言語使用には差があるかどうか、である。

3.2 研究方法

「表現されたことをもって基準とする」の原則を貫くため、研究者は「道を聞く」という調査法で調査を行った。調査員は「調査員」としての立場で現れるのではなく、「道を聞く人」という立場で出てゆき、普通話［標準語］を使って道行く人に道を聞く。また調査には複数で行き、1人が道を聞き、他の人は側で観察し、そのあと調査表に正確に調査した内容を記録していく。「道聞き調査法」では、調査対象の行動に対して干渉的影響を与えることなく、最大限に言語行動の自然な状態と、調査結果の客観性が保証される。

調査地点を選ぶにあたっては、「地図サンプリング」法を使った。サンプリングをするとき南京市内の地図を1つのサンプル枠ととらえ、市内の地図を平均的に150のマス目に分け、その後ランダムサンプリングを行い、最終的に約2平方キロメートルのマス目の10か所を、調査対象の10か所と定めた。

3.3 研究の過程

(1) 研究過程

研究者は地図サンプリング法を使って10か所の調査区域を決めたが、サンプリング過程で長江や、玄武湖と言った水辺の地域や、紫金山林地域、繞城高速道路以東のまだ建設が進んでいない地区などを外し、サンプリングを進めた。そして最後に確定した10か所の調査区域は、鼓楼、建鄴、城下、秦淮、玄武、下関、栖霞などの7つの古くからの町に分布している。調査時には、小グループを1単位とし、1グループは3-4名の調査員からなり、2区域を担当した。それぞれの調査グループは担当地区の道行く人に対して割り当てサンプリング法を使って、小中学生、青年、老年の3つの異なる年齢集団から少なくとも男女各5人を調査した。

調査に使用したのは構造式観察法で、あらかじめ決めておいた内容について専門的に観察した。それは3項目ある。(1) 道聞きコミュニケーションの成功度。(2) 道を教えてくれる人の使用言語。(3) 2人以上で道を教えてくれる人がいた場合、その人たち同士が話すときに使う「内部言語」。

道聞きコミュニケーション成功度（以下「成功度」と呼ぶ）の項目指標は、「成功」、「困難」、「不成功」、「相手にされず」の4つの値を設けた。

「成功」はコミュニケーションの目的を達成でき、交流もスムーズで、双方にコミュニケーションの障害がなく、短い時間内（5分を超えない）で伝えられるべき道の指示情報が伝えられること。「困難」はコミュニケーションの目的は一応到達しているが、交流の過程でスムーズとは言えず、かなりの部分の話しが理解できず、何度もくりかえす必要がある場合。「不成功」はコミュニケーションの目的が達成できず、双方または一方が基本的に相手の話しが聞き取れない場合で、繰り返しても理解が不可能な場合。「相手にせず」は道を聞かれた人が、明らかに道聞きの発話を聞いておきながら、返事もせず立ち去ったことを指す。

道を聞かれた人が答えるときに使用した言語を「外部言語」とし、これは人々が「外出」という環境の中で、見知らぬ人に対して使用する言語ということである。予備調査の結果、南京市内には、3つの「外部言語」があることが分かった。普通話［標準語］、南京語、普通話でも南京語でもないその他の言語変種である。

また、「内部言語」は研究過程の定義では調査員が聞きとった、調査対象者が道を聞かれる前に同行の人と使用していた言語で、道を聞かれた人が道を教えるときに同伴の人と議論するときに使用した言語のことである。内部言語にも3種類あり、普通話、南京語、普通話でも南京語でもないその他の言語変種である。

各調査グループのメンバーは指定された調査地点で性別と年齢により割り当て調査対象を選定し、その後、上記3項目の内容の観察と記録を行った。調査表の「備考」の欄には、これ以外のこと、つまり調査メンバーの判断が一致しない、調査対象が2つの言語変種を交互に使用する状況などの特殊な状況などを書き入れた。

(2) 調査結果

調査は2002年11月に行われた。今回の調査では合計326名を調査した。そのうち、比較的記録が完全なもの305名分で、統計結果は以下の通りである。

1. コミュニケーション成功度状況

表6.4　コミュニケーション成功度

人数	成功	困難	不成功	相手にされず
305人	289人（94％）	6人（2％）	5人（2％）	5人（2％）

表6.4からわかることは、南京言語調査の過程では成功度が大変高く、305人中「成功」率は94％に達しており、「困難」、「不成功」および「相手にされず」率は平均2％である。

2. 外部言語使用状況

表6.5　外部言語

人数	普通話	南京語	他の地域の方言
300人	90人（30％）	153人（51％）	57人（19％）

成功した300人中、外部言語使用では30％の人が普通話を使用し、南京語使用は51％、その他の方言は19％だった。多くの人たちは普通話で道を聞かれても、70％が方言で道を教えるということが分かった。

3. 内部言語使用状況

表6.6　内部言語

人数	普通話	南京語	他の地域の方言
265人	29人（11％）	167人（63％）	69人（26％）

「内部言語」観察記録には265人あり、その中で11％の人だけが普通話を使い、南京語を使用する人たちは63％で、他の方言を使用する人は26％だった。内部言語では方言が依然として主流で、総人数の89％を占め、外部言語の70％よりも高かった。

4. コミュニティ内部の差

　調査結果は多重回帰分析を使って分析、地区と年齢の要素が言語の選択に明らかに影響を与えているということが分かった。そのほか、どの「内部言語」を使うかは「外部言語」の使用の制約条件となることが分かった。地区による作用は全体的傾向として、基本的には比較的北寄り、比較的市の中心部の地区

表6.7 各年齢、各「内部言語」を話す人が普通話を「外部言語」として使用する確率％。

年齢	小中学生	73.0
	青年	49.5
	老人	36.1
内部言語	普通話	98.6
	普通話でも南京語でもない	46.6
	南京語	34.1

(徐大明・付義栄 2005: 148)

で、普通話を使用する確率が高かった。ただし、性別にはあまり大きな影響力はないようだ。

表6.7からみると年齢が普通話使用状況に影響を与える重要な条件で、「小中学生」グループの普通話使用率はもっとも高く（73.0%）、その次は「青年」グループで（49.5%）、普通話使用がもっとも低かったのは「老年」グループ（36.1%）である。これは南京の普通話が、いままさに普及傾向であることを意味している。このほか、「内部言語」が代表するのは方言的背景で、内部言語で普通話を使用する人は、外部言語も基本的に普通話である。データが同時に示すのは、内部言語でほかの地域の方言で話す人（46.6%）は、南京語を背景とする人（34.1%）に比べると公共の場でのコミュニケーションで普通話を話す人が多いようだ。

3.4 結論

2002年に行った南京「道聞き」調査では以下のことが明らかになった。(1) 普通話が南京コミュニティの中で受け入れられる割合が100%近いということ、大多数の人は普通話を受動的に使用している。(2) 見知らぬ人との交流するとき、大部分の人（70%）は依然として方言を使っている。(3) 親しい人との交流では、より多くの人（90%）が方言を使用している。(4) 南京語は南京コミュニティの主流の言語であり、街で親しい人と話をする場合は60%以上が南京語で話し、普通話を話す見知らぬ人との交流でも50%以上の人が南京語で話している。(5) 年が若ければ若いほど、普通話を使う人の比率が高くなり、青少年が普通話を使う割合は70%前後である。

3.5　意　義

　南京「道聞き」調査の意義は（1）「地図サンプリング法」と「道聞き調査法」の両用で言語調査の信頼度と効果を高めることができたことである。ランダムサンプリング法は街全体の代表性を強め、観察法では、結果の客観性と信頼度を高めることができた。(2) 調査の手順の形式化は再現性や実証性を強くし、これは今後の連続的な追跡調査や統一的基準による地区を跨いだ比較調査の基礎作りとなった。

第 4 節 | 広州市の言語と文字使用調査

　言語と社会には密接な関係があり、社会的分断の現象も人々の言語行動に反映されるため、言語使用に差が現れる。改革開放前から先進的都市の1つである広州は、近年言語の面でも大きな変化が生じており、広州市の住民たちの文字使用にも大きな差が出現している。郭熙他（2005）は広州住民の文字使用状況に対して調査を行った。以下にその研究の具体的内容を紹介する。

4.1　研究のテーマ

(1) 研究の背景

　広州市の言語生活状況を把握し、よりよい言語文字使用活動を展開するために、2004年12月、郭熙がリーダーとなって、調査グループは広州市区で第一次文字使用状況調査を行った。紙面に限りがあるためここでは主にその中の「言語」の部分で、「文字」の部分は省略する。

(2) 研究のテーマ

　今回の広州調査が対象にした問題は、住民の言語能力と言語使用状況であり、それには小学校就学前の家庭で使用される言語、普通話［標準語］のレベルに対する自己評価、広東語のレベルの自己評価、家庭内で家族と話す主な言語、職場で同僚と話すときの主な使用言語、電話を受けるとき初めに使用する言語、生活の中でどこの人かわからない人とはじめて話すときの言語、仕事中相手またはお客さんと話すときの使用言語、テレビを見たりラジオを聞いたりするときにどの言語の番組が一番好きか、自分の子供世代にどの言語を学ばせたいか、について聞いた。

4.2 研究方法

1. 地図サンプリング法を使い、調査地点を決めるためにまず広州市中心地区の地図を128に区分し、その後ランダムサンプリング法で47か所の調査点を決め、調査点に行ってからランダムに調査対象を選んだ。
2. アンケート調査法を使用し、調査者が調査対象者に質問し、回答をアンケートに書き込んだ。

4.3 研究の過程

調査対象者の性別、年齢、職業と学歴の状況は、男性211名（53.7％）、女性182人（46.3％）で、そのうち、公務員13人（3.3％）、企業事業管理者24人（6.1％）、私営企業主14人（3.6％）、教師およびその他専門技術者40人（10.2％）、企業事務職員30人（7.6％）、個人経営主32人（8.1％）、商業サービス従業員72人（18.3％）、労働者8人（2.0％）、農業従事者7人（1.8％）、学生126人（32.1％）、その他27人（6.9％）だった。1949年以前に生まれた人（55歳以上、以下老人と呼ぶ）28人（7.1％）、1950-1966年の間に生まれた人（39－55歳、以下中年と呼ぶ）56人（14.2％）、1967年-1979年に生まれた人（26－38歳、以下中青年と呼ぶ）109人（27.7％）、1980-1990年に生まれた人（16－25歳、以下青少年と呼ぶ）190人（48.3％）、1990年以降に生まれた人（15歳以下、以下少年児童と呼ぶ）10人（2.5％）。大学学部以上の学歴142人（36.1％）、大専49人（12.5％）、高校（職業高校、中専を含む）101人（25.7％）、中学校77人（19.6％）、小学校以下の学歴24人（6.1％）。

(1) 性別と言語使用

表6.8から分るのは、公共の場での言語使用は普通話［標準語］が主だが、家庭では広東語が主だということである。それと同時に、性別が言語使用に与える影響はそれほど明らかではなく、男性と女性で異なる場面での普通話と方言の使用率は、基本的に一致していた。

表6.8 性別と言語使用（%）

	項目	家庭で	職場の同僚と	電話	知らない人と	仕事上	テレビの選択	子供に学ばせたい
男性	広東語	37	40.8	42.2	28.4	32.2	49.8	52.1
	客家語	16.1	0.5	0.9	0	0.5	0	6.2
	潮汕語	8.1	0	0.5	0.5	0.5	0	5.2
	普通話	22.7	62.6	55.0	72	69.7	31.3	75.8
	その他	19.4	2.4	1.9	0.5	1.9	19.9	18
女性	広東語	44	44	44.5	28.6	34.1	49.5	54.9
	客家語	12.6	0	1.1	0.5	0.5	0	5.5
	潮汕語	7.7	0.5	0.5	0	0	0	4.4
	普通話	21.4	57.1	53.3	71.4	67.6	29.1	84.6
	その他	15.9	3.3	0.5	0	0.5	22.5	18.1

（郭熙他 2005: 137をもとに作成）

表6.9 年齢と言語使用（%）

項目		就学前の家庭で	現在の家庭で	同僚と話すとき	電話で	知らない人と	仕事でお客と	子供に学ばせたい
55歳以上	広東語	50	53.6	53.6	53.6	53.6	57.1	64.3
	客家語	17.9	7.1	0	0	0	3.6	3.6
	潮汕語	0	0	0	0	3.6	3.6	3.6
	普通話	25.0	35.7	39.3	39.3	50	42.9	60.7
	その他	25.0	10.7	10.7	7.1	0	0	17.9
39－55歳	広東語	55.4	55.4	53.6	55.4	46.4	55.4	57.1
	客家語	10.7	7.1	0	0	0	0	1.8
	潮汕語	7.1	7.1	0	0	0	0	0
	普通話	17.9	23.2	50	44.6	55.4	48.2	92.9
	その他	16.1	12.5	1.8	0	0	0	12.5
26－38歳	広東語	29.4	29.4	33.9	36.7	23.9	28.4	59.6
	客家語	14.7	15.6	0	0.9	0	0	8.3
	潮汕語	6.4	6.4	0	1.8	0	0	2.8
	普通話	27.5	32.1	69.7	59.6	75.2	73.4	85.3
	その他	24.8	17.4	2.8	0.9	0.9	0.9	14.7
16－25歳	広東語	37.9	40	42.6	42.6	23.2	26.3	48.9
	客家語	16.3	17.4	0.5	1.6	0.5	0.5	5.8
	潮汕語	10.5	10.5	0.5	0	0	0	7.9
	普通話	20	14.2	59.5	55.3	76.8	75.3	75.8
	その他	22.1	20	2.1	1.1	0	1.6	21.6
15歳以下	広東語	20	40	30	30	10	20	20
	客家語	10	10	0	0	0	0	10
	潮汕語	0	0	0	0	0	0	0
	普通話	40	20	80	70	90	80	80
	その他	30	30	0	0	0	10	20

（郭熙他 2005: 135から作成）

(2) 年齢と言語使用

表6.9が示すのは年齢と言語との関係である。ここから、年齢が若ければ若いほど普通話［標準語］使用率が高くなることが分かる。このほか、調査の対象の方言的背景が比較的多様化しており、各年齢のグループが子供に学ばせたい言語では、普通話と広東語に集中しており、普通話は60-90％で、広東語は20％-60％だが、「その他」は20％で、客家語は10％以下、潮汕語は5％以下となっている。

(3) 教育水準と言語使用

表6.10からは教育水準と言語使用の関係がわかる。学歴が高ければ高いほど普通話使用の割合が高くなっている。このほか、異なる学歴の集団の方言的背景は依然として多様化しており、それぞれの集団は子孫に学ばせたい言語を選ぶとき普通話と広東語に集中している。普通話は60-80％で、広東語は55％前後である、しかし「その他」は20％前後で、客家語と潮汕語はどちらも10％以下である。

(4) 社会階層と言語使用

社会階層と言語使用を考察するために、研究者は職業にもとづいて調査対象の社会階層を分けた。

「階層1」は政府機関の公務員、大学教師、外資系ホワイトカラー、企業経営者、エンジニア、医者、芸術家などで、「階層2」は小・中・高校教師、企業事務職員、普通の技術者、自営業者、個人事業主などで、「階層3」は農業従事者、産業労働者、補修工、商業サービス従事者、保安、臨時工、無職などで構成されている。調査結果は表6.11である。

表6.11から、社会階級と言語使用には密接な関係があるということがわかる。公式な場合でも非公式な場合でも、「階層1」の普通話の使用の比率はもっとも高く、「階層3」の普通話の使用率は一番低い。「階層2」の広東語使用率がもっとも高いのは、おそらく母語が広東語である人が一番多いからだろう。

表6.10 教育水準と言語使用（%）

	項目	就学前の家庭で	現在の家庭で	同僚と	電語で	知らない人と	仕事で	子供に学ばせたい
大学以上	広東語	27.0	31.7	31	29.6	21.8	20.4	50.7
	客家語	16.9	14.1	0	0	0	1.4	8.5
	潮汕語	7.7	8.5	0.7	0	0.7	0.7	6.3
	普通話	26.1	31	70.4	69	78.2	80.3	82.4
	その他	26.1	17.6	2.1	1.4	0.7	2.1	20.4
大専	広東語	51	49	53.1	55.1	24.5	36.7	59.2
	客家語	16.3	18.4	0	2.0	0	0.	4.1
	潮汕語	8.2	8.2	0	0	0	0	6.1
	普通話	14.3	16.3	55.1	42.9	75.5	63.3	67.3
	その他	14.3	8.2	0	0	0	2.0	22.4
高校類	広東語	42.6	45.5	46.5	47.5	35.6	39.6	52.5
	客家語	15.8	16.8	1.0	0	0	0	5
	潮汕語	7.9	6.9	0	1.0	0	0	4
	普通話	23.8	19.8	57.4	51.5	66.3	64.4	83.2
	その他	20.8	16.8	2.0	0	0	0	17.8
中学	広東語	41.6	39	45.5	49.4	28.6	39.0	55.8
	客家語	11.7	11.7	0	3.9	1.3	0	2.6
	潮汕語	10.4	10.4	0	1.3	0	0	2.6
	普通話	22.1	16.9	54.5	42.9	70.1	62.3	80.5
	その他	20.8	22.1	3.9	2.6	0	0	9.1
小学校以下	広東語	50	54.2	58.3	62.5	45.8	54.2	54.2
	客家語	8.3	8.3	0	0	0	0	8.3
	潮汕語	0	0	0	0	0	0	4.2
	普通話	16.7	8.3	37.5	37.5	54.2	50.0	75
	その他	25	29.2	12.5	4.2	0	4.2	25

（郭熙他 2005: 136から作成）

表6.11 社会階層と言語使用（%）

	項目	就学前の家庭で	現在の家庭で	同僚と話す時	電語で	知らない人と	仕事で	どの言語の番組を選ぶか	子供に学ばせたい
階層1	広東語	28.75	30	33.8	32.5	20	23.8	45	52.5
	客家語	40	17.5	0	0	0	0	0	8.8
	潮汕語	2.5	2.5	0	0	1.3	0	0	0
	普通話	31.3	43.8	72.5	67.5	81.3	81.3	43.8	85
	その他	22.5	11.3	0	0	0	0	13.8	18.8
階層2	広東語	44.3	43	50.6	48.1	38	44.3	55.7	58.2
	客家語	16.5	15.2	1.3	1.3	0	1.3	0	3.8
	潮汕語	11.4	11.4	0	0	0	0	0	5.1
	普通話	19.9	19	50.6	48.1	63.3	58.2	22.8	76
	その他	16.5	15.2	5.1	2.5	0	0	22.8	21.5
階層3	広東語	36.9	34	43.7	46.6	29.1	40.8	46.6	56.3
	客家語	12.6	16.5	0	2	1	0	0	3.9
	潮汕語	10.7	10.7	0	0	0	0	0	6.8
	普通話	19.4	14.6	57.3	50.5	69.9	62.1	29.1	88.3
	その他	23.3	25.2	3.9	1	1	0	24.3	11.7

（郭熙他 2005: 138から作成）

4.4 結論

　郭熙他は広州では現在2種類の言語変種つまり普通話と広東語が通用しており、場面が異なれば、2つの使用率も異なり、やや公式な場合は普通話の使用が比較的多いことがわかった。調査の結果、調査対象の年齢、職業や学歴などいくつかの面では、どれも言語使用に影響を与えることがわかった。年齢が若い人の普通話使用率は高く、学歴が高い人が普通話の使用率も高く、職業社会における評価が高い階層が普通話を使う割合が高い。

　現在、潮汕語と客家語は、広州の主要な家庭では使用されているが、次の世代での使用は明らかに減少していくだろう。

4.5 意義

　広州言語調査は関係部門に広州市の社会言語生活に関する貴重な情報を提供することになり、普通話［標準語］の普及と方言の保護対策に提案と意見を提出することができた。調査では、普通話はすでに広州の言語生活で重要な部分であるが、まだ普及してはいないことが明らかになった。一方、広州市の弱勢方言である客家語と潮汕語は継承の危機に瀕している。このほか、調査では言語使用と社会分化現象が典型的な社会階層化したモデルを示し、社会言語学の理論を補強している。

第 5 節 まとめ

　都市言語調査が生まれたのは、現在の言語学の立論の基礎が、主に19世紀以来の多くの農村言語調査の結果の上にあるからである。

　大部分人のたちが田舎に住み、一生の言語コミュニケーションも村落内に限られていた。その社会的権威は主に老年男性が担った時代にあっては、方言学の典型的な発音協力者は、田舎の、髭を生やした代々そこに住む老農だった。彼らには自然とその一生の観察と経験の蓄積があり、ほかの地域から来た調査者に喜んで話を話したものだった。「地元の人間」はどんな話をし、どんな話をしないかということを。

　当然のことながら、言語変異理論、言語相互行為理論、言語接触理論にもとづけば、たとえ閉鎖的な小さい地域であれ、社会的変異、相互行為、言語接触を完全に排除することはできない。しかし、これは行動が一律で、社会が平等で外界との接触が少ないことがコミュニティの主な特徴である。とはいえ、現代化は閉鎖的で隔離された状態を打破し、そうしたよく知った人とだけと相互行為をするという人たちは現在少数となり、完全に世の中と隔離された言語コミュニティはおそらく存在しないだろう。

　現在の言語は都市化した言語であり、変異と変化が突出した言語で、多種のコミュニケーションの状況に臨機応変に応じており、他の言語との接触をして、混合言語の使用さえあり、また巨大で構造の複雑な言語コミュニティの言語である。このため伝統的言語学が熟知している言語の特徴と言語分析のフレーム、つまり、同質で、静態的で、単一、境界がはっきりしている、ということはすでに現実の言語現象の主な特徴ではなくなっている。

　内部の差や動態的メカニズム、外部環境に目を向け、単一の方言や言語の構造体系を超越した新しい言語研究の方向というのは、自然の趨勢である。

　このため、都市言語調査の研究対象は、適当に選んだ1-2人の話し手がある

言語の文法について判断するのでもなく、また彼らが認める発音規範でもなく、1つの集団が相互にコミュニケーションをするときに実際に表現されるものである。人々が子供の頃からよく知っている小さいコミュニティを離れ、見知らぬ大きなコミュニティへ出ていくと、もとの習慣や基準が適用できるとは限らず、区別することなく使用していた表現形式や手段があちこちで使用できなくなってしまう。

もし少数の人たちだけでなく、都市に集まってきた多くの人たちがこのような問題に遭遇するとしたら、それが社会言語学の課題の1つである。もしこうした問題を適正に解決できなければ重大な社会問題を引き起こしてしまう可能性もある。

ガンパーズがロンドン空港の社員食堂の問題を解決したことは1つの例である。この問題を解決するにあたって、コミュニケーション問題はまさに変化し、人種問題へと移っているコミュニケーション問題を解決することで、さらなる摩擦や対立を回避し、少数民族や移民グループに対する偏見をある程度、排除することができるだろう。

「和をもって貴しと為す」中国社会では、大量かつ急速な工業移民が新しい環境の中での言語コミュニケーションやアイデンティティの問題に直面している。言語コミュニティの伝統と規範は多くの場合、これらの問題を効果的に解決する。私たちの祖先たちが開拓し守って来た中華的言語コミュニティは有利な解決の条件を提供している。言語コミュニティの自己調節と自己統合メカニズムは、都市言語調査や言語コミュニティ理論がまさに掘り出そうとしている内容である。一方ではそれは中華文化の有機的成分の発掘と総括であり、もう一方では言語接触と社会相互行為理論の検証と補足でもある。

正面からこれらの結果を評価する以外に、別の解釈も成り立つだろうか。研究結果が明らかにしているように、移民第2世代が完全な言語シフトをする状況は理想的な結果なのだろうか。これに対する方言保護主義は正しいのであろうか。これらはすべて一歩進めて研究し回答すべきである。

すでにある研究、たとえば楊晋毅（2002）の研究では、異なる工業地域には異なる「言語島」という状況が出現していることがわかっており、彼は異なる発展の結果を生むもとの原因は何かを探ろうとした。これらの要因には、より

第6章 | 都市言語調査

大きな一般性を有しているのではないか。もっと深層的な原因は何であろうか、これらの研究の紹介が多くの人に刺激を与え、もっと思考が深まっていくことを期待している。

　研究のテーマで言うと、この3つの研究はどれも都市化の進行中の言語使用状況に対して調査研究を行ったものである。
　中原工業地域の調査研究が扱った時間的長さは1950年代へとさかのぼっており、一方、広州の言語調査は1990年代以降の言語使用状況に注目しており、つまり中国の都市化が加速した発展後期の状況である。
　南京の言語調査は共時的側面を強調した分析であるが、規範化された調査手順を使ったため、持続的で観測性のある調査条件を提供できる。事実、南京大学社会言語学実験室はこの条件で継続的に定期的な調査を重ね、これまですでに7回の調査を行い、これにより南京市の言語状況の近年の変化の全過程を目撃してきた。
　この3つの研究はすべて普通話［標準語］の問題を扱っており、研究結果は、普通話が全国内で絶えず普及しているという大きな傾向を検証出来たが、どの研究もほとんど言語コミュニティがまず比較的小さい方言集団を消化吸収しているという事実を明らかにしている。
　普通話が話される工業団地の中で河南語を背景とした生徒たちも、学校で普通話を話すようになり、南京市内の他の方言を話す人は、知らない人との交流には南京方言を話す人より普通話使用に向かう傾向がある。広州市の非広東語方言話者たちの大部分は、自分の子供に自分たちの方言を保持させようとは思っていない。南京と広州はどちらもダイグロシアへの発展傾向があり、普通話［標準語］と方言が分業していることが次第に明確になってきている。一方、中原工業地帯［河南］はなぜかその傾向がないということも研究に値する。
　3つの研究は、それぞれの程度で言語の社会的分化ということを示しており、南京の普通話の外部言語としての使用は、地域と年齢、言語的背景の制限を受けており、つまり、市内の異なる地域、異なる方言的背景、異なる年齢、異なる社会的階層にあきらかな言語使用の差があることを意味している。
　広州でも異なる方言背景、異なる年齢、異なる社会階層に明確な言語使用の

差がある。興味深いのは普通話の使用で南京と広州には全体として大きな性別による差がない。国外の研究の結果では、しばしば、性別が変異に対する制約には十分関係性がみられるが、この2つの中国の状況調査では、性別には差を強いる作用がないことを表している。

　年齢の要素はそれぞれの研究の中で一致した働きがあることがわかった。この点は国外の研究とも一致している。徐大明・付義栄（2005）は報告の中で、異なる地区で活動する人々はある程度、間接的に異なる社会階層を代表していると指摘している。この点では、郭熙ら（2005）が行った調査でも支持されている。南京の調査では直接職業と階層を調査していないし、広州の調査も異なる地域の結果を分析していないが、それぞれの発見は相互に参考となる。階層は確かに都市言語コミュニティ構造の重要な要素であり、少なくとも中国都市言語コミュニティの中でその役割は性別を超えている。

　楊晋毅（2002）の研究では、はっきりと使用言語の社会分化理論を用いていないが、彼は標準語を話す工業地域の条件を検討したときにまず思い至ったのは、コミュニティの中の階層分布（幹部や知識人の職員中の比率）という問題だった。

　研究方法からみれば、3つの研究はどれもサンプル調査を採用している。ただし中原工業地帯の調査規模は比較的大きく、サンプリングの方法も複雑である。南京と広州の調査ではおもに「地図サンプリング」の手順を使用している。しかし、見ての通り、研究者たちは比較的強い「ランダムサンプリング」の意識と、サンプルの代表性ということを意識している。中原工業地帯の調査では観察結果を採用し、アンケート結果を検証している。広州の調査では基本的にアンケート調査に頼っている。南京の調査では、できるだけ構造的な観察法の発展に力を入れている。2002年以降の南京の調査では、一般に「道聞き」調査の手順を完成させた後、一部分のアンケート調査を増やし、これにより調査対象に対する単純な観察法が調査対象を理解するのに不足していた欠点を克服した。

　異なる方法にはそれぞれメリットとデメリットがある。アンケートは比較的大規模な範囲から多くの情報を得るには適しているが、欠点は、情報の信頼度

がある程度低い可能性がある。

　観察法は一般に客観的な結果が得られやすいが、実行には一定の決められた順序が必要で、時間と労力を要する。比較的大きな研究項目、たとえば楊晋毅の中原工業地帯の調査のような、いくつかの方法を組み合わせて使用するのが妥当な方法である。

　徐大明・付義栄（2005）の調査は、もとから客観的な実験に重きを置いており、その後の南京の調査ではさらに全般的な状況の理解を目的として、より多くの方法を採用（張璟瑋・徐大明2008）している。

　郭熙他（2005）では彼らの調査は一種の模索的調査で、そのため結論の中で、より広範かつ深く広州の言語調査が行われることを望むと明記している。

　研究結果からみれば、この3つの研究は基本的にどれも予定した研究目標に達しており、言語使用の状況の記述をしたあとに一定の説明を行っている。

　中原工業地帯の研究は、言語状況の主なタイプを普通話タイプと方言タイプとに帰納し、工業団地建設初期の工業技術者の比率を追跡使用した。

　南京の言語調査は言語使用状況の主流の中にコミュニティとしての同一性を発見した。広州言語調査は言語使用と言語意識の分布の中に普通話と広東語の発展の傾向を予測した。しかし、研究者が指摘するように、これらの研究は今後さらに発展させていくことができる。普通話工業地域と方言使用の工業地域の形成条件の差は技術者たちの数の比例に限られているのか、もし比率が肝心ならば、経験から導き出された1.4％という比率基準はすべての工業団地にも適用できるのかどうか。この基準はどのように現実の社会言語学理論に関係しているのだろうか。

　南京言語調査は直接社会階層の影響を調査していないが、もし直接調査したら、広州と同じような結果になったのであろうか。広州の言語調査の興味深い結果は、公式であれ、非公式な場合であれ、普通話と広東語の使用はおおよそ互いに補完し合い、娯楽の言語、つまりテレビ番組の言語選択上では、コミュニティ全体が一致して広東語に偏っている。このことに対する説明は研究者が思うに、[TV番組には]字幕があるために、言語は交流の上での障害にはならず、そのためこの問題は言語使用状況を解釈する問としては必ずしも有効ではない。

それと同時に、研究者は広州地区の広東語以外の番組の放送は比較的乏しいことを指摘している。では、この2つの状況を結合させ、選択に欠陥があるという場合、非広東語話者に字幕の力を借りて広東語の番組を観賞させていることは、広東語の普及を促進しているのだろうか。以上のような問題はおそらくどれももっと研究を進めるべき問題である。

　全体的にいえば、都市言語調査はいまだ初期の段階であり、研究方法、理論研究と実証研究はまだまだ足りない。中国は現在都市化が急速に発展している時期で、それに伴い言語のコミュニケーション、言語アイデンティティの問題はますます突出してきており、都市言語研究の必要性はますます高まっている。都市言語研究の発展に伴い、この研究の言語生活と社会生活に対する積極的な意義もますます明らかなってきた。この新領域を支える研究も増えていくことであろうし、そのため都市言語研究は今後さらに大いに発展していくだろう。

【本章のポイント】
都市言語調査の誕生と発展　都市言語調査の理論と方法

【基本的概念】
都市化　新興工業団地　地図サンプリング　「道聞き」調査

【課題と実践】
1. どのように工業化・都市化と都市言語調査の関係を解釈すればよいか。
2. 都市化の過程の中で方言は消失していくだろうか。
3. なぜ性別という要素が言語選択と関係がないという現象が起きるのだろうか。
4. 中原工業地帯の調査の結論には普遍的に適用できるだろうか。知識人の割合が4％以上に達している工業地帯はすべて普通話を話すコミュニティを形成するのだろうか。
5. 広州と南京の言語生活にはどのような重要な差があるだろうか。

【推薦図書】
1. 郭熙・曽煒・劉正文（2005）「広州市言語文字使用情況調査報告［広州市言語文字使用状況についての調査報告］」『中国社会語言学』第2期、pp.133-142。
2. 徐大明・付義栄（2005）「南京"問路"調査［南京「道聞き」調査］]、『中国社会語言学』第2期、pp.143-150。
3. 楊晋毅（1999）「試論中国新興工業区語言状態研究［中国新興工業地域の言語状況について］」『語言文字応用』第1期、pp.13-21。
4. 楊晋毅（2002）「中国新興工業区言語状態研究（中原区）［中国新興工業地域の言語状況について　中原地域］」（上）『語言研究』第1期、pp.13-21。
5. 楊晋毅（2002）「中国新興工業区言語状態研究（中原区）［中国新興工業地域の言語状況について　中原地域］」（下）『語言研究』第2期、pp.28-32。

第 7 章　言語アイデンティティ

第 1 節　概　論

　「認同（identity アイデンティティ）」とは社会言語学の新しい注目のテーマの1つである。中国語の「認同」はもともと動詞で、現在は名詞としても用いられるようになった。英語identityは、中国語では「身分」とも訳されるが、「認同」の名詞としての意味とほぼ同じである。実は「身分［アイデンティティ］」とは必ずしもあらかじめ存在するのではなく構築の過程で、相互行為の展開に伴い、身分／認同［アイデンティティ］は再形成されるのである。つまり人々の使用することばが「アイデンティティ」を表すことができ、同時に「アイデンティティ」は一つの動態のプロセスの具現である。本書で使用する「認同［アイデンティティ］）」という社会言語学の用語は、「認同［アイデンティティの形成］」という動態の過程としても使用し、この過程の結果をも表している。「身分」ということばは、日常生活の中で具体的な意味（たとえば「身分証明証」）と関係が密接で、抽象的な「認同［アイデンティティ］」という概念を表すには不向きであるため、本書では抽象的な「アイデンティティ」という意味で、一律「認同［以下、アイデンティティと訳す］」ということばで表すことにした。
　アイデンティティは自己認識と社会的アイデンティティとに分けられる。自己認識とは「わたしはだれであるか」という問題であり、社会的アイデンティティは「私たちはだれか」という問題に答えるものである。相互行為の社会言語学からみれば、「アイデンティティ」の一面は相互作用の中で現れるものであると同時に、相互作用により強調される。コミュニケーションをする人は、ある言語変種を使用することで、自分がどの社会集団に属しているかを表明し、特定の言語的特徴を通して、自分がある社会集団の成員であるかというアイデンティティを意識的に強調することができる。相互行為の社会言語学からみればラング［言語］はまず相互行為の道具であり、相互にラングを形成しあい、ことばをその社会環境に日々適用させていく。と同時にラングがそのときどき

のパロール［発話］を相互に作り上げる。相互行為の社会言語学は、相互に影響にしあう人同士がいかに相互行為の過程で発話と行動を構築し、最終的にそれぞれの社会的アイデンティティを構築していくかを考察する。

　言語運用の主体として、話者は、実際は相当不自由なものである。いかなる人も社会的立場に立って何かをしようとするなら、必ず言語コミュニケーションのルールを順守し、言語構造自体が許容する範囲内で行わなければならない。言語の強制性が、この音はこのように発音し、あのことばはあのように使用しなければならないと決定づける。ある言語学者は、文法が人に対して制限する作用は、人の世界観を決定づけるとさえ誇張的に言っている。たとえば、「言語相対論」(linguistic relativity) のサピア-ウォーフの仮説（Sapir-Whorf Hypothesis）がそうである。この仮説は批判を受けてはいるものの、言語がある程度、人格を形成する作用があることを物語っている。パーマー（Palmer 1983）は、「最も繊細で微妙な方法で力を加え、かつ、人々の抵抗を最も寄せ付けない一種の社会現象が言語である」と言っている。

　言語哲学の領域では、人は言語を表現しているのではなく、言語が私たちを表現していると考える人もあり、言語はまるで、牢獄のように私たちを経験世界に閉じ込めてしまう。ただし、人々は言語の前で完全に無力であるというわけではない。言語計画の可能性は、一方では、人の主観的能動性を証明し、言語とは変えられるものであり、影響を与えることのできるものであることを証明している。また一方で、日常生活の中で人々が言語を運用することは思想を交換しあうためだけでなく、しばしばアイデンティティをも表すことを証明している。

1.1　言語とアイデンティティ

　原理的にみると、言語はコミュニケーションの道具、または記号体系として、高低も貴賤の別もない。多くの国家の憲法が人々に平等の権利を付与するのと同じで、多くの言語学者は、世界の言語はすべて平等であるということに異論はないはずだ。ただ言語にはよしあしはないとは言え、道具という角度から見れば、その使用の便利さには差がある。

私たちがどの言語を話すかはほぼ自己の選択ではなく、出生の環境に決定づけられている。しかしいったん幼年期に習得した言語を継続的に使用していれば、深くその言語の烙印を押される。俗に、「文は人なり」とかロビン・レイコフ（Lakoff 1975）が言うように、「どんなことを話すかがその人だ」（I am what I say）ということである。

　デイヴィット・クリスタル（Crystal 2002）は、言語は7種類の属性を表すという。つまり、それぞれ物理的アイデンティティ、心理的アイデンティティ、地域的アイデンティティ、社会的アイデンティティ、民族あるいは国家的アイデンティティ、コンテクスト・アイデンティティとスタイル的アイデンティティだ。その中で物理的アイデンティティとは、言語が話し手の年齢、性別、身体情況、声の特徴等の内容を伝えることを指す。心理的アイデンティティとは、言語が話し手の個性を伝え、知的能力やそのほかの心理的特徴等の情報を伝えることを意味する。この2つの「アイデンティティ」を除き、残り5つの「アイデンティティ」は、どれも広義の社会的アイデンティティに属しており、個人レベルではなく社会的レベルの比較的長い、あるいは一時的な関係であり、「認同［帰属意識］」ということばで表せる。すなわち地域アイデンティティ、社会的アイデンティティと国家的アイデンティティは社会言語学の重要な研究テーマである。なぜならそれらは言語アイデンティティの中で比較的安定した部分であるからである。以下、3つのアイデンティティについて主に検討したい。

(1) 地域アイデンティティ

　言語は話し手が居住する地点の情報を伝える。しかし、この情報量の大きさは言語によって差がある。私たちは次のような文章で測ることができる。

　　　　如果他们说＿＿＿＿、那么他们来自＿＿＿＿＿＿。
　　　　もし彼らが＿＿＿＿を話すなら、彼らは＿＿＿＿から来ていることになる。

　もし1つ目の空欄に「スウェーデン語」と入れるなら、2つ目の空欄はおのずと「スウェーデン」ということになる。しかし「ポルトガル語を話す」とい

うのは必ずしも、「ポルトガルから来た」とは推断できない。後の空欄はブラジルや、アンゴラ、モザンビークあるいは、他のいくつかの国でもいい。1つ目の空欄が「フランス語」であれば、2つ目は書き入れる国の選択はもっと広がり、40カ国以上の国で埋めることが可能である。英語であれば50カ国が対応するだろう。このテストから見て、言語と地域の標示性は、ときにはあまり高くないことが分かる。

　しかしながら、方言と言語を比べると、方言は言語よりさらに具体的なアイデンティティとなる。境界の大小にもとづけば、私たち1人ひとりはある層の地域コミュニティに属しており、話す方言の名称は、そのコミュニティによって変化する。方言も言語と同様、おのずからなる体系のある言語変種である。方言の使用は、方言のアイデンティティを強化することになる。たとえば、見知らぬ都市で同郷人と出くわしたとき、双方が方言を使って交流するのは、一種の帰属意識・アイデンティティの表出のためであり、もし一方が普通話［標準語］を使い続けるなら、それはもしかしたら、疎遠でいたいとか、距離を置きたいという気持ちの表れかもしれない。たまに普通話が通じる都市の小集団内でみんなが方言で話すことがあるが、このとき誰かが「ハイカラなことば」でしゃべり方がみんなと違うとしたら、その人は意識的であれ無意識であれ、しばしば孤立し、ひどくは排斥の憂き目にあうかもしれない。作家の喬葉『普通話』という小説にまさにこのような状況とその結果が描かれている。

　アメリカなどの高度に都市化が進んだ国では、伝統的な田舎の方言は衰退し、人口が密集した大都市では、ある人がどこの地方から来たかを判断することはますます難しくなっている。異なる地域から来た人々が都市に集まり混ざり合い生活し交流して、新たな都市方言の変種が次第に形成されている。都市化の程度がまだ浅い時期には、個人のなまり、あるいは方言で彼がどこから来たかを推測することはしばしば簡単だったが、現在このような推断はますます難しくなっている。中国の状況もおおよそこうした傾向になっている。

　都市方言は田舎の方言に比べてより複雑で、両者には多くの違いがある。都市方言は地域方言の特徴を持つだけでなく、社会的な面にも表れる。これ以外にもグローバル化と都市化の時代にあって、個人の地域アイデンティティはますます曖昧になってきており、経済と政治の一体化に伴い、もともと地縁を背

景にしていたことが、ほかの文化的違いに取って代わってきた。とはいえ、現在の社会生活の中で、人々の地域アイデンティティは依然として重要で、言語がそこに果たす役割も見過ごすことはできない。

(2) 社会的アイデンティティ

「あなたはどこの人ですか」という問い以外に、「お仕事は何をされていますか」という問いがあるが、これは、社会の中であなたはどのような位置に属しているかということである。人々は異なる社会構造の中で異なる社会的地位を得て、異なる社会的集団に属し、異なる社会的役割を演じている。しかしこれらの異なる社会的属性、社会的役割はどれも言語に反映されうるものだ。一般的に社会は社会階級または階層によって、異なる集団を形成している。それぞれの人は自分の経済的条件や職業の威信、教育程度およびそのほかの状況によってそれぞれ社会階層的属性をもつ。それに対応して言語の運用にも突出した各自の属性的特徴がある。『中国中産者調査』(2004) の著者陳冠任・易揚は、中国の中産階級は言語の上で、明らかな特徴があり、「口を開けばすぐわかる」と言う。彼らの言う中産階級の言語表現には、話しことばの中に「中国語に英語が交じる」ことを含め流行語やインターネットことばを使用するという特徴がある。

サピアは「言語は私たちが精神の上に羽織った見えない上着である」と語った (1983: 197)。英国の作家バーナード・ショウの演劇『ピグマリオン』［ミュージカル・映画『マイフェアレディ』の原作］の中で、ヒロインが英国上流社会へのし上がろうし、まず先に変えようとしたのは自分のことばのなまりであった。

どこの国でも社会が揺れ動く革命時代には、言語アイデンティティへの作用が最も明確になる。20世紀初頭の中国で、白話文［口語文］は先進的で革新的であると同時に低層民衆のアイデンティティでもあり、文言文［文語文］は自己の保守性や封建貴族性を標榜するためのアイデンティティであった。

林紓［中国、清末・民国の翻訳家］が白話［口語］と「車引き、小商いをする人」とを結びつけたのはこの意識の反映でもある。つまり、白話文の地位を確立するために新青年たちがまず打倒しようとしたのは、文言と、文言の裏に潜む社会的勢力であった。ラファルグ［Paul Lafargue, 1842～1911、フランスの社会

思想家］（1964）は新しい階級のアイデンティティの標識となるためフランスの新興資産階級は下層階級の言語を学ぶことを惜しんではならないといい、また「市場で野菜売りをしているおばさんのことばを学ぶ」のは旧資産階級と一線を画し、自己のアイデンティティを確立するためであると言っている。

　こうした面から言えば、比較的極端な例が1960-70年代の中国の「文化大革命」の中で発生している。私有財産制を廃止し、公有制の道徳を打ち立てるために、まず批判されたのが、「人不為己、天誅地滅［自分のためを考えない人には天罰が当たる］」と言った表現で、当時はこれを辞典から削除したほどだ。

　しかし言語には罪はない。多くのことばは、本来はニュートラルで、その社会的価値は人々が付与したものである。しかしながら言語批判には多くの滑稽なことがあり、別の角度から説明するなら、言語はある社会的価値観を守り続け、言語の帰属意識化の構造の中で重要な役割を果たすということである（鄭也夫1993）。

　地域アイデンティティは往々にして社会的アイデンティティと交差している。典型的な例では方言と社会的アイデンティティの関係だ。旧上海では、蘇北地区は貧乏で、落ちぶれた、愚昧だといったイメージとつながっていた。そのため、江北語［江蘇・安徽省の長江北岸に面した地域の方言］は上海人にとって、身分が低いというレッテルが付けられていた。作家張愛玲の作品の中で、主人公趙玨はその蘇北の出身で、上海に出て来たため、深く言語的圧力を感じていることが書かれている。以下の描写がそうだ。

　　趙玨は上海語ができなかった。人が「強蘇白[1]［標準的上海語］」で話しているのを聞くと全身に鳥肌が立つほど難しく感じられ、これ以上習おうとしても、恥をかくからやめた。［彼女は］中国語［標準語］の発音も良くないし、かと言って「芝居口調」で話すのも決まりが悪い。上海の学生たちはずっと、中国語でも呉語でもないことばを江北語と呼んでいた。人力車引きも全部江北人だ。だから彼女は学校の中で友達が1人もいな

1　訳注：強蘇白：上海と蘇州の共通語・標準的な呉語。上海語は呉語に属している。

かった。恩娟以外には。 　　　　　　　　　　　　　（『同学少年都不賎』）

(3) 国家的アイデンティティ

　言語は、民族的アイデンティティと国家的アイデンティティと緊密につながっている。レーニンの民族に関する定義の中で最も重要な項目は共有する言語があるということである。過去数百年、世界における国家の大部分は、1つまたはいくつかの主要民族を基礎に形成された民族国家である。言語は感情のやりとりを実現させ、民族の絆を強化し、国家主権を保証する重要な手段となり、自然と民族や国家内部のアイデンティティを強める重要な手段の1つになっている。

　植民地主義や帝国主義の侵略時代には、侵略者たちの軍事的占領の大事な第一歩は、同化政策を行うことで、同化政策の中で最も重要なのは、植民地あるいは占領国民に侵略者側の言語を強いることである。2つの世界大戦の間、日本は中国を侵略し、多くの地方で類似の政策を実施した。たとえば東北三省や台湾で一連の言語同化政策を推し進めたが、これは中国人の中華民族的アイデンティティを消滅させることを意図しており、言語という道具を使って国家的アイデンティティを変えるのが目的だった。

　現在、多くの人が注目しているのは「英語覇権主義」だ。グローバル化の時代では、地域間の差はますます小さくなり、各国は経済一体化を求めると同時に、文化の一元化という局面を極力避けようとしている。しかしイギリス・アメリカをもって長とする西洋の発達した国では、彼らの商品を売り出すと同時に、彼らの言語も普及させており、彼らの価値観や文化観も喧伝している。中国語は悠久な歴史文化と伝統のある言語として、いかにこのような挑戦に応じていくかは、切迫した重要な研究課題であり、解決すべき問題である。

　言語は交流の道具であるだけでなく、実際は、私たちの言語使用に隠された多くの普段気がつかない政治的、あるいは深層意識を内在している。

1.2　言語アイデンティティの運用

　言語アイデンティティの運用は、さまざまな結果をもたらす。そのアイデン

ティティは発音、語彙、文法面にも表れ、1度の談話の中で、話し手は2つの言語構造成分を混合して運用する。たとえば香港の言語で中国語の中に英語が混ざる現象のような「コードミキシング」が形成される局面がある（邵敬敏 2005）。またスコットン（Myers-Scotton 1993）が報告したアフリカのスワヒリ語と英語のコードスイッチの実例では、話し手が異なる社会状況下で意識的に言語をスイッチさせ自分のアイデンティティを提示し、二者間の社会的距離を薄めるか強調するかを証明している。

事実上、あるモノリンガル社会でも、コードスイッチ現象は発生する可能性がある。たとえば標準変種と地域方言の間のスイッチ（徐蓉 2003）がある。極端な状況では言語シフトつまり話し手が完全に自分の母語を捨て、もう一方の言語に変えてしまうこともある。社会階層的な言語シフトはしばしば言語の絶滅の危機や消滅を引き起こすこともある。しかしそれぞれ話し手の角度から見れば、意識的に別の言語を用いるのは実は、もう一方の言語アイデンティティへの表出に他ならない。

映画『マイフェアレディ』の中で、ヒギンズ教授 [人物のモデルは英国の言語学者、ダニエル・ジョーンズ] は、ヒロインに言語チャートを用いて標準音（RP）を教え、これによって彼女を上流社会の淑女にしたいと思っている。しかし、ヒロインはしょっちゅうbutterを [buʔə] と発音し笑いを買う。ここで、異なる (t) 変項が異なる社会的意義（social meaning）を持ち、無気の [ʔ] が下層階級という情報を伝え、有気の [t] が上流社会の象徴を示している（Downes 1998: 8）。

社会言語学の二大学派である変異理論と相互行為の社会言語学はどちらも言語アイデンティティを研究しているが、変異理論では一般にアイデンティティの仮定をまずして、それと社会階層、職業、性別などの指標をいっしょに言語変異の制約の条件としている。相互行為の社会言語学ではこれらの社会的環境条件の重要性を認めるが、社会的アイデンティティは相互行為の中で構築されると考える（Cameron 1997: 63）。それゆえ、相互行為の社会言語学研究者はアイデンティティを言語の相互行為の中で考察している（Matoesian 1999）。

上述2種類の考え方を結合させたものが、言語コミュニティ理論である。言語の相互行為は言語コミュニティ構築の過程であると考え、言語コミュニティの中でアイデンティティの客観性が形成されると考える。

言語コミュニティ理論はアイデンティティを言語コミュニティの1つの構成

要素とみている（徐大明 2004）。言語コミュニティを判断するとき、アイデンティティという指標を通して測定を行うことができる。言語コミュニティの5要素のうち、アイデンティティは不可欠な要素で、もしある集団の中で言語アイデンティティ面での主体性が存在するなら、言語コミュニティを構成する仮説を、より確かに検証することができるだろう。

第 2 節 　上海方言と地域アイデンティティ

　中国が都市化建設の歩調を急速に速めるに従い、都市の規模はますます大きくなり、都市人口の地縁的背景もだんだんと複雑になっている。では、都市の中で、個人の地域アイデンティティは次第に強化されているのだろうか、或いは次第に脆弱になってきているのだろうか？　都市方言と地域アイデンティティの関係はどうなのだろうか。社会的な面でいかなる様相を呈しているのだろうか？

　バーグ（Berg 2005）は上海方言と地域アイデンティティの関係を研究し、かつ社会学と民族言語学のアイデンティティ理論を用い上海市民の言語使用モデルを解釈しようとした。

2.1　研究のテーマ

(1) 研究の背景

　先行研究によれば、1850年代は真の意味での上海地元民というのはたった2万人前後であった。移民（主に呉方言地区からの中国国内の移動で来る人達）が絶えず流入してくるに従い、都市「大上海」の形成と「上海語」の形成をもたらした。当時上海にやって来た多くの家庭では、家では依然として自分たちのもとの方言（たとえば蘇州語、紹興語、寧波語など）で話し、社会の中では次第に一種の新しい接触変種が形成された。この種の接触変種は3世代にわたる発展を経て、今日の上海語となった（遊汝傑 2004）。

　20世紀末、中国の都市化が加速するに従い、「新移民（中国国内の地方からの労働力移動）」の波が上海に押し寄せた。それは規模が大きく、出身地もさらに広範囲からになった。表7.1にこれら移民たちの本籍と対応する方言をリストア

表7.1　地方からの移民の原籍（出身地）および対応する方言

省	人口（百万）	使用方言
安徽	1.3	江淮官話/徽語
江蘇	0.9	呉方言/江淮官話
浙江	0.4	呉方言
四川	0.3	西南官話
江西	0.2	贛方言

（バーグ2005が引いた上海統計局2003年のデータによる）

ップした。ここからわかるように、官話方言[2]地域からの移民（160万人）はすでに呉語方言地域からの移民（130万人）を大きく超えている。

　バーグ（Berg 2005）は、国家の言語政策と言語教育政策により、多くの上海地元民の家庭でも、普通話［標準語］を使用しはじめていることを指摘している。しかも普通話の普及は高学歴レベルの人たちと、官話方言を話す地方から来た移民たちとに支えられている。呉語地域からの移民の普通話の普及に対する意識はあまりはっきりしていないという。呉語方言と上海語の差はあまりなく、呉方言の移民たちは比較的簡単に上海語を習得し、上海語の使用範囲を広げている。

　一般的な観察にもとづくと、上海語は地元の人たち内部のコミュニケーションの中では依然として主導的地位を占めているが、普通話は地元の人と地方からの移民集団と、流動人口がコミュニケーションするときに必要な「通用語」である。そのため上海の言語状況は主に一種の「バイリンガル」の状況であり、普通話と上海語の「バイリンガル」を主とし、次に普通話と官話方言の「バイリンガル」という状況である。

(2) 研究のテーマ

　バーグは地元の人と地方からの移民の言語習得、言語能力、言語使用、言語意識のデータ分析を通して、さらによく上海の言語状況を知ることができると

2　訳注：官話とは清朝では公用語という意味で、北京語を代表とする北京官話を含め8つの官話方言がある。南方へも普及し、現在中国語の中で最も使用人口が多い。

考えた。これらのデータは上海語が自分たちのアイデンティティを表す地域方言としての働きがあることを説明できるはずである。バーグがまず回答を求めたのは以下の問題である。

(1) 上海語と普通話［標準語］の主要なドメイン［言語領域］は何か
(2) 上海で普通話の普及はどのような人が支持し、どのような人が抵抗をしているか。
(3) どのような人が上海語は地域アイデンティティを表す手段だと考えているか。

2.2 理論と研究方法

　バーグは言語活力理論（Bourhis, Giles & Rosenthal 1981）、バイリンガル能力理論（Van Coetsem 1992; Cooper 1976、Fasold 1984）、言語アイデンティティ理論（Herman 1961; Clark 1996）、社会的アイデンティティ理論（Giles & Johnson 1987; Tajfel & Turner 1979）など一連の理論を応用している。
　彼は主に理論の演繹と理論分析法を用いて言語調査を行い、調査結果を関連の理論と結び付けて分析を行っている。理論を結合させ、上海の実際の状況に対する応用を通して、上海市民の言語アイデンティティのモデル分類を行った。
　言語使用の予測モデルを実証するために、彼は匿名調査法を利用し、3つのデパートで言語使用状況を調査した。調査中に以下のいくつかの状況を区分した。客同士の会話、店員同士の会話、そして商業活動中における客と店員の会話である。調査の主な内容は上述の対話中の言語選択の状況である。

2.3 研究の過程と結果

　研究者は言語活力分析の観点から、普通話の普及方法、バイリンガル能力と上海語、言語使用、言語アイデンティティの4つの面から研究を行った。

(1) 言語活力分析

「言語活力理論」によれば、言語の活力は3つの要素からなる。社会的地位因子、人口因子、公共機関の支持的因子（Bourhis, Giles & Rosenthal 1981）の3つである。社会的地位因子とは、言語の経済的、政治的、社会的と歴史的地位を指す。人口因子は当該言語または方言を話す人口の絶対数値、地域人口中の割合、「移民［中国国内の移動］」人口、転出人口、異なる言語／方言人口の通婚程度にかかわっている。公共機関の支持的因子とはマスメディア、教育、政府、工業、宗教と文化的組織の支持のことである。この理論によれば、言語活力が高いとき、話し手は自己の言語アイデンティティを強化する傾向があり、活力が低い言語／方言は国家言語の通用語または普通話に近づいていくとされる（Van Coetsem 1992; Cooper 1976; Fasold 1984）。そのため、言語活力とは、1つの純粋な客観的概念ではないが、集団の主観的意識は、客観的効果を生む。

バーグはこの理論を上海語の分析に応用し、上海語の活力に対しての異なる見方が上海人に異なる言語使用モデルをもたらしていると考えた。上海語の活力が高い話し手は、集団内で交流するときには、上海語を使用するはずで、少なくとも上海なまりの普通話である「上海普通話（上海標準語）」を使用し、また、上海語の活力の低い話し手は集団内で交流するときにも普通話（標準語）を使用するであろうと考えた。

(2) 二言語能力と上海語

言語活力の基礎は言語の使用であり、言語使用の基礎は言語能力である。普通話が、上海で全面的に拡大しているかどうかを予測するために、バーグは言語活力に対して言語能力を結合させ分析を行った。彼は普通話能力レベルをハイレベル、中級、劣るという3つの段階に区分した。そのあと、ロバート・クーパー（Robert Cooper）が東アフリカで行った言語能力基準を採用し分析を行った（表7.2参照）。その中には、あいさつ、道聞き、演説、科学技術用語など言語使用の多くの使用域が含まれている。

この基準にもとづき、バーグは、上海語の活力は、相対的に話者のバイリンガル能力のレベルに反比例するのではないかという仮説をたてた。

バイリンガル能力が劣る集団の中では、上海語は活力を保っている。その話

表7.2　普通話能力レベル

言語能力レベル	ハイレベル	中級	劣る
a. あいさつ	X	X	X
b. 情報提供(道教え)	X	X	X
c. ショッピング	X	X	X
d. 日常会話	X	X	(X)
e. 演説	X	X	
f. 政治談義	X	X	
g. 健康と農業の話	X	(X)	
h. 科学技術の話	X		
i. 人の仕事の話	X		
j. 数学の計算	X		

（バーグ 2005: 229）

表7.3　バイリンガル能力（上海語―普通話）

バイリンガル能力		ハイレベル	中級	劣る
方言活力［上海語能力］ （民族言語学アイデンティティ理論）	高い			+
	中級		+	
	低い	+		
普通話伝達の障害		低い	中程度	高い

（バーグ 2005: 230）

し手は家の中では上海語を使い、仕事では必要な時に普通話を使う。彼らの教育程度は普通よりやや低く中卒レベルを超えない。彼らは他の集団との交流に障害がやや大きく、これは集団外の人たちとの接触が限られていることを意味している（表7.3参照）。

　バイリンガル能力が中級の集団では、上海語力は中級程度の活力が保たれている。話し手は家の中で上海語と普通話を使い、コミュニティの中で同年齢の人と話をするときは上海語で話し、子どもや下の代の子どもたちとは上海語と普通話を話す。彼らの教育水準は中ぐらいで、通常高卒レベルで、さまざまな職業に就いている。彼らとそのほかの集団の交流においては中程度の障害を感じ、生活領域の中で自分の集団外の人たちとは一般的なコミュニケーションをとっている。

　しかしながらバイリンガル能力が高い集団の中では、上海語の活力はとても低い。話し手は、家で上海語を使うと同時に普通話を使い、同年齢の人とは上

海語または普通話で話し、子女および孫の代の子どもたちとは普通話で話す。上海の社会の中で、彼らはそのほかの集団の成員との交流には特に障害はなく、社会の各階層で自由に交流している。

　上述のバイリンガル能力の研究は、民族言語アイデンティティ理論の支持があり（Giles & Johnson 1987）、関係する概念は集団アイデンティティの強さと、集団交流の障害の感知といったものである（Tajfel & Turner 1979）。

　バーグは上記のモデルを、上海の3つのデパートの調査結果に応用し、彼の仮説を実証した。調査で採用したのは非接触式観察法で、調査員はあるデパートの1階をゆっくり歩くと同時にじっくりと客と店員のさまざまな活動を観察した。調査の結果は、CC（客同士の会話）では少なくとも30％普通話が使われていることがわかった。しかし新しくできた高級なデパート以外では、店員同士（SS）はほぼ基本的に普通話を使用していなかった。店員の言語使用は上述の視点の正しさを物語っている。つまり店員は上海語の高い活力話者集団に属し、彼らは上海語だけを使って互いに交流している。しかしながら百聯ショッピングセンターの若い店員は比較的多く普通話で話しているという事実がわか

図7.1　上海の3デパートの中での標準語PTH使用

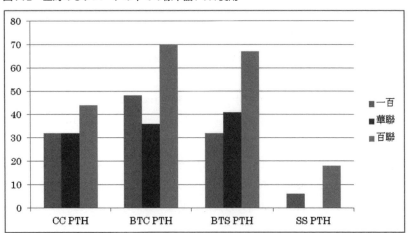

注：CCは客同士の会話、SSは店員同士の会話、BTCは商業活動中の客の言語、BTSは商業活動中の店員の言語。[PTHは普通話 [PUTINGHUA] で標準語のこと。]

（バーグ 2005: 231 より）

った。青年と高学歴集団はもっと多く普通話を使う傾向があった。商業活動の中で客と店員は、より普通話を使用する傾向があった。

　調査を通じて、たとえ家族や友だちと話しをするとき官話方言［例えば江淮官話や西南官話］を選ぶ人たちでも、商業活動（ショッピング）をするときは普通話を使うことが分かった。しかも店員は客の言語選択に追随するようである。

(3) 言語使用と社会的アイデンティティ

　社会的地位が比較的低い集団の人々は、流動・身分の再構築・競争という3方法で自己の地位と状況を改善しようとしている（Tajfel & Turner 1979）。この3つの方法はすべて改革的措置である。このほか、非改革的措置もある。すなわち4つ目の方法で、社会的身分の維持だ。社会的身分の維持は一般に自己の集団の保持とその他の集団の区別を通して実現される（Giles & Johnson 1987）。方言の使用はつまり社会的身分の一手段だ。バーグは上述の異なる社会的アイデンティティの方法を言語使用のモデルのひとつひとつに結びつけると表7.4のような状況になった。

　表7.4の底辺で社会的身分を維持しているのは、主に技術性があまり高くない労働に従事している労働者である。彼らは、自己の集団に対するアイデンティティは大変に強く、言語面では上海語を主要な交流の道具に使っている。仕事環境の必要から、彼らの一部の人たちは仕事をするときは客と普通話で交流するためアンバランスなバイリンガルであり、記号SH（pth）で表示した。

表7.4　上海市民の言語使用、集団アイデンティティと社会アイデンティティモデル

	社会的アイデンティティ	言語使用	集団アイデンティティ	コメント
[1]	都会人	PTH/SH/English	強/自己構築	経済的エリート
[2]	維持者	SH/PTH 又は PTH（単一）	強/自己の集団	政治的エリート
[3]	言語競争	SH/PTH	強/自己の集団	現地知識人
		SH/pth	強/自己の集団	現地知識人の追随者
[4]	流動人口	shPTH	強/その他の集団	自己の集団を離れた人
[5]	身分の再構築	shPTH	中位/その他の集団	融合的
		SHpth	中位/自己の集団	功利的
[6]	維持者	SH（pth）	強/自己の集団	多くの労働者

注：SH/sh = SHANGHAINEESE/shanghainese（上海語）、PTH/pth=PUTONG HUA/putonghua（普通話（標準語））。大文字は言語変種が使用の中で主導的な地位にあることを示している。

（ハーグ 2005:232 より）

表7.4の最上段はいわゆる［1］「都会人」である。バーグは、これは上海に住む経済エリートだと考えている。その大多数は発達した国家／地区の大都市からきている。異なる先進国の人たちからすれば、英語が国際言語である。一方、香港、台湾人は現代中国語の南方形式を導入し、その特徴は軽声と「児化［アル化］」が少ないこと等で、「大都市中国語」変種を生み出している。

上海のエリート集団（経済的、政治的エリートを含む）は現代化の社会構造を提示しており、言語面は上海語で自己の地域的背景を示し、熟達した普通話使用で、自己の高学歴という文化的レベルを示している。一方経済エリートたちは国際語の使用を増やしている。つまり上海で生まれ育った政府の役人や現地の経済的エリートは熟練した上海語と普通話（SH/PTH）を使い、他の地域から来た人たちは普通話ともう1つの変種、あるいはもっと多くの国際語（英語や、日本語）を使用している。

［2］一部の政治エリートは多くの労働者と同様、社会的アイデンティティの維持者でもある。その違いは、彼らは平均して上海語と普通話というバイリンガルまたは、普通話モノリンガルであり、彼らの言語使用モデルも自己の集団的アイデンティティを強化している。

［3］言語競争[3]の支持者には地元の知識人と彼らの追随者たちを含んでいる。これらの人たちはバランスのとれたバイリンガルか、上海語使用がやや強いバイリンガルである。彼らは、上海の急速な現代化には公の機関が上海語の推進をすべきだとし、政府機関は上海方言の権威性の維持に取り組むべきだと考えている。彼らはもっと上海語によるサービスを増やすようにと要求しており、上海語のメディア商品の消費者もまた上海方言の擁護者である。

競争するということを除き、他のアイデンティティを構築する方法とは、すなわち社会の流動である。［4］一部の上海市民は流動という方法で、自己の社会的アイデンティティを構築しているが、彼らは普通話集団への帰属意識がやや強い。多くの場面で、普通話を使用したり選択的に使用したりする。彼らの言語能力はshPTHと書き表し、上海語と普通話のバイリンガル能力を有し、普通話を主な使用言語としている（Coetsem 1992）。

---

3 訳注：異なる言語や方言が接触する過程で競争が生まれる現象。

[5] アイデンティティ構築のもう1つの方法は「再構築」であり、その社会的アイデンティティの再構築の方法は2つに分けられる。「功利的」意識で使用する普通話と、一種の「融合」的態度で使用する普通話である。この2つの社会的アイデンティティの目標に対応する能力はそれぞれSHpthとshPTHと表現され、上海語と普通話のバイリンガル能力を有しながらも主な言語が違うということである。バーグはこの2つの「定位のしなおし」集団は、たとえば、異なった表現形式の「地方なまりのある普通話」(この状況下のバイリンガルをSHpthのように表現する)等の特殊な表現方法を使用していると見ている。

2.4 結論

バーグは上海語を一種の都市方言として、その使用が、方言の活力、普通話の普及、話し手のバイリンガル能力やアイデンティティという因子の影響を受けると考えている。言語能力の違いは異なる言語使用モデルを生み、話し手が使用する言語パターンの違いは、彼らの方言[活力]に対する考え方に影響を受けており、その言語意識は言語能力と社会的アイデンティティとの総合から由来するとする。1人の人の成長環境は彼の言語能力を制限し、現在の仕事や生活環境が彼の言語を変えてしまうこともある。ある人のほかの集団的アイデンティティの認識がその集団の言語変化をもたらすこともある。集団の言語アイデンティティがその社会的アイデンティティを維持し、集団の言語意識と競争意識が競争を推し進める。そのため意識的、無意識的にせよ、言語の適応が最終的には、社会的アイデンティティの再構築を引き起こす。

したがって、上海方言は1つの地域アイデンティティの道具であると同時に、異なる集団にも利用されている。社会的アイデンティティを維持する人たちにとっては、一種の社会的アイデンティティの表れであり、言語の競争者から見れば、一種の社会の競争の手段である。一部の流動する人たちから見れば、なりたい身分的特徴である。中程度のアイデンティティを持つ話し手からみれば、言語コミュニケーションの役割がより重要であり、言語の地域アイデンティティという役割は薄まる傾向がある。

2.5 意義

これまでの上海語の研究の中で、研究者たちは注意力を上海語の発展と形成の過程とに向け、普通話推進の状況下での上海語の具体的な使用状況については軽視してきた。大都市では言語状況は複雑で、言語の使用は言語の形式と関係があるだけでなく、人々の社会的アイデンティティと関係がある。研究者は、上海の地元民の視点から上海の現在の言語環境を観察、また言語活力という角度から方言と国家通用語［普通話］とを分析、都市の中の言語使用と地域アイデンティティの関係を考察している。

第 3 節 父親呼称と社会的アイデンティティ

　建国［1949年］以来、中国の多くの地域で、中国語の中の父親の呼称に多くの変化が生じてきた。全体的に言って、父親呼称には「爸爸［パパ、おとうさん］」ということばに統一される傾向がある。では、この父親呼称の変化の社会的要因は何であろうか。
　付義栄（2008）は自身の故郷安徽省無為県傅村をケースに、父親呼称の変化の社会的要因という問題を掘り下げた。

3.1　研究のテーマ

(1) 研究の背景

　傅村は自然村で、安徽省無為県洪巷郷龍泉行政村に属し、県［日本の郡相当］中心から約37キロ離れている。2003年の統計によれば、76戸、307人で、中国によくある中規模の農村である。傅村の交通は比較的便利で、外界との連絡はスムーズだ。産業は農作物の生産を主とし、2002年の1人当たりの純収入は2,250元で、全国農村の1人当たり純収入2,476元よりやや低い（中華人民共和国国家統計局 2003: 341）。つまり経済社会のレベルからみれば、傅村は普通の村である。言語レベルでみても傅村はまた特別なことはない。その方言は江淮官話[4]洪巣片に属し、方言島でもなければ、方言の境界区でもない。そのため、傅村の呼称研究の結果は類似した状況の方言区にとって一定の代表性がある。
　傅村では父親呼称は主に「大大［dà da］」、「阿爺［āyé］」と「爸爸［bà ba］」の3種類あり、それぞれ親族呼称にも親族名称としても使える。傅村の人はたま

4　訳註：中国語の北方官話（方言）の一種。中国東部の江蘇省の中部、安徽省の中部、湖北省の東部、江西省の北部で話されている。

に「老頭子」を父親の親族名称として使い、親族呼称には他にも子供の立場からみた呼称（従児称）がある。つまり話し手は、子供の輩分［世代間の順序］から自分の父親を呼ぶ[5]。前述の3つの呼称は形式が異なるため、これらはそれぞれ個別の現象ということになる。

(2) 研究のテーマ

傅村の伝統的父親呼称は「大大」と「阿爺」であるが、現在それらは、「爸爸」に取って代わられそうな勢いである。付義栄はこの呼称の変化の社会的原因を探すことにし、設定した問題は以下の通りである。
(1) どのような力が中国語方言の他の父親呼称から「爸爸」へと向かわせているのか。
(2) なぜ改革開放後に、多くの地域で「爸爸」化が顕在化しているのか？
(3) 「爸爸」はどのような方法で、一地域で拡散してきたのか。その変化の傾向はどうなっていくのか。

3.2 研究方法

付義栄はインタビューを採用し、次の5つの問題を設定した。

(1) 現在あなたは自分のお父さんをどのように呼びますか。
(2) 過去に自分のお父さんのことをどのように呼んでいましたか。
(3) そう呼ぶ前に、他の呼び方をしていましたか。
(4) 現在お子さんはあなたをどのように呼びますか。
(5) そう呼ぶ前に、お子さんは別の呼び方であなたを呼んでいましたか。

1つ目の問題は父親が健在の人たちに対して行い、2つ目の問題は父親がすでにいない人に聞き、3つ目の問題はすべての調査対象者に聞いた。最後の2つの問題は調査対象者自身が父親である人たちに聞いた。第3、第5の問題は

5　訳註：自分の子供の立場から、自分の父親を「おじいちゃん」と呼ぶ。

すべての村人が一生の中で自分の父親の呼称に対して、変化が生じているかどうかを知るためである。

3.3 研究内容

(1) 異なる父親呼称の年齢分布

付義栄はまず異なる父親呼称の年齢分布状況を分析し、表7.5に列挙した。

表7.5からわかることは「大大」の使用者がもっと多く、傅村では現在、主要な父親呼称であるといえるが、異なる年齢集団で各種の呼称使用割合が違うことが分かる。

25歳以上の年齢集団では約60％-75％の人が「大大」を使用している。25％-40％人が「阿爺」を使っており、わずか0％-5％の人が「爸爸」を使用している。しかし25歳未満の年齢集団では、「爸爸」の使用が急増し、完全に「大大」、「阿爺」を超えている。そのため10-24歳の傅村人で最も流行している父親呼称となっている。

全体的にみれば、今日の傅村では、「爸爸」は若い世代に最も流行しており、「大大」、「阿爺」は年齢が比較的高い集団のなかで流行していることが分かる。では、これらの年齢層の差は1つの「進行中の変化」なのか「年齢階梯（age-grading）」なのであろうか。

「年齢階梯」とは同世代の人が、異なる年齢の段階で見せる言語変化のこと

表7.5 傅村の父親呼称と年齢分布表

年齢	大大		阿爺		爸爸		合計
	人数	％	人数	％	人数	％	
10-14	2	6.9	0	0	27	93.1	29
15-24	11	36.7	4	13.3	15	50.0	30
25-34	47	68.1	21	30.4	1	1.5	69
35-44	31	59.6	19	36.5	2	3.9	52
45-54	18	72.0	7	28.0	0	0	25
55-64	18	69.2	8	30.8	0	0	26
65+	13	72.2	5	27.8	0	0	18
合計	140		64		45		249

（付義栄 2008: 168）

で（徐大明他1997: 148）、つまり年齢が変わると「言い換えを行う」ことで、一代、一代と（それを）「繰り返す」という特徴がある。しかしながら、調査対象者たちへの第3、第5の問題の回答をみれば、傅村の父親呼称には「言い換え」という現象は見当たらない。このほか付義栄は傅村の60歳のお年寄り十数名にインタビューをしだが、老人たちは、これまでに誰かが「爸爸」といい、大きくなって「大大」や「阿爺」に言い換えたのを見たことがないと言った。これらの事実は傅村では、まず「爸爸」と言い、何年か後にまた「大大」や「阿爺」に言い換えるというような状況がないことを意味し、ゆえに傅村の父親呼称は年齢分布の差は「年齢による差［年齢階梯］」ではなく、「進行中の変化」に過ぎないことを表している。

(2) 言語変化を推し進める創造者

言語変化は結局のところ人の変化である。言語変化の原因を明らかにするために必ずやらなくてはならないのは特別な言語変化を推し進めているのはだれか、すなわち、その言語変化を生み出している人を見つけ出すことである。表7.5からみれば、「爸爸」の使用者は主に25歳未満の若者に集中している。では、これらの若者が傅村の父親呼称の変化を創造していると考えてよいのだろうか。父親呼称の特徴とそこからわかったことから考えると答えはノーである。

父親呼称は子供がまっさきに早く覚えることばの一つであり、両親こそが子供の一番早期のことばの先生である。子供の立場からみれば、いったん覚えた父親の呼称を替えることはかなり珍しい。これでわかるように、父親の呼称には「親子伝承」と「使用の一貫性」という特徴があり、個人がどのような父親呼称を使用するかは、しばしば子供自身が決定するのではなく、その両親および家庭と密接な関係がある。これは傅村の父親呼称の変化の創造者は、必ずしも「爸爸」の使用者ではなく、彼らの家庭、ことに父母であることを意味している。まさに彼らの家庭あるいは両親の教えが、子供たちに小さいときから「爸爸」と呼ばせ、「大大」や「阿爺」と呼ばせないのだ。

(3) 改革開放前の傅村の父親呼称

表7.5から見ると、傅村の25歳以上は全部で、190人で、1925-1979年の間

の生まれで、すなわち改革開放前に出生した人たちだ。これらの人の中で3人だけが「爸爸」を使っているが、この3人はいずれも傅村に移民としてやってきている。彼らの故郷ではすでに父親を「爸爸」と呼んでいたのだ。ここから見ると傅村では「爸爸」の使用は改革開放前には拡大していなかったことが分かる。また、無為県内では一部の幹部や知識人の家庭で、長年「爸爸」を使用していたため、当地で一切聞いたことのない単語ではなかったのである。

(4) 改革開放後の傅村の父親呼称

表7.5から見ると、1980年代生まれ（すなわち15-24歳の年齢集団）は全部で、30人で、そのうち「爸爸」を使う人は半数を占め、しかも大多数は傅村土着の家庭の子供であって、移民家庭ではない。1980年代「爸爸」はすでに傅村の新世代で主要な父親呼称であることがわかる。では、どのような原因でこの変化がもたらされたのだろうか。

付義栄は、傅村の父親呼称の変化は、当時の中国の農村に出現した社会の分断に関係があり、農民の階層分化はまさしく1980年代の中国社会の重要な変化であると考えている。もっと詳しい調査でわかったことは、1980年代傅村の「爸爸」の使用者である11戸の家庭のほとんどは、作付け農家であるとともに瓦職人や、荷物運び、あるいは町へ臨時工として働きに行くなどのほかの仕事に従事していることである。一方「大大」や「阿爺」の使用者である13戸の家庭は基本的に農業でのみ生計を立てている。

社会学の階級区分の基準にもとづいて、付義栄は（24戸から）28人の1980年代生まれの傅村人の両親が当時属していた階層を以下のように区分した。それが表7.6である。

表7.6から見ると、「大大」または「阿爺」の使用者の親の大多数は「農業労

表7.6　話し手の両親の階層一覧

社会階層	「爸爸」使用者の親	「大大」使用者の親	「阿爺」使用者の親
農業労働者階層	1	9	3
農民工階層	3	0	0
自営業者階層	7	0	1
合計	11	9	4

（付義栄 2008: 170）

働者階層」で、「爸爸」の使用者の父母の絶対的多数は「農民工階層」と「自営業者階層」である。その中で、農業労働階層に属す家が一戸あるが、調査からわかったことによれば、その家の「父親」は退役軍人であった。軍隊への参加は当時、多くの中国の農民が自分の運命を変える1つの道で、明らかにこの農業労働者と他の人たちは違っており、軍隊への参加がすでに社会的流動を試すための手段だったのだ。このため、両親の社会的流動性が活発であればあるほど、彼らの子供はより「爸爸」を使用している可能性がある。

　では、流動が活発な親たちはなぜ「爸爸」というこの呼称を使用する傾向があるのだろうか？　これはもしかしたら「爸爸」という呼称が傅村において持つ社会的意義と関係があるのかもしれない。当時地元では「爸爸」を使用する集団は、都市から地方に下放された人たち、つまり都市に戸籍を持ち、商品としての穀物を食べる人たちで、国家幹部の編制に属し、政府の財源から給料をもらう、一般的に社会的地位が比較的高いと思われる集団であった。このことが「爸爸」ということばをして単なる普通の父親呼称ではなく、語彙の中で社会的身分を表す標識（マーカー）となり、社会的威信言語の標識となったのだ。

　しかし、「爸爸」の社会的象徴意義はもっと早くから存在していたので、なぜ1980年代になって土着の傅村民が「爸爸」を使用し出したのだろうか？それは、それまでは社会的流動性という現実的な道筋がなかった傅村の農民たちには、社会的アイデンティティと言語アイデンティティを変革する動機も願望も欠乏していたのである。「爸爸」の言語変化には必要とされる社会的原動力が欠けていたのである。

　付義栄は、改革開放前の中国では、戸籍という身分がまず「先天的」「世襲」の特徴であり、農民の子どもがもし農民としての身分を変えたければ、しばしば無理を要する限られた道筋を通るしかなかった。その主要な方法は大学に入ることであり、しかしながらこれは非常に困難であった。傅村は新中国成立の1949年以来1990年まで1人として大学に行っていなかった。軍隊への参加と言うことがもう1つの方法であったが、これもこれにより身分を変えるのは難しかった。傅村を例にすると、何人か参軍したものもいるが彼らも最終的には「農転非［農民以外のものに変わる］」することは実現せず、退役後にはやはり家へもどり農民になった。このため、建国後から1970年末になるまで傅村農民

の社会的流動性はほぼ止まっており、傅村の父親呼称も総体的に安定していたのである。しかし、1980年代以降、若く、教育もある人たちが新しい職業にチャレンジし、社会的流動を活発に行なっていった。それと同時に彼らはあの威信のある集団しか使用しなかった父親呼称「爸爸」を使い始めたのだ。「爸爸」を使うことによって社会的上昇をはかるという願望を表現したのだ。

1990年代以降、傅村の「爸爸」の使用者は継続して多くなっている。10-14歳の年齢集団では、「爸爸」の使用者はすでに絶対的多数（表7.5）を占めている。しかし1980年代と違うのは、1990年代の傅村はあまねく「爸爸」がみんなから認められる呼称となっているという点である。

現在、親たちが子供に「爸爸」と呼ばせるのは社会的流動への心理からくるものとは必ずしも言えない。現在、[普通話の語彙である]「爸爸」の使用の社会的意義はだんだん減少しつつあり、傅村の中で比較的普通の父親呼称となっている。付義栄は、あまり遠くない未来、「爸爸」は「大大」や「阿爺」を超え、傅村の最も主要な父親呼称となることだろうと予測している。

3.4　結論

付義栄が出した結論は以下の通り。(1) 傅村の父親呼称の変化は、一種の現在進行中の変化である。(2) 変化を作ったのは、子供にことばを教える両親たちである。(3) 改革開放前、傅村の「爸爸」使用者は、移民家庭に集中し、改革開放後、傅村の「爸爸」使用者は増加した。これはなぜなら「爸爸」が社会的流動の象徴であったからだ。(4) 1990年代の「爸爸」という呼称の社会的意味合いは減少し始め、それは傅村の人々の間で次第に定まった父親呼称となってきている。

3.5　意義

以前の研究でも中国語方言の中の父親呼称の変化は注目されてきたが、大多数はその記述のレベルにとどまり、あるものは解説も加えられていたが、しばしば原因は普通話の普及によると簡単に片付けられていた。付義栄の研究は、

言語変異理論の枠組みの下、父親呼称の変異は進行中の変化の1つであり、この変化は話し手の積極的な自己の社会的アイデンティティの表現と関係があるとして、さらに詳しく「爸爸」という呼称の社会的アイデンティティの価値を分析した。

第 4 節 中国語の名称研究（漢語、普通話、華語）

　1人の人はいくつかの名前を持つことができる。1つの言語もまたいくつかの名称を持つことができる。一個人の異なる名前は異なる場面で使われる。たとえばニックネームは関係が親しい人との間で使われ、「学名［小学校入学時の正式名］」は学校などの正式な場合に使用する。では、1つの言語の異なる名称はそれぞれ違った働きがあるのだろうか？
　郭熙（2007）は中国語に関するいくつかの異なる名称について研究しかつ「アイデンティティ」の角度からこれらの名称の働きについて区別と分析を行った。

4.1　研究のテーマ

（1）研究の背景

　現在、世界各地の人々は中国語を学び、使用する、「中国語ブーム」が起きている。中国経済と貿易の発展、中国の国際的地位の向上に伴い、過去には中国語を捨てた多くの華人（中国人）や華僑のコミュニティでも現在中国語を復活させようとしている。中国語の国際華人社会における広範な使用は、その名称の多様化の方向へと発展を促している。
　郭熙は国内外の中国語を使用している中国人たちと、そのコミュニティを範囲とし、中国語の異名を調査研究し、いかなる要素がこれらの名称使用を制約しているのか探ろうと試みた。
　たとえば、中国国内では一般に［中国語を］「漢語」と呼び、シンガポールやマレーシアでは「華語」と呼んでいる。これと同時に、たとえ中国国内でも、中国語の名称は場面によっては異なり、たとえば一般的には「漢語電影［漢語映画］」とは言わずに「華語電影［華語映画］」と言い、もっと普通に見られるの

は「普通話〔標準語〕」映画であろう。しかし、「普通話歌曲」という言い方は、「華語歌曲」または「国語歌曲」とより耳慣れしていないのではないだろうか。

郭熙は、過去の研究者たちは「正式名」に目を向け、いかに「正確」に中国語を呼ぶかという問題を急ぎ解決しようとしてきたと指摘する。社会言語学者は急いで価値判断をするのではなく、調査と言う手段を使って、事実とこれらの事実に関する解釈を見つけ出すべきである。

(2) 研究のテーマ

郭毅は、まず中国語には (1) 漢語、(2) 普通話、(3) 中文、(4) 華語、(5) 国語、(6) 中国話、(7) 官話 という7つの名称があることを確認した。

以上の7つの名称に対して、郭熙が立てた最初の仮説は、それぞれ異なる出自があり、異なる政治的、経済的そして文化的条件下で生まれたものということである。この考えのもとに、一歩進んで求めようとした回答は以下である。

(1) 以上7種の名称には意味の上で等価であるか。
(2) この7種の歴史的な使用状況はどうだったか。
(3) 現在最も広く使用されているのはどれか。
(4) 7種とその他のことばの組み合わせの場合どのような特徴があるか。
(5) アイデンティティの要素はその中でどのような働きをしているか。
(6) 他にどのような社会的要素がこれらの異なる名称の使用を制約しているか。

4.2 研究の方法

研究者は主に文献研究法とインターネット検索調査法を使用した。中国語の上記7つの名称が意味の上で完全に等価であるかどうかという問題の答えを求めるために、中国国内と台湾で出版された辞書を調べ、国家語言文字工作委員会のオフィシャルサイト「中国語言文字網」を調べた。

意味の歴史的変化の問題を解くために、同じ辞書の違う時期の版を比較し、現在の収録状況に変化がないかを見た。もしすべて収録されていれば、解釈が同じかどうかを見た。もし同じではないなら、どこに違いがあるかを見た。また1846-1996年の『人民日報』を調べ、特に1949年の新中国建国前後の状況

を重点的に比較した。

　また現在使用中の主流の形式を見つけるために、インターネット上でGoogle検索エンジンを使用して検索を行い、「漢語」と「華語」などの単語がインターネット上に出現する頻度の統計を取った。

　複合語の問題を考察するために、インターネット検索のときにそれぞれ「漢語」と「華語」ということばの後ろに、別の10個の単語を組み合わせた。たとえば「華語電影［映画］」、「漢語電影」、「華語教材」、「漢語教材」等などを入れ、これらの組み合わせ項のインターネット上の出現状況を調べた。

　調査の結果にもとづき、研究者はアイデンティティと関係する要素がどのように異なる名称の使用状況を制約しているのかについて分析を行った。

4.3　研究の過程と結果

(1) 辞典の中の収録

　郭は『現代漢語詞典』、『応用漢語詞典』、『辞海』、『新華詞典』、『現代漢語規範辞典』、『中国大百科全書』、『中文大辞典』(台湾)、『大辞典』(台湾)を調べた後、上記7つの名称が示すところは完全に同じというわけでなないことがわかった。しかし、おおよそ次の2タイプに分けられる。タイプ1は中国語全体を指し、タイプ2は中国語の標準語［普通話］を指すということだ。同時に各地域でこれらの名称を使用するとき、前者を使用するものも、後者をとるものもあった。

　これらは辞書の解釈を例に「華語」が中国語を指すものは、

　　『現代漢語詞典』：指汉语［漢語（中国語）を指す］
　　『現代漢語規範詞典』：汉语［漢語（中国語）］

「華語」が漢語［中国語］の標準語を指す例は、

　　『応用漢語詞典』：指现代汉语普通话。是海外多用的说法。［現代中国語の標準語（普通話）を指す。海外で多用される言い方。］

『中文大辞典』：国語也［国語のことである。］

となっていて、『中国大百科全書』、『大辞典』には「華語」の項目は収録されていないが、前者では「漢語［中国語］」の項目に以下のような説明がある［訳文のみを記す］。

漢語［中国語］の普通話はこの百年近く、北方官話を基礎として徐々に形成されてきた。その標準音は北京音である。漢語の標準語は中国大陸では「普通話」と呼ばれ、台湾では「国語」、シンガポール、マレーシアでは「華語」と呼ばれている。

「中国語言文字網」も「普通話」と「国語」と「華語」の関係をこのように説明している。

この3種類の言い方はどれも我が国全国で通用する標準語のことで、中国大陸では「普通話」、台湾では「国語」、シンガポールなどの国では、華人コミュニティで「華語」と呼んでいる。3種類は、名称は違うが、実質上同じで、三者は相互に排斥しあうのではなく、相互に補完し合っている。

異なる地域の用法に関して、郭熙は以下の結論を下し説明している。

「華語」―中国語の標準語を指し、主にシンガポール、マレーシアで使用され、方言（広東語、閩南語など）に対していう。
「中文」―必ずしも標準語を指すわけではない。主にアメリカ（「漢語」、「華語」、「普通話」も使用されている）、日本[6]、中国の香港で使用されている。ただし、アメリカでは、「中文」は話しことばと書きことばを含むが、

6　訳注：日本では「中文」は「中文和訳」、「中文新聞」のように中国語の文章をさす。又中国人が中国語のことを「中文 zhǒg wěn」と呼ぶ。

香港では「中文」は書きことばだけを指す。
「漢語」─必ずしも標準語を指すわけではなく、中国以外におもに、インドネシア、タイ、フィリピンで使われるが、これらの国では「華語」も使用している。
「国語」─標準語を指し、主に台湾地域で使用され、現在正式な場面では「華語」に改められたが、民間では依然として、「国語」が使われている。
「普通話」─標準語を指し、中国国内以外におもに海外の若い世代の華僑や移民の間で使われ、「普通話コミュニティ」を形成している。香港でも用いられているが、話しことばの標準語という意味にだけに限られている。
「中国話」─必ずしも標準語を指すわけではない。各地で非公式な状況下で使用されている。

このように、7種類の異なる名称は意味の上で完全に等しいわけではない。
このほかに、中国語の呼び方は依然として多くの形が存在しているが、その中で最も通用しているのは「華語」と「漢語」である。

(2) 歴史的変化

郭熙は「漢語」の意味の歴史的変化を遡って調べた。「漢語」とはもともと漢代の人のことばということで、国家の言語であり、のちに民族の言語に変化してきた。漢代以降、漢語の発展の中で、ずっと漢語は2つの名称を伴って来た。1つは、「漢語」でもう1つは「華語」である。しかし、総じて、歴史という面からいえば、「華語」の使用量ははるかに「漢語」より低い。
清代にいたって、「漢語」と「清語」が対応して使用されるようになった。清朝の統治者は満語（「清語」）を「国語」とした。「漢語」はそのため、一種の民族語に降格したのだ。しかしその後「清語」としての満語は漢語との言語競争の中で敗れ、「漢語」という名称も漢語が通用語として流行していくに従い、さらに通用し始めた。
民国期では、「漢語」の使用率がどのくらい高かったのかはよくわからないが、

郭熙はそれほど高くなかったのではないかと見ている。なぜなら、1949年以前の中国語研究の論著に「漢語」を以て命名されたものは少ないからだ。次に参考書の中でも、「漢語」ということばは少ない。たとえば、趙元任（1968）が『中国語的文法・序』の中で次のように書いている。

> この本の中国名は『中国話的文法』で、まさに我々が研究しようとした言語の体裁を代表している。
> 他にもとても自然な書名として中国口語語法がある（李栄はわたしの『国語入門』の第二章を『北京口語語法』と訳した）。
> 現在、よく使用される「漢語語法」という名称は2語の組み合わせでできている、それぞれのことばは、科学的で明確であるが、言語学の学会で使われる以外に実際にはどちらも使わないのだ。

郭熙は以下2つの原因を考え出した。(1) 国語運動がおこり、それは「国語」を中国語の名称として大いに通用させた。(2)「中華民族」という概念が出されることによって意識的に新しい民族的アイデンティティと結びついた（1937年の『国語辞典』にはすでに「華族」ということばが出現していた）ため、ある程度「漢語」の使用が減ってしまった。

郭熙は『人民日報』1946-1966年の記事に対して検索を行ったところ、1949年10月1日以前は、「漢語」という用語を用いた記事はただ1篇あるのみだということが分かった。1949年以降では、中国国内の「国語」は「普通話」に取って代わられ、「漢語」の使用も増加していった。『人民日報』の本文内の

表7.7 『人民日報』で使用された「漢語」、「普通話」、「華語」の状況変化表

年月日	漢語（年平均篇）	普通話（年平均篇）	華語（年平均篇）
1946.10.1-1956.9.30	15	11.5	8.4
1956.10.1-1966.9.30	41	31	2.3
1966.10.1-1976.9.30	13.6	4.5	0.1
1976.10.1-1986.9.30	63	27.9	5.4
1986.10.1-1996.9.30	104.6	48.2	10.3
1996.10.1-2005.9.30	146	64	13.5

（郭熙 2007: 138）

検索データは表7.7である。

郭熙は、中国語のさまざまな呼び方は異なる歴史時期に現れ、使用率も絶えず変化していると指摘している。

(3)「華語」の流行

「華語」の流行は1950年代以降のシンガポールとマレーシアに始まる。1980年代に至って、「華語」は世界の中国人社会で広く活躍し始めた。2006年8月17日午後16時、郭熙がgoogle検索を使って調べると、「華語」は1260万件、「漢語」は1140万件ヒットした。2004年に検索した結果の「華語」と「漢語」を前置する単語の出現状況も比較を行った。その結果が表7.8である。

これらの結果は「華語」と「漢語」の総合的な使用状況を説明できるだけでなく、その使用条件も同じではないことを説明している。データからわかるのは「華語産品［中国商品］」、「華語榜［中国…ランキング］」、「華語音楽［中国流行音楽］」、「華語電影［中国映画］」、「華語歌手［中国人歌手］」は普通だが、「漢語産品」、「漢語音楽」、「漢語電影」はあまり見られず、「漢語榜」に至っては全く出現しないということを表している。これに比べて、「漢語学習［中国語学習］」、「漢語詞典［中国語辞典］」、「漢語写作［中国語作文］」、「漢語知識［中国語知識］」、「漢語課程［中国語コース］」はかなりあるが、「華語学習」、「華語詞典」、「華語写作」、

表7.8 「漢語」、「華語」複合語対照表

	華語		漢語	
	2004年	2006年	2004年	2006年
-産品	93,800	10,900	16	466
-榜	80,800	41,900	0	0
-音楽	57,700	1,230,000	7	1,050
-電影	41,100	108,000	117	231
-歌手	36,000	22,900	0	2
-学習	356	7,040	26,400	173,000
-詞典	26	153	7,650	822,000
-写作	78	242	3,100	7,490
-知識	10	31	2,240	7,380
-課程	267	1,680	2,030	89,200

（郭熙 2007: 139）

「華語知識」はほとんどない。

現在「華語」と「漢語」は、複合語の中で取り換えることができない傾向が継続的に存在している。国際的な中国人社会に向かって使われる語彙の中では「華語」の使用が主流で、言語学習の面では、「漢語」の使用が主流である。

郭熙は、「華語」の使用率の増加は主に以下のような原因があると考える。(1) 海外華人コミュニティの華族（中国人）という意識の向上。(2) 台湾当局が「国語」をやめ、「華語」に改名したこと。(3) 国際華人社会で共通する呼称が必要だったこと。

郭熙は、これらは全部、言語アイデンティティの問題であると指摘している。

4.4　結論

郭熙は以下のような結論を出した。(1)「普通話」、「国語」、「漢語」、「中文」、「華語」、「中国話」などの名称は、中国語の呼び方の多様性と不均衡性を反映しており、すべて歴史的原因がある。(2) 漢語の呼び方の多様性から見えるものは、社会的アイデンティティを構築する力ということで、異なる名称は異なる社会的アイデンティティを代表している。

4.5　意義

これまでの中国語の名称の研究では、多くの注意を「意味するもの（能記）」に集中させ、異なる「意味されるもの（所記）」のアイデンティティ的価値を見過ごしてきた。それと同時に、「アイデンティティ」を研究するとき、研究者たちは多くの伝統文化的アイデンティティや民族的アイデンティティの重要性に注意を払い、アイデンティティの可塑性と、構築性を無視してきた。一種の集団的行動として、社会的アイデンティティは社会的な客観的存在と、個体意識の相互行為の産物で、それには条件があり、社会の発展に伴い変化している。郭熙の研究は、中国語の名称のアイデンティティを指摘すると同時に、名称の多様化は、社会的アイデンティティの多様化の結果であると指摘している。

第 5 節　まとめ

　本章では言語アイデンティティの基本概念を紹介すると同時に3つの研究例を紹介した。

　バーグ（Berg 2005）の上海方言（上海語）と地域アイデンティティの研究、付義栄（2008）の安徽無為傅村方言の中の父親呼称の変化と社会的アイデンティティの研究、郭熙（2007）の中国語の異なる名称と民族的アイデンティティの研究である。

　言語はコミュニケーションの道具であるだけでなく、アイデンティティを表わす道具でもある。現代社会の中で、人々のアイデンティティは多層的であってもいいし、社会階層的なアイデンティティ、地域コミュニティのアイデンティティや国家的アイデンティティを包括していてもいい。これらの研究例は、言語は、多層的なアイデンティティの中で作用を発揮するということを表している。言語使用は、つまりアイデンティティ構築の過程である。世界の言語変種は何万何千とあり、話し手はその中の1つか、あるいは何種類かの使用を選択するが、これは意識的、無意識的に、その言語変種のアイデンティティ機能の強化にもつながっている。まさに前述のごとく、言語能力の獲得はしばしば話し手の出身や、成長環境の制限を受ける。そのため、児童の言語習得は一般的に個人の選択ではなく、家庭あるいはコミュニティの選択である。付義栄は父親呼称の分析をするとき、この点を指摘している。1人の成長の過程で、教育もまた彼の言語を変える。バーグは上海の高学歴群のバイリンガル能力とその言語との関係を指摘した。付義栄とバーグの研究はともに、社会の流動性が言語アイデンティティを変える上で作用することを示している。

　バーグの上海方言と地域アイデンティティの研究は、個人と集団の言語選択やアイデンティティの関係を論じているだけでなく、大きな社会的環境の中における集団の関係と言語の生態の問題も論じている。歴史的な制約のため、上

海社会は、異なる言語アイデンティティの集団間に特定の関係が形成されている。上海語はいくつかの呉方言の混合言語として、次第に都市の中で強い立場を獲得していき、地元の人たちが「江北人」などの移民たちを蔑視する道具となった。しかしながら、改革開放以来、経済社会の発展の必要性から、普通話の使用が絶えず重視されるようになった。バーグの分析によれば、普通話の普及推進は多くの官話方言地区からの移民（流入民）と、上海出身の高学歴群からの支持を受け、普通話使用ドメインがさらに拡大の勢いを見せている。

　付義栄の父親呼称研究は一般的な意味の言語変異と変化の研究を超越し、傅村の父親呼称変異が「現在進行中の変化」であることを確認しただけでなく、変異が示す社会の分化の特性を通して、アイデンティティが変化の過程で促進作用となると分析している。特に注目に値するのは、彼は1980年代中国農村に現れた社会的分化の状況を結合させ、田舎の非農業労働者が、先んじて都市化の象徴的意味のある言語変項を受け入れる過程を解き明かしている。付義栄は、言語アイデンティティが言語変化を促進するための必要条件の一つとして流動性があるという新しい観点を打ち出した。つまり社会の流動性が言語アイデンティティの変革を起こし、この変革が言語変化を促進させているのである。

　郭熙の研究は、共時と通時的考察を通して、中国語の7つの名称の競合と、アイデンティティの構築の関係を提示している。つまり、言語アイデンティティは、地域方言や具体的な言語形式の使用上に表れるだけでなく、ある名称の上にも表れるということだ。異なる歴史的条件下で「漢語」という名称は異なるアイデンティティの機能を担うことはできないため、異なる名称を獲得していく。ある名称はすでに歴史の遺物となり、あるものは依然として特定の場合に、特定の作用を発揮している。7種類の名称の中で、「漢語」と「華語」は現在も、歴史上でも主流であり、由緒正しき民族的アイデンティティを反映している。目下、中国国内では主に「漢語」が使われ、国際華人社会ではますます「華語」が使用されるだろう。国内でも国際化した華人文化に言及するときには、たとえば「華語歌曲」、「華語電影」などの「華語」が使用され始めている。

　研究方法上では、以上の研究例はそれぞれ特徴があるが、どれも理論と実際を結びつけるという原則を遵守している。

　バーグの研究は、理論分析と演繹に重きを置きながら、フィールド調査の内

容を結合させている。付義栄の研究は典型的な実証研究で、彼は傅村というケーススタディから、中国農村の社会の分化が言語の変化を推し進めるという結論を導き出している。

　郭熙は伝統的な文献法と現代的なインターネット検索技術を結合させる方法で、詳細で価値ある歴史的資料を提供しただけでなく現代の言語使用状況に対して十分な定量的結果をも提供している。それゆえ、これらの研究は異なる方面から、それぞれのレベルで「実験社会言語学」という研究モデルを打ち出したと言える。

【本章のポイント】
言語とアイデンティティの関係　アイデンティティの種類　言語アイデンティティの運用

【基本的概念】
地域アイデンティティ　社会的アイデンティティ　国家的アイデンティティ　言語活力　父親呼称　社会の流動性

【課題と実践】
1. 言語アイデンティティの改変は、必ず社会の流動性と結びつかなければならないのだろうか。
2. 上海と広州の言語生活にはどのような違いがあるだろうか。
3. なぜ異なるデパートの店員は異なる言語を使用するのだろうか。
4. 親族呼称は一生涯不変のものだろうか。
5. 「華語」と「漢語」を再度検索して、郭熙が発見した非対称が存在するかどうか見てみよう。

【推薦図書】
1. Berg, M. (2005) "Vitality, Identity and Language Spread：the Case of Shanghainese,"

  Journal of Chinese Sociolinguistics, Vol 2: pp.225-235.
2. 付義栄 (2008)「社会流動:安徽無為傅村父親称謂変化動因 [社会的流動性:安徽省無為村の父親呼称変化の動因]」『中国語文』第2期、pp.168-172。
3. 郭煕 (2007)「現代華人社会中"漢語"方式多様性的再考察 [現代中国人社会における『漢語』の呼び方の多様性についての再考察]」『南開語言学刊』第1期、pp.131-143。
4. 金美 (2003)「論台湾新擬"国家語言"的語言身分和地位——従<国語推進辦法>的廃止和語言立法説起 [台湾で新たに提案された「国家言語」の言語アイデンティティと地位——『国語推進方法』の廃止と言語法から]」『厦門大学学報』第6期。
5. 李宇明 (2004)「強国的語言和語言強国 [強国の言語と言語の強国]」『光明日報』7月28日。

第 8 章 言語計画

第 1 節　概　論

　言語計画（language planning）とは、言語の社会活動に働きかけることであり、国家または社会集団が言語問題に対して管理を行うために展開する各種の事業の総称である。具体的にいえば、人々が言語と文字の特徴と規範にもとづき、さまざまな手段を取りながら、計画と目的をもって、言語の発展に推進力を加え、指導と干渉を行う行為である。言語計画は政府の行為であり得るし、社会的行為でもあり得ると同時に学術性の高い研究テーマである。言語計画は現在すでに世界各国で重視された研究領域であり実務的作業である。

1.1　言語計画のテーマと意義

　言語計画は理論上「地位計画」と「実体計画」とに区分でき、実践上の区分では「言語法」と「言語管理」に区分できる。ここではおもに4つの方面から紹介したい。なぜならそれらが言語計画理論の中で比較的伝統的なテーマであるからだ。言語計画の新しい理論の模索に関しては、読者はいくつかの専門書や論文を参考にすることができる（陳章太 1987、郭熙 2004、李宇明 2005、劉英 2006 等）。

（1）地位計画
　地位計画とは、異なる言語に異なる法的地位または社会的地位を付与することで、それによって各言語間の関係を調整することである。たとえばどの言語を公用語とするか、どの言語を教育用の言語にするか、どの言語を「国語」に指定するかといったことである。ある国家の公用語は通常2種類の決め方がある。1つは主体的地位を有する民族の言語を公用語とするもので、たとえば日本の日本語、フランスのフランス語、アメリカの英語等である。2つ目は多元

的言語政策の採用である。たとえばカナダにはフランス語と英語という2種類の公用語があり、シンガポールでは英語、中国語、マレー語、タミル語の4種類の公用語があり、南アフリカではアフリカーンス語、英語、ンデベレ語、コサ語、ズールー語、スワジ語、ソト語、スワヒリ語、ツワナ語、ヴェンダ語、ツォンガ語など11種類の公用語がある。

(2) 実体計画

　実体計画とは言語と文字の規範化と標準化に対して改訂を行うことで、主に以下の2つの内容を含んでいる。

1. 言語文字の規範化

　言語文字の発展の法則にもとづき、発音、語彙、文法、文字などを明確に、一致した基準を確立させ、普及推進することである。たとえば、中国語の発音の規範化には、異読文字の規範化、軽声と「儿化［ァル化］」の規範化、および北京語音を標準音とする普通話［標準語］の発音を普及させるということも含まれている。中国語の語彙の規範化が直面する問題は、異形語彙の整理や、新語の絶え間ない誕生にどのように対応していくか、外来語の大量流入などの問題を含んでいる。中国語の文法の規範化の作業は新しく生まれる文法現象を対象としている[1]。文字の規範化は文字の形の選択と、文字音、形、書き順、量の規範化などを含む。たとえば文字の簡略化や、現代中国語常用字表、通用字表の制定、異体字の整理などである。

2. 科学技術用語の標準化

　用語の標準化は語彙の規範化の一部だと言えるが、その特殊な重要性とそのものの特性のゆえに、1つ1つリストアップして議論をする必要がある。科学

---

[1] 文法は比較的安定的な言語要素であるが、社会の発展変化に伴い、意味論と統語論にも徐々に変化が生じており、近年「很淑女［とても淑女］、十分唐吉诃德［十分ドンキホーテ］」と言った伝統的な文法規則には合致しない「副詞＋名詞」の現象が注目を集め議論になっている。

技術用語の標準化と国際化は、国際的な科学技術交流にとって、重要な役目を担っている。国際標準化機構（ISO）には用語標準化委員会（TC37）と国際用語情報センターが設置されている。我が国では用語の導入と翻訳は標準化の重要な仕事である。漢字は非ピンイン文字体系［非アルファベット表記］に属しているため、用語の国際化には難しい面がある。目下用語の混乱の現象も深刻である。このため、国家および関係機関が専門用語標準化機構を設立した。たとえば1950年当時の文化教育委員会[2]の指導のもと設立された「学術名詞統一工作委員会」、中国科学院が1985年に設立した「全国自然科学名詞審定委員会」、国家技術監督局が1985年に設立した「全国術語標準化技術委員会」などである。インターネットの普及に伴い、1993年国務院は、「中国術語工作網站［中国用語事業サイト］」を設けた。これらは中国語の科学技術用語の標準化を促す作用がある。

(3) 言語法

言語法とは一種の法律的行為で、言語生活に法的根拠を与えることで、言語政策の具現化であり、言語政策を保障する力になる。統計によれば、全世界の124の成文法の中で、79の国語または公用語が規定され、全体の55％を占めている。たとえば『中華人民共和国憲法』(1982)には「国家は全国に通用する標準語［普通話］を普及促進させ」（第19条）、かつ「各民族には自己の言語と文字を使用し、発展させる自由がある」（第4条）という規定がある。このほか全世界の約20カ国は専門の言語法を制定している。たとえばカナダの『公用語法』、ロシアの『ロシア連邦各民族の言語法』など（普忠良 2004）である。このほか、いくつかの国際法は各国の言語の権利を認め、中でも少数言語の権利に対し関係の規定を設けている。たとえば『市民的及び政治的権利に関する国際規約（International Covenant on Civil and Political Rights）』で、国家は少数言語の民族グループの問題に干渉してはならず、言語を根拠に差別を行ってはならないとしている（United Nations 1967）。

---

[2] 1956年、委員会は解散し、学術用語の統一作業は中国科学院にわたり、「中国科学院自然科学名詞編訂室」へ移った。

2000年10月31日、中国の歴史上はじめての言語文字に特化した法律『中華人民共和国国家通用語言文字法』が公布され、これは言語計画に重要な意義と多大な影響を有している。

(4) 言語管理

言語管理とは、国家が全国の言語文字と人々の言語生活に対して計画を持ち、目的を有する管理を行うことである。国家語言文字工作委員会（略称「国家語委」）は、中国の言語文字を主管する管理部門であり、主要な職務は言語文字工作の方針、政策、中長期計画の策定、関連規範と基準の制定、そして監督と検査を組織し調整し、普通話［標準語］の普及活動を指導することである。このほか、教育部にも「語言文字応用管理司［言語文字応用管理部門］」、「語言文字信息管理司［言語文字情報管理部門］」が設けられ、各級地方政府にも対応する言語文字工作機関が設けられている。

(5) 言語計画の意義

言語計画は、必ずしも単純に言語そのものの問題を解決するということではなく、経済、政治、文化、科学技術、教育などのすべての面に非常に重要な役割をもつ。

陳章太 (2005: 5-7) は言語計画の意義に対して次のようにまとめている。(1) 政治上では、言語の地位を確定し、言語間の関係を調整して、公民の言語権を保障し、国家の統一意識を強化し、それによって国家統一を維持し、民族の団結と社会の安定などの面において重要な役割を発揮する。(2) 実体計画を行い、言語と文字の規範化、標準化および言語の近代化建設を強化すれば、経済、文化、教育、科学技術などの進歩と発展を促進することができる。(3) 言語と文字に規範化を加え、使い易くし、それにより言語の社会的機能を増強、コミュニケーションと作業効率を向上させ、社会生活の変化の要求に適応する。(4) 言語の歴史的変化に対して積極的な影響を与え、言語構造自身に規範を加え、精密で、より現代社会の需要に適応し、言語使用者の利益の方向に合わせることができる。

多民族・多言語国家にとっては、言語計画は特に重要な意義がある。たとえ

ばシンガポールでは、正しい言語計画と言語政策が、各民族の平和共存に役立ち、社会や経済発展を安定させ、言語計画の貴重な経験を蓄積している（Xu & Li Wei 2002）。

1.2　言語調査

　言語政策や言語規範を制定するとき、言語生活の調査を行うべきである。言語実践の中でその言語規則を見つけ出せば、言語政策の制定や言語計画の実施に科学的根拠を提供することができる。インド政府はヒンディー語を国語と決め、土着のことばと地域標準語と国家の標準語の間の複雑な関係を解決するために、大規模な社会言語調査を行った。アメリカでは、1960-70年代に弱者層の言語研究に注目し、黒人言語の研究課題に対して大量の資金援助をし、その基礎の上に政府は関連した政策を制定し、黒人の教育問題を解決しようとした。

　現在、中国でも大規模言語調査を展開しており、主要なものには1998年に始まった「中国語言文字使用情況調査［中国言語文字使用状況調査］」がある。この調査は教育部、国家語言文字工作委員会（国家語委）という組織の指導の下、各地方の言語文字工作部門で実施している。調査の範囲は香港、マカオ、台湾以外の31の省と市、自治区などで、調査対象は47万人以上に及び、このような大規模言語調査は中国初のことである[3]。このほか、「中国社会科学院民族学与人類学研究所」の孫宏開と徐世璇研究員が主宰した『中国新発現語言調査研究［中国新発見言語調査研究］』はすでに完成し、この課題は我々が新たに発見した15種類の言語に対して詳しい調査と記述を行っている[4]。このような大規模言語調査の他に、各種の小規模で、小範囲の調査は枚挙にいとまがない。た

3　「中国語言文字使用情況調査主要結果発布」中華人民共和国教育部官網 http://moe.gov.cn

4　周大亜（2004）「伝承祖国優秀的民族語言文明——訪院重大課題"中国新発見語言調査研究"主持人孫宏開・徐世璇（［祖国の優れた民族言語と文明を伝承しよう——社会科学院の重大プロジェクト『中国新発見言語調査研究』主幹の孫宏開、徐世璇を訪ねて］」『学術動態（北京）』第33期。

とえば胡明揚（1988）が責任者として調査した北京の女国音[5]の調査、謝俊英（2004）の「新語と流行りことばに対する社会の認識度に関する調査」、鄧玉華他（2005、2006）の頭字語彙に対する意識と認知度についての調査などがある。

　危機言語の調査も言語調査の重要な部分である。言語は交流の道具であるだけでなく歴史文化を運ぶ乗り物である。言語の衰退は重大な文化的現象の消失をもたらすかもしれない。1980年代以来、危機言語の問題はすでに言語学研究の注目のトピックである。1993年のユネスコでは、その年を危機言語年と制定し、多くの国家では次々と危機言語保護機関が登場し、専門の基金もできた。たとえばアメリカの「危機言語保護委員会」、「危機言語基金」、カナダの「危機言語専門委員会」、ドイツの「危機言語学会」、オーストラリアの「国家先住民教育委員会」などがある（徐世璇他2003）。言語学者が世界各地の言語危機状況を調査しているが、その中で、特に、南アメリカ、アフリカ、北アラスカ地区で展開している危機言語調査が多い。

　中国の民族言語学者も同じような研究を続けており、成果は以下の2つの領域がある。(1) 危機言語問題に対する研究は主に、危機言語の定義、言語が消滅の危機に瀕する原因、各言語に対する意識と措置など（孫宏開2001、徐世璇2001、張公瑾2001等）。(2) 危機言語のケーススタディでは、たとえば仙仁土家語のケース分析（戴慶厦・田静2003）、康家語研究（斯欽朝克図1999）、布央語研究（李錦芳1999）、阿依語研究（孫宏開・劉光坤2005）等などだ。

　大規模言語調査であれ、比較的具体的な内容に絞った調査であれ、言語計画の制定と言語計画の研究は、どれも不可欠な事実的根拠を提供してくれる。

1.3　現代中国の言語計画

　中国の言語計画の歴史は長く、秦の時代の「書同文[6]」は、まさに明らかに言

5　訳注：北京の若い女性たちが、舌先寄りの舌足らずな発音をする現象で中年になると消えていくと言われている。
6　訳注：書同文とは、秦の始皇帝が天下統一の後に行った文字の統一政策だと言われている。

語計画である。中国の言語計画の突出した特徴はずっと中国語と漢字を主な対象にしてきたことであり、そのため、歴史上の言語計画と政策は明らかな連続性がある。ここでは主に現代中国の言語計画について紹介したい。

(1) 3つの時期

李宇明（2007）は、現代中国言語計画は1949年の中華人民共和国建国のときからはじまり、3つの段階に区分することができるとしている。

1. 第一段階：1949-1986年

この段階は中国語の言語計画の輝かしい時期で、その成果と影響は中国歴史上いかなる時期をも超越している。この時期には漢字の簡略化、普通話［標準語］の普及促進および漢字ピンイン方案の制定と普及などの活動が行われ、大きな成果を得ている（下記参照のこと）。

2. 第二段階：1986-2005年

1986年1月、国家語委（国家語言文字工作委員会）[7]の第一次会議が開かれ、新時代の言語文字工作計画が制定され、以下の任務が与えられた。

> 現代中国語の規範化をよりよく行うために、大々的にかつ積極的に普通話［標準語］の普及を促進させる。また現行の漢字の研究と整理、各項目に関係する基準の制定、『漢語ピンイン方案』をより一層普及させ、実際の使用に関連した問題を研究し解決する。中国語、漢字情報処理の問題を研究し、関連の成果に関与し、検査する。言語と文字の基礎的研究と応用研究を強化し、社会調査と相談業務やサービス業務を進める。

この会議ののち、「規範化、標準化および情報化」事業が現代中国語言語計画の第二段階の主な特徴となった。

7　1985年「中国文字改革委員会」は「国家語言文字工作委員会」に改称（略称「国家語委」）。

3. 第三段階：2006年以降

2006年以降、現代中国語言語計画の第三段階に入った、この段階の主な仕事は和諧［調和のとれた］言語生活を構築することである。国家語委は以下のように意見を提出している。

> 政府が管理するのは、主に言語生活で、多言語生活を提唱し、主体性と多様性の弁証法的統一を維持する。つまり、「言語資源という概念を樹立し、人類の言語および方言を大事に」しなければならない。異なる言語と方言、文字（繁体字を含め）のいずれをも、国家の言語資源と考え、伸ばし、利用し、それぞれに場所を与え、それぞれ独自の利用をし、それぞれの強みを生かしていくのである。

(2) 主な成果

以上の紹介から現代中国の言語計画が主に漢字の簡易化、『漢語ピンイン方案』の制定、普通話［標準語］の普及、文字の規範化と情報化、調和のとれた言語生活を打ち立てるといったことが主要な任務であることが分かる。これらの事業の成果は以下のいくつかの領域がある。

1. 漢字簡略化と標準化

漢字の簡略化は漢字学習の負担を軽減し、教育の普及に役立つ。具体的には簡体字化の原則を決め、『簡化字表』を制定することなどである。漢字の簡略化には主に形の簡略化があるが、これは異体字、難読字及び字形、部首の整理と漢字数の制限と縮小などが含まれている。1956年から国は前後して4回の簡体字を公布、1964年それを『簡化字総表』にまとめ、2,238字とした。1986年国家語委は改めて、『簡化字総表』を公布したときに、「今後、漢字の簡略化は慎重な態度が必要であり、漢字の形を一定期間維持、安定させ、社会での応用に資するべきである」としている（陳章太 2005: 399 からの引用）。ここにいたって、漢字の形の簡略化［簡体字化］はしばし終わりを告げた。

漢字の標準化事業では大きな成果を上げた。漢字の数は莫大で、その形も複雑であり、発音も多種あるので、異体字、異体語を整理し、現代漢語用字の標

準音を規定するために、関係者たちは大量で骨の折れる作業を行った。これらの作業の成果により、1955年から関係部門は前後して『第一批異体字整理表』、『第二批異体字整理表』、『普通話異読詞審音表』などの多くの基準を公布した。

また、漢字の情報化の需要に応えるため、言語計画の第二段階には「通用漢字」の研究を強化した。1981年の国家標準局が発布したGB2312-80『信息交換用漢字編碼字符集［情報交換用漢字コード化文字セット］』(基本集)には6,763字おさめられた。1988年、国家新聞出版署、国家語委は『現代漢語通用字表』を公布、7,000字がおさめられ、『現代漢語常用字表』には3,500字がおさめられ、出版物の中の漢字のカバー率は99.48％になった。

2004年に公布された、中国言語文字使用状況調査の結果では、95％以上の人が平時に何かを書くとき規範的な漢字を使用していることが分かった[8]。

2.『漢語ピンイン方案』の制定と推進

『漢語ピンイン方案』は1955-1957年の間、中国文字改革委員会の下に設けられた漢字ピンイン方案委員会が研究制定し、1958年第一回全国人民代表大会第五次会議上で正式に批准された。漢語ピンイン方案ではアルファベットを用い、その役割は主に漢字に発音を表し、普通話［標準語］普及の道具としたことだ。世紀の変わり目に行われた「中国語言文字使用情況調査」によれば、全国で漢字ピンインをマスターした人の人口は68％に達している[9]。このほか。1980年以来、『漢字ピンイン方案』も国際基準となった。

3. 標準語の普及

1956年国務院は『関于推広普通話的指示［普通話の普及推進に関する指示］』を発布し、普通話［標準語］とは「北京音を標準音とし、北方語を基礎方言とし、典型的な現代白話文の著作を文法規範とする」ということ、「推進に重点を置き、次第に普及させていく」という推進方針を明確に打ち出した。1992年、普通

---

8 「中国語言文字使用情況調査主要結果発布」中華人民共和国教育部官網 http://moe.gov.cn

9 同上。

話推進方針を「大いに推進し、積極的に普及させ、次第に向上させていく」と普通話推進事業を国家的言語・文字事業の第一の任務とした。とった措置は以下の通り。テレビラジオのアナウンサー、司会者、教師などは「普通話水平試験［標準語レベルテスト］」を受け、証明書を持って職に就かなければならない。目標は普通話を仕事の言語、教育の言語、宣伝言語とコミュニケーション言語にすること。それと同時に、普通話の向上を目指すときにも普及にも注意し、テストは「三級六等」に分かれ、異なる職業集団は異なる（等級）の要求に応えればよいとした。このようにすれば、よりいっそう普通話の普及を促進できる。

「中国語言文字使用情況調査」の結果にもとづき、普通話［標準語］は、すでにラジオテレビのメディアや学校、異なる方言地区間の人々の交流のための主な用語となっている。全国で、普通話でコミュニケーションがとれる人は53％で、都市での比率はより高く約66％である[10]。調査では普通話能力とほかの2つの要素（年齢と教育程度）は密接な関係であることが分かった。年齢が若いほど、普通話でのコミュニケーションができる比率は高く、教育程度が高ければほぼ普通話能力も高い[11]。

4. 規範化、標準化、情報化と調和のとれた言語生活の構築

近年、国家語委は中国語と漢字の規範化、標準化、情報化の面で大量の作業をしたばかりでなく、少数民族言語に対する作業にも莫大な力を注ぎ、多くの成果を上げている。これは少数民族の言語と文字の保護と発展および調和のとれた言語生活にとってよい条件を提供している。

調和のとれた社会構築の努力の中では、こうした言語生活は欠くべからざる部分である。調和のとれた言語生活を構築するために、国家語委は言語生活の調査研究をさらに増進させ、大学の中に国家語言資源監測和研究中心［国家言

---

10 「中国首次語言調査使用普通話者53％中呈両大特点［中国第1回言語調査：普通話を使用する人は53％で二大特徴を示している］」とある。中国新聞網 http://www.chinanews.com/　2004年12月26日　15:18。

11 同上。

語資源監視と研究センター］と国家語言戦略研究中心［国家言語戦略研究センター］など、科学的研究機構を設立し、言語と国情の調整研究と対策研究を行っている。また全国的に展開している言語文字使用状況調査は、今後の言語文字工作に情報を提供している。たとえば、調査では人々が普通話を学習するときの主な困難は、「周りの人が全く話していない。話す機会も少ない」、「なまりを変えるのは恥ずかしい」[12]などで、これはこれからの普通話推進事業の明らかな方向となっている。

---

12 『中国语文文字使用情况调查结果在北京公布［中国語文文字使用情況調査結果が北京で公布さる］』、『語言科学』2005年第3期、pp.112。

第 2 節　シンガポールのバイリンガル家庭

　前述のごとく、言語問題の処理の不備は社会と国家の安定に影響を与える可能性がある。これは多言語、多民族の国家から見ればなおのことである。シンガポールは多民族、多文化、多言語の移民国家で、言語問題も非常に突出している。そのため、シンガポール政府は一連の言語政策を制定し、これにより民族の調和と社会を安定させた（詹伯慧 2001、劉汝山 2004 など）。同時にシンガポール政府も一連の言語に関する科学研究プロジェクトに助成金を出し、シンガポール社会の言語の実態状況を調査研究し、政策制定の根拠とした。これから紹介するのはこの方面の研究の一例である。シンガポール教育部が助成をした児童のバイリンガル化とその要因の研究である。

　この調査は 1990 年代後期に行われ、ここで紹介する内容は徐大明、薩拉瓦南（徐大明・Saravanan 2007）で、中国語で研究発表が行われた。

2.1　研究のテーマ

　シンガポールは 1965 年に共和国が建設されて以来、ずっと多文化、多言語共存とおよびバイリンガル教育政策を行い、英語を主要な管理言語と民族間のコミュニケーション言語とし、いくつかの民族言語を維持併用してきた。このため、現代シンガポール人の大多数は 2 種類またはもっと多くの言語を操ることができるバイリンガルだ。ただし、関連の調査が示すように、1990 年以来シンガポールには相当程度民族言語から英語にシフトする言語シフト現象が現れ、各民族の中に英語を家庭の主要な言語とする割合が次第に増えてきている（徐大明他 2000）。目下、シンガポールの言語シフト状況はすでに争うことのできない事実となっているが、やはり言語シフトの社会的要因の探求は必要である。言語シフトは往々にして児童から始まるため、研究者はバイリンガル家庭

の中の児童を研究の重点にし、これらの児童の言語シフトが促進される主な要因を導きだそうと試み、併せて児童の言語シフトの社会的要因の理論モデルを構築しようとした。

2.2 研究方法

　研究者は調査の範囲を「3世代同居のバイリンガル家庭」とした。モノリンガル家庭に比べて、バイリンガル家庭はより言語シフトの研究材料を提供してくれるからである。3世代同居はシンガポールの伝統的な家族構成で、研究者はこれらの家庭で起こる言語シフト現象は比較的典型的なシンガポール社会が経てきた言語シフトの過程であるのではないかと考えた。また研究者は、先祖と父の代の社会的背景、コミュニケーションモデル、言語能力等の要素が児童の言語選択と言語の成長に影響を与えるかどうかを探ろうと試みた。

　全部で54の条件に合った家庭を調査した。偏りを産出する可能性がある民族と言語の因子を除き、シンガポールの三大民族つまり華人［中国人］、マレー人、インド人（タミル人）を調査対象と決め、調査対象の中の比率を、20の中国人家庭、17のマレー人家庭、17のタミル語を話すインド人家庭とした。また中国人調査対象家庭を選ぶとき、方言的背景にも注意し、「福建語」、「潮州語」と「広東語」の3大方言集団がすべて一定の割合になるようにした。各家庭の調査対象は、3世代の中の4つの構成員（子供、父親、母親、祖父母あるいは外祖父母の内1人である）。

　研究者は幼児教育機関を通じて紹介してもらって選定した家庭へ家庭訪問に行き、調査対象者の許可を得て、インタビューの内容を録音した。調査人員はすべて専門の訓練を受けており、調査対象者と同じ民族で、調査対象者が常用する言語が使える。

　インタビューの内容は次の2つからなる。

　第一部は、正式なインタビューで、内容は調査対象者の家庭の社会的、経済的、本籍などの背景的情報、および家庭内3世代のバイリンガル能力、習慣的な言語使用状況、異なる言語への見方や意識などを含んでいる。

　第二部は、調査対象者が自由に話し、その談話を通して、正式な質問で得た

情報を検証すると同時に、できるだけ家族内の言語コミュニケーションモデルを観察した。社会的コミュニケーションのネットワークが言語保持に対する働きを検証するため、今回の調査では特別に社会的コミュニケーション・ネットワークに関しても調査し、以下のような問も含まれている。「あなたはどんな人とよく交流したり、仕事の問題を話し合ったりしますか。」、「あなたはどんな人とよく子供の教育問題について話し合いますか。」、「あなたは友人とよく宗教や信仰について話し合いますか？　どのような種類の友人がいますか。」

　研究者が5つの異なる地点で、小学校就学前クラス（5-6歳の子供）から連絡を取った54家庭216人が調査を受けてくれた。

　次に調査で得られた材料で定量分析を行った。その主な過程は、(1) 関係因子の定量化、(2) 定量化した指標に対して相関的な統計検査を行う。(3) どのような因子間に明らかな相関関係があるかを確認した後、また相関係数の大きさを比較した。相関係数が大きい因子間に、直接の因果関係がある可能性が大きい。

　研究の中で確認した因子は社会経済的地位、社会的ネットワークの特性、言語意識、習慣的言語選択モデル、言語能力などがある。

　研究者はそれら全部を定量化指標にした。社会的ネットワークの定量化指標は言語学の中ではあまり使われていないため、この研究は革新的である。ネットワークを定量化するための指標を決めるときに、「英語ネットワーク」と「民族言語ネットワーク」に区分した。英語ネットワークの指標は、英語を話す人の社会全体の中に占める割合で、民族言語ネットワークは民族言語を話す人の社会全体のネットワーク成員の中に占める割合である。たとえば、ある人の社会的ネットワークが20人だとして、その中の10人が英語を話す人、10人が民族言語を話す人なら、彼または彼女の英語と民族言語の社会的ネットワーク指標はどれも50％ということになる。

2.3 研究結果

(1) 英語能力の獲得と社会的動因

祖父の代の状況：調査の結果が示すには、この世代の状況は大きな違いはなく、経済的地位、社会のネットワークの特性、言語選択モデル、言語能力などの面でもよく似ていた。調査対象家庭の90％以上の祖父母たちは比較的低い社会階層の出身で、社会的ネットワーク、言語使用と言語能力の面でも民族言語が主で、その中の多くの人たちはほとんど英語能力がなかった。

中間世代（父母世代）の状況：この世代は経済的地位、社会的ネットワーク特性、言語選択モデルおよびバイリンガル能力には差が大きく、大きな分断の状態であり、上の世代の類似性と比べて明らかに対照的である。表8.1の中間世代の英語能力と英語への志向性、英語選択、英語社会ネットワーク、経済的地位などの指標の間には相関性があった。

ここから見て、父親の英語能力と彼らの英語志向性、英語ネットワーク、英語選択および社会経済的地位には相関関係がある。その中で、英語志向性が英語能力に対して影響が最も大きいことが分かる。習慣的英語使用の影響はその次で、社会的ネットワークと経済的地位の影響と続く。一方、母親の英語能力と英語選択および社会経済的地位には相関関係があるが、英語志向性と英語ネットワークには相関性が見られない。両親の類似点は言語選択指標と経済的地位指標は言語能力と相関性があり、言語選択指標の相関度は地位指標よりも高

表8.1 英語能力と社会的因子の相関性

父親	英語志向	英語選択	英語ネットワーク	経済的地位	英語能力
父親の英語力	0.439**	0.352**	0.330*	0.277*	―
子供の英語力	n.s.	0.379**	n.s.	0.282*	n.s.

母親	英語志向	英語選択	英語ネットワーク	経済的地位	英語能力
母親の英語力	n.s.	0.324*	n.s.	0.276*	―
子供の英語力	n.s.	0.298*	n.s.	0.269*	0.323*

**：$P<0.01$　*：$P<0.05$　n.s.：明らかな相関関係はないという意味

（徐大明 2007: 42）

図8.1　英語能力獲得に影響のある因子間の関係

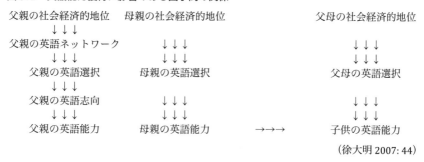

（徐大明 2007: 44）

い。比較的性差が明らかなのは、男性の英語能力は社会的ネットワーク因子の制約を受けるが、女性の英語能力は地位的要素に制約を受ける。これは欧米の社会言語学の多くの研究で一致した結果が出ている（徐大明他 2006参照のこと）。

　児童の状況：子供の英語能力と父母の指標には一定の相関関係がある。表8.1から見れば父親の選択指標、経済的地位指標と母親の選択指標、経済的地位指標、英語能力はすべて、子供の英語能力に大きな影響を及ぼしている。中でも父親の行動モデル（習慣的英語選択指標）と母親の英語能力は、子供の英語能力との相関関係がもっとも高い。子供の英語能力と、子供自身のそのほかの指標の相関関係のチェックでは特に著しい結果は出なかった。あきらかに子供の英語能力の獲得は父母からの影響が高い。

　研究者は図8.1で、英語能力の獲得に対して影響を与える因子間の関係を示した。

　この解説モデルの中で、社会経済的地位と言語選択には、広く英語能力に影響のある因子が存在している。それは父母の英語能力に影響を与える因子で、子供の英語能力に影響を与える家庭的因子でもある。つまり、父母の社会経済的地位と言語選択は子供の英語能力に影響を与えている。このほか、子供の英語能力は、母親の英語能力から直接影響を受けている。父親の英語能力に影響を与える因子は比較的多いが、それは社会経済的地位の影響が、英語ネットワークに影響し、それが英語選択に、またそれが英語への志向性という意識におよび、そして最後に英語能力の獲得に至るようだ。

(2) 民族言語能力および言語シフトの社会的動因

　表8.2では調査対象者の民族言語能力と英語能力、英語志向性、英語選択、英語の社会的ネットワークそして経済的地位指標等の環境的因子の相関係数を並べた。

　表8.2からあきらかなように、父親の民族言語の能力と英語選択、英語ネットワークは反比例の関係にある。つまり英語の選択が多いほど、民族言語能力は低い。社会的ネットワークの中で英語を話す人はますます多くなり、民族言語能力はますます衰えてきている。母親の民族言語能力の相関因子は、英語志向性と英語選択を含むが、程度の上では、前者が後者より強い。ここから見て、英語選択モデル、すなわち、日常生活の中での英語の使用率は、話し手の英語能力と民族言語能力の両方に強い影響力がある。

　ここから見て、児童の民族言語能力と父母のいくつかの指標はどれもマイナスの相関関係がある。母親の英語ネットワークは子供の民族言語保持に影響が最大で、その次が父母の経済的地位と父母の英語ネットワークであり、これらの指標が高ければ子供の民族言語能力は低くなる。父母（ことに母親）の英語能力も子供の民族言語能力と負の相関関係を呈している。同時に父母の言語意識も子供の民族言語保持に多大な影響を与える。子供の民族言語能力保持とプラスの相関関係にあるのは父母の民族言語能力である。

　表8.3は子供の民族言語能力、彼らの英語選択モデル、英語ネットワークおよび英語への志向性との相関関係を表したものだ。これからわかることは、英語選択と英語のネットワークは民族言語能力に高度にマイナスの相関関係があ

表8.2　民族言語能力と社会的因子の相関性

父親	英語能力	英語志向	英語選択	英語ネットワーク	経済的地位	民族言語能力
父の民族言語能力	n.s.	n.s.	-0.335*	-0.282*	n.s.	—
子供の民族言語能力	-0.307*	-0.429**	-0.406**	-0.451**	-0.451**	0.350**
母親	英語能力	英語志向	英語選択	英語ネットワーク	経済的地位	民族言語能力
母の民族言語能力	n.s.	-0.454**	-0.387**	n.s.	n.s.	—
子供の民語能力	-0.352**	-0.449**	-0.485**	-0.491**	-0.444**	0.337**

＊＊：P<0.01　＊：P<0.05　n.s.：明らかな相関関係はないという意味

（徐大明 2007: 45）

第8章 | 言語計画　　*311*

表8.3　子供の民族言語と英語選択、英語ネットワーク、英語志向性との相関性

子供の民族言語	英語選択	英語ネットワーク	英語志向
	-0.539**	-0.459**	n.s

＊＊：P<0.01　＊：P<0.05　n.s.：明らかな相関関係はないという意味

（徐大明 2007: 45）

るということである。しかし、英語志向性には却ってそのような作用はない。

図8.2は関連の社会環境的因子が、父母と子の言語能力に影響する過程と範囲を示したものである。その中で、社会経済的地位は父母の英語能力に影響を与えるが、彼らの民族言語能力には特に影響を与えていない。しかし、社会経済的地位は児童の英語能力に与える上に、彼らの民族言語能力にも影響している。経済的地位が比較的高い家庭は子供の英語能力の獲得に有利だが、民族言語能力の継承には不利である。子供の英語ネットワークと父母の英語ネットワークはどちらも民族言語能力の保持には不利である。

図8.3　言語能力が影響を及ぼす因子とその関係

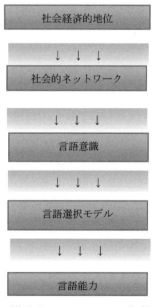

（徐大明 2007: 48をもとに作成）

このモデルが示す通り、言語選択は言語能力ともっとも直接作用する因子である。父母、子供の言語選択はそれぞれ自分たちの言語能力に影響を与えるが、父母の言語選択は子供の言語能力に影響を与え、かつ影響度は非常に高い（その程度は中程度以上である）。言語意識の言語能力に対する作用は、言語選択ほどはあきらかでも安定的でもない。父母の言語意識は強烈に子供の民族言語能力に影響を与えるが、彼らの英語能力への影響はない。父親の言語意識と自身の英語能力には相関関係があり、母親の言語意識と自身の民族言語能力にも相関関係がある。

2.4 結論

　研究者の結論は次の通りだ。社会経済的地位はバイリンガル社会の個人の言語発展を決定するもっとも基本的な因子である。しかし社会的ネットワークの因子もそこに介入し、一定の調整作用（あるときにはかなり強い）を起こす。社会経済的地位と社会的ネットワークという因子は人々の言語意識に影響を与え、言語意識は言語発展に影響を与える。しかし、いちばん直接的に言語能力に影響を与える因子は言語選択であり、バイリンガル社会の中で、ある1言語が選択使用され、その使用が多ければ多いほどその言語の能力は高くなる。
　家庭環境の因子は子供のバイリンガル化と密接に関係がある。親世代は言語保持に対してあきらかに作用する。父母の言語能力、言語選択、言語意識、社会的ネットワークと経済的地位などは子供の民族言語能力と相関関係がある。しかし言語シフトの面では、父母の作用と、影響は相対的に弱く、子供自身のネットワークと選択モデルが比較的大きく作用する。父母が子供の言語シフトにもっとも直接的に影響する方法は自身の言語選択を通してである。社会経済的地位も一定の作用をするが、選択モデルに比べるとかなり弱い。つまり、父母の言語選択のお手本作用が、バイリンガル社会の児童の言語の成長にもっとも重要な環境的因子であると言える。

2.5　意義

　シンガポールのバイリンガル家庭の調査と研究には以下のいくつかの意義がある。(1) バイリンガル社会の中で日々増えている言語シフトの現象の研究を行うことは、現実的であり目標がはっきりしている。(2) 調査対象の選択で、調査範囲を「3世代同居のバイリンガル家庭」に限定すると同時に、三大民族の比例を考慮して、典型性と代表性をもつようにした。(3) 言語計画の目標と任務は社会の発展に伴い変化しており、言語計画者も絶え間なく、社会の言語状況の変化と、これらの変化が生じる原因を知る必要がある。この研究は言語シフトの社会的要因を対象にし、シンガポールの言語計画に科学的根拠を提供した。

第 3 節　頭字語の研究

　現在中国国内の言語生活の中で、外来語の使用は当たり前になっている。その中で人々の注目を浴びているのが語彙の借用現象で「頭字語（アクロニム）」と言われるものである。例としては「MTV」、「APEC」、「CEO」、「HSK」、「B超［超音波］」などである。劉湧泉（1994）が『談談字母詞［頭字語を語る］』という論文を発表して以来、「頭字語」問題は学界に広く議論を呼び起こした。研究者たちは頭字語の名称、定義、読み方、分類および使用状況、さまざまな辞書の頭字語の収録状況などに対して研究を行っている。いかに頭字語の使用を規範化するかに対して、ある研究者たちは対策と意見を提出した。たとえば、郭熙（2005）、楊建国他（2005）、周健他（2001）などだ。他の研究者たちも公衆の言語意識に注目し始め、このように異なる集団の言語意識に対して調査研究が始まった。ここでわれわれは鄒玉華他（2005）の研究について具体的に紹介をする。

3.1　研究のテーマ

　頭字語（字母詞）は外国語の借用法の1つで、過去では「借音、借義」だったがこれ以外に、同時に直接西洋文字の「形」を「借」用して構成された外来語である（薛笑叢2007）。改革開放前は中国語の中の頭字語の数はとても少なく、注目もされなかったが、改革開放後、頭字語は大量に出現した。現在の頭字語は中国語の中で大量に使用されているが、研究者たちの見解は同じではない。ある研究者は肯定的で（羅慶銘1997、曹学林2000、劉湧泉2002等）、頭字語は簡潔で、表す意味も正確で、国際的なコミュニケーションにも有利で、中国語の語彙を豊富にすると考えている。また一部の研究者は否定的な考えで（方夢之1995、李国文2000、胡明揚2002など）、中国語の中で頭字語を使用するのは

わかりにくく、中国語の純粋性を壊すと考えている。また一部の研究者たちは、頭字語に対して、その存在は承認すべきで、加えて指導や規範が必要で、一言でくくるわけにはいかず、むやみに受け入れるわけにもいかないと考えている（劉雲漢 2001、兪品・祝吉芳 2003、鄭献芹 2004）。

　言語意識は人々の言語行動に影響を与え、言語変化を引き起こすため、人々の頭字語に対する意識は、その使用と変化に影響を与えるだろう。上述のように、研究者たちは頭字語に対してそれぞれの見解があるが、社会の頭字語への意識はどうであろうか、どのような主流の傾向があるのか。

　これを調べるため、鄒玉華他（2005）は、人々の頭字語の使用に対する意識（それを「頭字語意識」と称す）、調査し頭字語の規範化に一定の根拠を提供したいと考えた。

3.2　研究方法と過程

　鄒玉華らは判断的サンプリング法、割り当てサンプリング法、スノーボールサンプリング法を用い、調査対象を選んでアンケート調査を行った。調査地点は山東省濰坊市。調査期間は2004年2-5月、アンケート配布は300部、293部回収、有効回答は272部で有効回答率は92.83％であった。

(1) 調査対象の選択

　鄒玉華らは、頭字語の大多数はまず専門領域で出現し、その後に一般生活領域に現れてくるため、調査対象者の位置づけを頭字語と比較的接触の多い集団にした。職業にもとづき彼らを、学生、教師、政府の管理職、IT技術者、メディア編集者という5分類にした。特に後ろ2類の職業を区分したのは、「彼らと頭字語の付き合いが比較的多い」ことと、「彼らの意識と一般社会集団との間の差を検討する」必要があるためである（鄒玉華他 2005）。このほか、頭字語は外国語と関係しているため、その使用にも一定の文化的レベルが必要で、このため調査対象の教育程度も考慮した。一般的な社会言語学の調査規範にもとづき、年齢と性別も重要な分類情報とした。調査の対象の社会的分布状況は表8.4の通りである。

表8.4　調査対象の社会分布

性別		年齢（歳）		教育程度		職業	
男	142人 (52.2%)	18-25	22人 (8.1%)	中卒、 それ以下	83人 (30.5%)	学生	62人 (22.8%)
						教師	98人 (36%)
		26-35	23人 (8.5%)	高卒、中専	141人 (51.8%)	政府管理職	67人 (27.6)
						IT技術者	23人 (8.5%)
女	130 (47.8%)	36-45	227人 (83.4)	大専、大卒	24人 (8.8%)	メディア編集者	22人 (8.1%)
		46以上	24人 (8.8%)				

（鄒玉華他 2005:67から作成）

(2) 頭字語への意識測定

　頭字語に対する意識調査は2つの部分からなる。頭字語に対する総合的な意識調査と、具体的な指標に対する意識調査である。具体的な指標とは次の9項目である（1）頭字語が漢字の純粋性を壊している。(2) 頭字語は意味がわからない。(3) 頭字語は漢字語に翻訳すべきだ。(4) 頭字語は非常な勢いで拡大していて押しとどめることができない。(5) 頭字語は簡潔で表記も簡便だ。(6) 頭字語は目立つ。(7) 頭字語は表現するのに便利。(8) 頭字語は国際的コミュニケーションに便利である。(9) 頭字語に対するその他の感じ方。

3.3　調査結果

(1) 調査の全体的結果

　調査結果が示したのは、多くの人は頭字語の使用に賛成で、少数の人が中立または反対であった。272人の調査対象者の中で「支持する」人は163人59.9％を占め、中立の人は63人23.2％、「反対」の人は46人16.9％だった。

　結果から、頭字語の受け入れの要因はいくつもの答えがあった。たとえば、人々の開かれた態度や、頭字語自身に備わった優位性、つまり簡潔で、表す意味も正確で、国際交流に便利、「英語ブーム」や新しいものを追いかける心理などだ。その中で161人は「頭字語は簡潔で、書きやすい」と思っており、調

査対象総数の59.2％を占め、155人は「頭字語は国際的コミュニケーションに便利である」と考え、総数の57％を占めている。

調査対象の中には、頭字語に対して反対の態度を示す人もいた。37人は「頭字語は漢字の純粋性を壊す」と考え、13.6％を占める。39人は「頭字語はわかりにくい」と考え14.3％を占めていた。

（9）の「その他感じ方」では、全体的に支持するという意見が反対意見より多く、もっとも多かった回答は「なりゆきに任せる」ということで、その次が「濫用してはいけない」だった。またこのほか、「理解に不利」、「なじみがないのはあまり使わず、一番良いのは中国語の注釈をつけること」など反対的内容の回答もあった。

鄒玉華らは具体的指標と全体の意識指標の相関性について検定を行い、その結果、具体的指標を見つけた。具体的指標は（1）―（3）の選択と「反対」の意識には密接な相関関係がある。具体的指標（4）―（8）の選択と「支持する」には相関関係があり、指標（1）（2）と「反対」、（5）と「支持」の相関係数値はもっとも高かった。これは、「頭字語は中国語の純粋性を壊す」と「頭字語はわかりにくい」が頭字語の反対理由の最たる理由で、「頭字語は簡潔で、書き方も便利」が頭字語の支持の主な理由であることを説明している。興味深いのは、調査により、全体の意識が頭字語に反対の人でも指標（8）の認定度が比較的高かったことで、これは「国際的コミュニケーションに便利だ」ということが、頭字語を多くの人が認める理由であることを物語っている。

（2）異なる集団の調査結果

1．職業

研究者がした分類では、異なる職業の中で「IT技術者」、「メディア編集者」と「政府管理職、教師、学生」が3つの異集団である。つまり「専門領域集団」、「メディア集団」、と「一般使用集団」というこの3つの集団の頭字語への意識はそれぞれ違っている。専門領域集団つまりIT技術者は頭字語の支持率が一番高く、メディア集団つまり、メディアの編集者の頭字語の支持率が一番低く、一般使用者つまり政府管理者、教師、学生の支持率は中程度だった。各職業集団の頭字語への具体的な意識を表8.5に示す。

表 8.5　異なる職業集団の頭字語に対する意識

	IT 技術者	学生	教師	政府管理職	メディア編集者
支持	82.6%	61.3%	56.1%	62.7%	40.9%
どちらでもよい	17.4%	22.6%	25.5%	19.4%	31.8%
反対	0%	16.1%	18.4%	17.9%	27.3%

（鄒玉華等 2005: 69）

　IT 技術者の頭字語の支持率はもっとも高く 82.6%だが、17.4%がどちらでもよいと答えており、その中で 1 人が頭字語使用に反対している。研究者は、これは仕事の質と関係していると考えている。

　『現代漢語詞典』(2000 増訂版)に収められた頭字語は、簡単な統計では、頭字語の 50%以上は、情報科学技術分野からきており、80%は英語の縮約語である。そのため、IT 技術者たちの知っている頭字語は多く、国際的な交流も多く、仕事の中で頭字語を使用する必要があることが彼らの頭字語の高度な認知を促進している。

　メディア編集者の頭字語に対する支持率は一番低く、40.9%である。研究者が本来の予測していなかった結果で、彼らマスメディアは、頭字語を伝播させる主要なルートであり、メディア編集者たちは頭字語と接触し、認識するのが比較的早く、比較的大きな集団でもあり、頭字語に対して高い支持率があると考えていた。しかし事実はそうではなく、より突っ込んだ調査で、この集団の仕事の性質が彼らの言語意識を決定しているということに気がついた。メディア編集者たちは仕事の中で、言語の規範化の責任を担っており、彼らははっきりと、かつ正確に頭字語のその出所さえ知る必要があり、彼らは、頭字語と漢字語の競合、「わかりづらさ」、「なじみの薄さ」などの弱点を深く体験しており、こうしたことが彼らの頭字語に対する支持率の低さを生んでいる。

　一般使用者を構成する 3 種類の職業の頭字語に対する支持率は半数以上を超えているが、またそれぞれ差がある。政府管理職の支持率は一番高く、62.7%、学生は 61.3%で両者の差はあまりない。教師の支持率は比較的低く 56.1%である。研究者は、学生集団は一般的に考え方が開放的で、新しいものを求めがちだが、あきらかに新奇なタイプの頭字語の問題に関しては相対的に保守的で、

各職業集団の頭字語の支持率の中間に位置している。

2. 性別、年齢と教育程度

　社会言語学の研究では、性別と年齢は一般的に言語変化と密接な相関がある因子である。頭字語も新しい中国語コミュニティの中でまさに今発生している1つの言語変化である。ではこの2つの社会的因子は頭字語の意識に影響を与えているだろうか。すでにある研究では、普通話［標準語］使用と教育程度には緊密な関係があることがわかっているが、教育程度は頭字語に対する意識に影響を与えているだろうか。

　調査の結果、性別による差は少なく、男性の支持率は52.57％で、女性のそれは47.2％だった。その後また性別と頭字語に特化した意識の相関関係を分析したところ、二者は特に関係がないことが分かった。男性は女性に比べ頭字語を支持しているのか、また女性のほうが男性より支持しているのかについては、十分な証拠で説明できるだけのものはなかった。

　年齢上では、「18-25歳」、「26-35歳」の年齢集団の支持率が高く、「36-45歳」、「46歳以上」の2つの年齢集団の支持率が比較的低かった。相関分析では、頭字語に反対の意識と年齢の関係は軽度の正の相関があり、すなわち年齢が高ければ反対する可能性が高くなるということだろう。

　教育程度では、「中卒あるいはそれ以下」、「高卒あるいは中専卒」の学歴集団が頭字語に対する支持率が低く、どちらも8％前後だった。反対に「大専あるいは大卒」の支持率は83.45％に達しており、「大専あるいは大卒」と比較的教育程度の低い集団の間では頭字語に対する意識にあきらかに隔たりがある。しかし相関分析では教育程度と頭字語の支持率の間には、特に相関関係はなく、教育程度が高ければ頭字語の支持率が高いわけではなかった。研究者は、これは職業と教育程度の相互の作用に関係していると推測している。なぜなら、IT技術者は「大専卒あるいは大卒」の教育程度がほとんどであるからだ。

3.4　結論

　研究者は以下の結論を出した。社会の大多数の人は頭字語の使用を支持して

おり、少数の人が反対意見を持っている。支持する主要な理由は「頭字語は簡潔で書くにも便利である」、反対の主な理由は「頭字語はすでに英語でもまた中国語でもなくどっちつかずで、わかりにくい」、「漢字の純潔性を壊す」である。職業は頭字語に対する意識に影響を及ぼす主な要素であり、異なる職業グループの頭字語の受け入れ度合いは違っていると考えられる。

3.5 意義

「頭字語に対する意識」の調査と研究には以下のような意義がある。(1) 学界と社会の議論が比較的大きい問題を選んで研究を行い、伝統的な言語規則が人々の意識の傾向を重視してこなかったことを改めようとした。(2) 定量分析法を採用し、それにより「頭字語」の先行研究が定性研究に偏っていた傾向を是正した。(3) 調査対象を選択するとき、頭字語の使用と関係が密接な職業集団を分類し、「IT技術者」と「メディア編集者」の2つのタイプの集団が、頭字語に対する意識が同じではないことを発見した。

第 4 節　「作/做」の変異研究

　科学的な言語計画には科学的な言語調査が必要である。前節では頭字語の規範問題の言語意識調査を紹介した。ここに紹介するのは劉霊珠（2005）の「作 zuò / 做 zuò」という2つの字が使用の中での変異した状況に関する研究である。文字変異と規範の問題を対象に、劉霊珠は比較的広い視点から、調査の範囲を辞書、コーパス、パソコンの言語変換ソフトおよび人々が実際に使用する場合などのいくつかの方向から調査することにした。以下はこの研究が対象としたテーマと、採用した方法、得た結果などいくつかの面から具体的に紹介していく。

4.1　研究のテーマ

　「作」と「做」[13] は、2つとも常用字であるが二者の発音と意味は似ており使用される範囲も重なり、関係が複雑である。ことに、「叫作/叫做 jiàozuò［○○を～と呼ぶ］、看作/看做 kànzuò［～と見なす］、当作/当做 dàngzuò［～とする］」などの組み合わせの中で、どの字を使うべきか決まりがない（胡斌 2003）。『現代漢語異形詞規範詞典』はこうした状況にある「作/做」を「全等異形詞［全く意味が同じ異形詞］」とした（李行健 2002）。そしてこの複雑な状況に対して、多くの研究者はいかに規範を作るかの提案をしている（王正 1999、高東昇 2001、胡斌 2003）。
　劉霊珠は先行研究の整理を行い、関連の現象に対して大部分の研究者はただ現在の状況から出発しているだけで、歴史的にさかのぼって考えておらず、使用したコーパスも文献と出版物という限られたもので、一般の人たちの使用

---

[13]　訳注：作、做 zuò はどちらも「つくる」という同じ意味をもつ。

状況にはまだ踏み入っておらず、規範の問題も多くがどちらを使用する「べきか」ということで、なぜこのような異なる用法があるのかを解釈したものが少ないことを知った。

劉霊珠は「作/做」の使用状況は同じではなく、これは1つの典型的な言語変異の現象であり、言語変異理論によって研究を行う必要があると考えた。変異理論にもとづき、彼女は歴史的なものと現状、規範と使用、一般大衆と研究者たちといういくつかの方面から調査し、この変異現象を解釈することにした。

4.2　研究方法と過程

変異の研究の必要にもとづき、劉霊珠はまず「作/做」が交換可能な言語環境を「zuò字変項」[14]とし、この変項には2つの変異形「作」と「做」があるとした。そのあと、書きことばコーパスからこの変項の使用状況を検索した。そして、権威のある辞書および通用しているコンピュータ漢字変換ソフトの中での形式を調べ、最後に、また「聞き書き」の方式で一般の人々の実際の使用状況について調査を行った。その中でコーパスの研究は歴史的要素を重視し、辞書と現行のソフトは言語規範の権威を代表していること、聞き書きテストでは現在の社会の中での使用の変異状況、および社会的制約条件を探ろうとした。

(1) コーパス研究

研究者は北京大学漢語語言学研究中心［北京大学中国語言語研究センター］のCCL（Center for Chinese Linguistics　PKU）コーパスの中から「作/做」の使用状況を検索し、比較的よくみられる「叫作/叫做［〜と呼ぶ］、当作/当做［〜とする］、看作/看做［〜と見なす］、装作/装做［〜のふりをする］、認作/認做［〜と認識する］、算作/算做［〜として数える］、称作/称做［〜と呼ぶ］、選作/選做［〜として選ぶ］、変作/変做［〜へ変化する］」の9組の組み合わせがあることをみつけた。

そしてこの9組、18形式を「zuò字変項」の構造環境と決め、その中のいかなる形式も一回出現するごとに「─作」変異形、または「─做」変異形の1回

14　別の論文の中では、「作/做変異」、「作/做変項」と呼んでいる。

の出現数として計算した。このようにすれば主な変異形を統計することができる。また、2つの変異形の具体的なことばの中での分布状況と、構成変項が異なる記述の中という条件下での実際の状況、すなわち異なる記述例の中で何が主流の変異形なのかということを調べた。

北京大学CCLコーパスは古代漢語［古代中国語］と現代漢語［現代中国語］の2つからなるコーパスである。先行研究によれば、「作」は先秦時代にはすでに出現しており（王宝紅 1998: 151、高永安・康全中 2001: 10）、一方、「做」は後れること唐宋になってからやっと出現している（王宝紅 1998: 15）。

劉霊珠はコーパス検索を通して、前述のつまり「作/做」変異は「做」字の出現の後に形成されたことを実証した。またCCLコーパスにもとづき、宋代の文献の中に明らかな変異状況があることをつきとめた。

そして古代中国語と現代中国語の中の「zuò字変項」の全体的な状況を統計し、そのあと変異形が異なる条件のもとで出現する状況を比較した。全体的な状況は、古代中国語部の「作/做」は均衡していると言え、現代中国語部では、「作」字がやや優勢である。以下表8.6に示す。

このほか、異なる歴史時期の状況を理解するために、劉霊珠は古代と現代に分けて検索を行った。結果として、「作/做」変異が生まれてから、2つの変異形は交替しながら発展するという様相が出現し、「宋代」では「作」が主流で、使用率は「做」より高い。元・明代に至って、「做」の使用数が「作」を超えるようになり、そして「作」に取って代わり主流の地位を占めた。しかし清代以降、「作」の主流の地位が回復し、おしなべて言えば、元・明代を除く歴史時期で、「作」は主流の変異形である。古代と現代中国語コーパス内の総使用

表8.6 「zuò字変項」のCCLコーパス内の情況

		一作	一做
古代語コーパス	回数	248	279
	(%)	47.06	52.94
現代語コーパス	回数	3980	2530
	(%)	61.14	38.86
合計	回数	4228	2809
	(%)	60.08	39.92

（劉霊珠 2005: 215）

表8.7　作/做の両グループの分期検査結果（%）

	叫＋zuò			当/看……＋zuò	
	作	做		作	做
宋	8.33	91.67	宋	75.61	24.39
元明	1.50	98.50	元明	31.76	68.24
清	54.41	45.59	清	85.51	14.49
現代	20.55	79.45	現代	83.96	16.04

（劉霊珠 2005: 217 より作成）

数からいっても「作」が主流である。

　具体的なことばの検索の中で、劉霊珠はことばによって主流変異形が違っていること、かつ異なる歴史時期のことばの主流変異形にも変化があることを発見した。具体的には、「当＋zuò」、「看＋zuò」、「装＋zuò」、「認＋zuò」、「算＋zuò」、「称＋zuò」、「選＋zuò」、「変＋zuò」の8つのことばの中では「作」の使用頻度は明らかに優勢で、80％前後である。「叫＋zuò」だけは反対に、「做」の使用率が79.45％に達している。これをもとに、劉はまたこの9つのことばを2つのグループに分けた。「叫＋zuò」グループと「当/看……＋zuò」グループである。同様にこの2組のことばの歴史区分による検索を行い、「作」と「做」の各時期の出現率は表8.7のようになった。

　これを見ると、「叫＋zuò」の基本的傾向は「做」が先に主流となり、のちに縮小していき、その後また主流となっている。宋代と元明代時期には、「叫做」が主流の用法になり、清代に至り、形勢に変化が生じ、「叫作」の使用が上昇、「叫做」を超越したが、現代になって「叫作」の比率が大幅に下降、二者の間の差が拡大し、「叫做」が改めて主流となっている。

　もう1つの面では、「当/看……＋zuò」の中で「zuò」の変化の傾向と変項の趨勢は基本的に一致しており、中間では曲折もあったが、宋代で「当/看……＋作」の使用比率は「当/看……＋做」より多く、元明にいたり逆転の状況が発生、「当/看……＋做」が優勢を占め、清代にいたり、また基本的に宋代の状況に回復、現代の状況と清代ではほとんど同じである。コーパス研究にもとづいて、劉霊珠は「zuò字変項」の歴史的変遷に以下の結論を出した。

(1)「作」は先秦時代にすでに出現しているが、「做」は宋代になって出現、「作/做」変異は宋代に出現した。

（2）宋代以降、大部分の時期「作」変異形が主流であり、ただその中で「叫+zuò」だけは例外で、大部分の歴史時期において「叫做」が主流である。

（3）辞書と漢字ソフト

辞書を調べた結果は「叫作/叫做」、「当作/当做」、「看作/看做」が「zuò字変項」の中で出現率の高い高頻度語であったためこの3つの辞典での収録状況を調べた。調査した辞書は、『唐五代語言詞典』、『元語言詞典』、『宋語言詞典』、『漢語詞典簡本』、『現代漢語詞表』、『現代漢語詞林』、『現代漢語常用詞詞頻詞典（音序部分）』、『漢語大詞典』、『辞海』、『国家語言文字規範和標準選編』、『規範実用学生詞典』、『現代意漢漢意詞典［現代イタリア語中国語中国語イタリア語辞典］』、『現代法漢漢法詞典［現代フランス語中国語中国語フランス語辞典］』、『全新版英漢詞典［全新版英語中国語辞典］』、『現代徳漢漢徳詞典［現代ドイツ語中国語中国語ドイツ語辞典］』および、何版かの『現代漢語詞典』（1973、1979、1994、2002増補版と漢英英漢版）等。このほか、これらの語が、マイクロソフトピンイン2003、全拼、知能ABC（Windows）と紫光（Tsinghua Unigroup）などのコンピュータ漢字変換ソフトの中に出現する状況を調べた。

1. 辞書の収録状況

辞書の調査結果は、「叫做」、「当做」、「看做」が、ほとんどの辞書の推薦形式で、元明時代「做」がいずれも主流の変異形状況であったことと一致する。それぞれの辞書は異なる観点を持っており、たとえば李行健の『現代漢語異形詞規範化詞典』が推薦する形式は「叫做」、「当作」、「看作」であり、多くの歴史時期の状況の総体的傾向と一致している。「作」を主流とし、「叫做」だけは例外としている。

2. コンピューター変換ソフトの状況

劉霊珠は、各種コンピュータ漢字変換システムの提供する語の選択も、事実上その推薦の規範形式だと考えた。その上Microsoft Wordの「スペルと文法チェック機能」に相当する規範理念を反映しており、これらはある程度、人々の文字使用に影響を及ぼす。そのため、彼女はMicrosoft Wordと他のいくつか

表8.8 「叫+zuò」、「当+zuò」、「看+zuò」のパソコン・ソフトの中の実験結果

［変換ソフト］	叫作	叫做	当作	当做	看作	看做
マイクロソフト拼音2003	-	+	+	+	+	+
全拼	-	+	+	+	-	-
智能	-	+	+	+	+	-
紫光	-	+	+	+	+	+

（劉霊珠2005: 219　から改変）

　の常用される漢字変換ソフトの状況を調査した。具体的なやり方は、「叫+zuò」、「当+zuò」、「看+zuò」の3語がこれらのソフトの環境の中でどうであるかの入力テストを行った。結果は表8.8に示す。

　表8.8からわかるように4種類の変換ソフトではただ「叫做」だけが薦められ、「叫作」はないが「当作」と「当做」はどちらもある。「看作/看做」については一致していない。全拼で2つともなく、他のソフトの「看作」と「看做」の比率は3：2である。

　このほか、Microsoft Word 2003の打ち込み法では「叫做」は「叫做/作」、「当做/作」、「看做/作」の3つで「叫作」、「当做」、「看做」が赤字波線で表され、これは文法の間違いであるという意味である。ここから推測するとMicrosoft Word 2003が認める規範形式は、「叫做」、「当作」、「看作」で歴史的傾向や『現代漢語異形詞規範詞典』と一致し、大部分の辞書とは一致していない。

　劉霊珠は以下の結論を下した。

　書きことばコーパスと辞書と、コンピュータ漢字変換ソフトの状況をまとめると大部分の辞書と書き言葉コーパスの分布は一定しておらず、コンピュータ漢字変換ソフトは比較的折衷的状態で変異の存在を認めている。

(3) 実際の一般人の使用状況

　研究者は2005年4-5月の、「叫作/叫做」、「当作/当做」、「看作/看做」の3語の一般人の実際の使用状況について調査を行った。調査は南京で行われ、調査の対象は302人、男女の比率は基本的に平均しており、年齢と学歴の状況は表8.9の通りである。

表8.9 調査対象者の社会的分布

年齢	少年 (14歳以下)	青年 (15-29歳)	成年 (35-54歳)	老年 (55歳以上)	
人数	30人	149人	100人	23人	
学歴	小学	中学	中専/高校	大専/大学	修士
人数	8人	43人	76人	153人	23人

(劉霊珠 2005: 220 から作成)

調査の方法は調査対象者に次の3つの文をディクテーション(聞き書き)してもらった。

(1) 我们把这jiàozuò"精神家园"。(叫zuò)
　　[わたしたちはこれを「精神の家」と呼ぶ。]
(2) 我们把小王dàngzuò学习榜样。(当zuò)
　　[私たちは王さんを学習の手本とした。]
(3) 我们不能只把它kànzuò是自己的事。(看zuò)
　　[私たちはそれをただ自分のことと見なすだけではだめである。]

得られたデータにもとづき、劉霊珠はこの3語の変異形の出現状況に対して統計を行い、それら異なる社会的変量つまり性別、年齢、学歴などの間の関係について分析を行った。

1.「作/做」の一般人の中での分布状況

調査の結果、人々は「叫作/叫做」、「当作/当做」、「看作/看做」の3つの組み合わせの使用にはあきらかな傾向があることが分かった。「叫做」、「当作」、「看作」の3つがよく見られる形式で、出現率は50%を超えていた。これは小規模な調査に過ぎないが結果とCCL大量コーパスの検索結果が完全に一致しており、CCLの現代中国語でも3つの形式が主流であった。図8.3は、聞き書きテストが示す結果である。

2.「作/做」使用と異なる社会的因子の間の関係

この面における結果は、(1) 性別因子と変異形の選択には明らかな相関関係

図8.3 作/做の分布

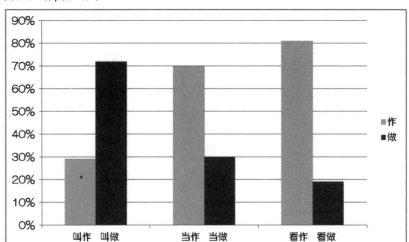

(劉霊珠 2005: 220)

はなかった。(2) 年齢因子と変異形の関係も十分に関係があるとは見られないが、一定の傾向はあった。「叫做、当/看作」の全体の傾向は年齢と正比例するが「叫作、当/看做」では逆で、つまり年齢が上の人が前者を、年齢が若い人が後者を使う傾向があった。(3) 学歴と変項の制約は比較的大きく、大体「作」の選択と学歴は正比例していたが、学歴が比較的高い人が選択し、学歴が低くなると「叫做/当做/看做」の使用が増してくる。

劉霊珠は、これは学歴の高い人は古典や各種の書籍に触れたり、読むことが多く、影響を受けるため、彼らの変異形に対する選択は大規模コーパスの状況と一致しているのだと考えている。

4.3 結論

研究者は以下の結論を出した。
(1) 現在の変異には歴史的起源があり、異なる歴史の時代で主流の変異形はさまざまで、大部分の時代では「作」を主流変異形としているが元明期には「做」が主流の変異形であった。

（2）変項は歴史的要素の制約を受けるだけでなく、語による条件にも制約を受ける。大部分の語で「作」は主流の変異形だが、「叫zuò」では、「做」が主流の変異形である。
（3）辞書とコンピュータの漢字変換ソフトなどの規範の「権威」と、一般の人の実際の使用の主流の状況は一致していない。多くの辞書は一律「做」を使うことを薦めている。一般人の多くはやはり「叫做」と「当/看作」を用い、コンピュータ漢字変換ソフトでは、ほとんど辞書の規範と一般人の用法の間の妥協を試みているが、辞書の規範に近い。
（4）一般人の用法と歴史の主流は一致しており、「叫做」以外は、「作」がほぼ主流の形式である。
（5）学歴は変異形の選択に制約を与え、学歴が高いほど、歴史的主流と一致している。

4.4　意義

「zuò字変項」研究の意義は次の2点に帰納できる。(1) 文献研究とコーパス研究、調査実験を結びつけ、そして共時と通時を結合させた方法は推薦に値する。(2) 言語変異理論を用い文字の規範の問題に注目し、一般人の言語変異の原因と過程に対して根拠のある解釈を提出していると同時に、調査を通して、文字の規範作業に多くの事実的根拠を提供している。

第 5 節　まとめ

　本章では言語計画の基本的内容と3つの具体的な研究例を紹介した。「言語計画」とは一つの実践性の高い研究領域であると同時に現代の政治生活と社会生活の重要なテーマでもある。現代中国の言語計画は、言語法と言語管理を含み、言語文字工作者が国家語言文字管理職能部門の指導のもとに行った一連の研究と推進事業をも含んでいる。志のある学生たちは将来専門的な言語文字工作者または言語計画工作者になるかも知れない。たとえ大学での学習の段階にあっても同様に、注目することを通して私たちの周囲にある言語生活を調べ研究することによって、中国の言語計画に貢献できるはずである。

　過去の言語計画研究は主に、地位計画と実体計画の問題に集中していた。近年、この領域の研究は発展が急速で、多くの新しい言語計画理論も出された。その中で注目すべき理論としては、「言語管理」(Xu & Li Wei 2002)、「習得計画」(Cooper 1989)、「機能計画」(李宇明 2008a)、「言語資源」(李宇明 2008b、2008c) と「言語戦略」(徐大明 2008) などがある。これらの研究は異なる角度から言語計画の性質、目的、方法と手段などの問題を検討している。

　現代社会の中で人々は、言語の問題を見過ごすわけはいかず、言語が自然と人々の要求に適応してくれるのを待ってばかりもいられない。いかなる国家も政治的統合と、社会的統合、情報の統合の問題に向き合わなければならず、言語はその中でも特に重要な役割を発揮するものだ。

　もし自己の価値観や政治的主張を宣伝したいならば、言語を通してでなければならない。ことばが通じなければ関連の情報を伝えることもできないし、もし「通じるが、スムーズではない」ならば民衆を説得し動かすことはできない。もし民衆を組織したいなら、1つの普遍的に認められた言語がなければなかなか難しいし、もし公共管理を行うなら、1つの通用語［共通語］がなければやはり実現は困難であろう。

ゆえに、国家とその他の政治的機関は常に作業言語を求めている。言語状況が比較的複雑な状況下では、この問題は十分慎重に考える必要があり、全体の利益と異なる民族・グループの利益バランスをとり、効率と公平とを兼ね備えていなければならない。これらはどれも言語の地位計画研究の重要なテーマであり、実体計画と地位計画は相互に結び付く必要があり、たとえば全国通用言語や政府の業務の言語など言語の地位を確定させた後に、これらの言語の実体に即して計画を行い発展させることが必要で、そうしてこそ、言語の地位の必要に適合できる。

本章で紹介した3つの研究例はどれも言語調査に属しているが、どれも言語計画にとって大切な調査研究である。徐大明・薩拉瓦南（2000）のシンガポール3世代のバイリンガル家庭調査と地位計画の関係は密接であるし、鄒玉華他（2005）と劉霊珠（2005）の研究は実体計画と密接につながっている。シンガポール政府はまさに言語調査の研究成果を吸収し、言語政策と言語教育政策を適切に調整することができ、それによって言語計画に国際的評価を得ることができた。

鄒玉華他（2005）は頭字語に対する意識を調査研究した。言語計画に貢献するという目的を明言し、この問題の規範化問題を研究者間のさまざまな議論というところから、社会の全体の考え方の理解へと押し広げた。言語は大衆のことばである。もし人々の需要や要求に適合しないならば言語計画が功を奏することは難しいだろう。事実上、関係部門はまさに広範に社会各界の意見を聴取し、真摯に頭字語に対するこれまでの研究成果をもとにしてこそ、最終的に関係政策と対策を決め、それによってこの問題を解決できる。

「作／做」の変異の研究は、変異理論を文字規範の問題に見事に応用し、研究に新しい視点を開いた。その中でも特に称賛に値するのは、研究の結果、大衆の言語使用状況がたとえ不一致であっても、まったく混乱しているわけではなく、「作／做」の使用状況は、しっかりと歴史的蓄積のもっとも自然な反映だったことを説明したことである。このことが、私たちに教えるのは、言語計画は極力エリート主義的傾向を廃し、少数の専門家の思考にだけ頼ることなく、言語的事実そのものに向き合い、民衆の言語使用過程の中に潜む規範を発掘するよう注意しなくてはならないということである。

言語計画の研究はつねに定性研究を主としてきた。しかし目下の発展の勢いは定量研究を導入することであり、特に社会調査の基礎の上に立つ定量分析である。本章では3つの定量分析研究例を紹介し、今後の言語計画研究が取るべき新しい考え方を示した。いかに言語計画の中で進行「度」を把握するかで、肝心なのは性質的にも、程度上においても、各方面の事実の把握である。頭字語の研究を例にとれば、頭字語は全体的にみればメリットがデメリットより大きいが、どんな頭字語にも門戸を広げていいものであろうか。少数の集団の感じ方や必要性を考慮しなくてもよいのだろうか。定量分析は自然と私たちが最適な決定を下すことを助けてくれる。

　シンガポールの児童の言語シフト研究を例にとれば、家庭の社会経済的地位、親の社会的ネットワーク、親の言語意識、親の言語使用習慣と言語能力と児童の自己の社会的ネットワークと言語意識等、多くの因子が言語シフトにかかわっている。しかしそれには順序があり、直接と間接的という違いがある。この研究はこれらの異なる因子間の関係と影響力の上の距離を見つけることにあった。このことを理解したうえで言語計画を行うものは適切な対処を行うことができ有効な関与と措置をとることができるのだ。

　「作/做」の変異の研究を例にとれば、言語の異質性とコミュニティの多層性はその中に余すことなく現れているが、現実から見ても、「做」変異形の勢いは激しく、また権威による支持もあり、若い人からも受け入れられている。しかし、歴史的にみれば、「做」は新しく生まれたものであり、「作」は2000年の歴史の中で主流とみなすことができる。しかし、ここ数百年の間劣勢の立場にあった。多くの語が「作」を主としているが、しばしば使われる「叫zuò」では「做」が主である。教育程度と年齢はどちらもこの変項に影響があり、性別に関しては特に影響が見られない。これらの言語の社会的事実の認識は我々の弁証志向を助け、絶対的なものとして問題を見ることを回避している。それと同時に、言語を1つの生きた体系として、いかに大きな傾向の統一した条件下で、変異を保ってきたかに注意を向けずにはいられない。これはおそらく生物の進化の過程の変異や選択のルールとよく似ているのではないだろうか。

　研究方法から見れば、前述の3つの研究はどれも社会調査と定量分析の手法

を取り入れているが、具体的な運用は各自それぞれの特徴を出している。

　シンガポールの調査は家庭訪問で、その中には言語表現に対する観察も含まれているため、主観的内容も兼ねた調査内容である。頭字語の意識識調査は、人々の明示的な態度にのみ焦点を当てている。劉霊珠がデザインした聞き書きテストは、客観的結果に重きを置いた実験で、調査対象は気が付かないうちに変異形に対して選択を行う。一般市民はこれらの文字変項の専門研究を行ったことがなく、彼らの判断はしばしば専門家の意見の影響を受け、必ずしも言語使用の真実を反映しているとは言えない。だが、文の聞き取りというリアルタイムの条件下で、深く考えることなく聞いて書き入れるのは、彼らがもっとも慣れた字であり、言語的事実の反映である。この他、「作／做」変異研究が使用した多くの方法も称賛に値する。つまり文献研究法、コーパス研究法、それと実験とを十分に結び付けている点だ。研究者は新しいメディアの言語への影響にも強い意識を持ち、時代に応じた漢字変換ソフトの中の語の選択作用にも注意をむけている。この研究は都市言語使用と新しい媒体に内在する関連を掲示して見せ、同様に都市言語調査の範疇に属している。

　都市言語調査と似て、言語計画も多く学際的性質を持っている。だが都市言語調査が急速に発展してきたのと違い、言語計画はいまだ独立した学問としての地位を確立していない。本章の論述からみて、言語計画は実際には応用言語学の中でももっとも学術的潜在力が潜んでいると同時に、無限の挑戦性に満ち溢れた研究領域でもある。そして、都市言語調査と同様、言語計画の発展の可能性は言語科学の範囲を超越し、最終的には1つの完全に独立した総合的応用性のある学問になることだろう。

【本章のポイント】
現代中国の言語計画　言語調査と言語計画の関係　言語計画と危機言語の関係

【基本的概念】
言語計画　地位計画　実体計画　言語管理　言語法　危機言語　言語生活

【課題と実践】

1. 言語は計画できるものだろうか。
2. 中国の歴史上の言語計画にはどのような特徴があるか。
3. インターネットことばは規範を設けるべきか。どのように規範化すべきか？
4. 英語はますます多くの人々に使用されるようになり、国際的地位もますます高くなっている。またつねに他の言語を脅かすとも考えられている。ある人は英語の拡大を「言語帝国主義」と呼んでいる。このためある国では言語保護政策を実行し始めている。たとえば、フランスでは「純潔言語」という考えを提唱、英語の影響と脅威を減らそうとしている。我が国でもある研究者は同じような考えを出しているが、これについてどのように思うか。
5. 頭字語の使用と意識はすでに調査をした職業集団以外にどのような集団が比較的重要だろうか。

【推薦図書】

1. 陳章太（2005）『言語計画研究［言語計画研究］』北京：商務印書館。
2. 郭熙（2004）『中国社会語言学［中国社会言語学］』（増訂本）第七章、杭州：浙江大学出版社。
3. 劉霊珠（2005）「"作／做"変異研究［『作/做』の変異に関する研究］」『中国社会語言学』第2期、pp.214-224。
4. 徐大明・陶紅印・謝天蔚（2004）『当代社会語言学』第七章、北京：中国社会科学出版社。
5. 徐大明（2007）『社会語言学研究』上海：上海人民出版社、pp.35-50。
6. 鄒玉華・馬広斌・劉紅・韓志湘（2005）「関于漢語中使用字母詞的語言態度的調査［中国語で使用される頭字語に関する言語意識調査］」『語言教学与研究』第4期、pp.66-73。

第 9 章 総論

最後に、第1章から第8章の内容をまとめ、この教育課程の基本的原則と考え方を総括すると同時に、重要なことを学生たちに提案をしたい。それによって「社会言語学実験」の精神と方法をマスターし、さらに自分の周りの言語的事実や言語生活に注意を向けて観察し、自己の調査と研究実践を通じて問題を発見し、分析し解決する力を養成できるようになることを願っている。これらの原則と考え方は主に3つの点ある。それは「実践」の原則と「社会の現実に向き合うこと」、「学以致用［学んだことを応用する］」ということである。

第9章 総論

第 1 節 「実践」の原則

　本書は社会言語学の「実験教本」であり、革新的意義を備えている。しかしそこで守ろうとしたのは科学的研究の最も基本的な原則——「実践」の原則である。たとえば序論で示したように、言語と社会は互いに補いあっている。この考え方は古くからある。社会の歴史と文化を言語の研究と結合させるということは言語の研究が始まって以来、絶え間なく試みられてきた。だが、ソシュールから、近代言語学が約100年にわたって発展してきた成果は、言語の社会的側面を軽視することを代償にした。近代言語学は言語学の記号学的性質に対して大きな成果を上げたが、音韻、文法、語彙体系は次第に言語学の独立した学問となり、言語学が存在するもっとも有力な論拠となった。一方で言語学の研究の「実践」という部分は、文字材料に対する研究と、民族の［代表的］話し手の口頭の問答の記録に限られてきた。社会言語学の誕生と発展はこの傾向を転換させ始めることとなった。

　社会言語学は約50年近くにわたって発展してきたが、それには、社会環境が言語を制約する働きがあるという認識と、言語が社会で運用される過程で変化するという認識を伴っている。言語は、文字で記録された一部の談話だけでなく、また辞書や教科書の中に羅列された項目だけでなく、同族の話し手が内省できる知識に限られているわけでもない。言語は1つの記号体系として、人類すべての言語活動の中に現れている。これらの活動によってあらわされる思考、コミュニケーション、相互行為、組織と連合作用は、はるかに過去の音韻や、文法、語彙体系の記述というフレームがカバーする内容を超越している。それと同時に、音韻、文法、語彙体系の研究も深まることで、その中に溶け込んでいる社会的因子を見つけるようになってきた。進んだ理解は、もはや言語と社会を分けて考えることを許さなくなった。そのため言語研究の実践的分野も相応に発展している。

社会言語学者たちは、言語と社会の関係を観察するための新しい視点を提供したと同時に、研究方法や研究のツールを発展させてきた。今では社会言語学はすでに、単に1つの考え方や理論であるだけでなく、一連の明確な方法論に規範化された実践活動になった。具体的にいえば、社会言語学は、言語学への重要な補完として、そのあきらかな特徴は、従事する人たちの主な仕事は「考えること」や「悟ること」、「弁明したり」、「評論したり」することでもなく、「行う」ことなのである。何を「行う」のか。調査や実験、そして計算など特定の方法を用いて新しい言語的事実を見つけ出し、それらの事実を検証し、言語学理論を修正し補完するのである。社会言語学は現在、理論や視点を加え解説するだけの段階を超えている。
　社会言語学実践コースでは、特に中国の大学受験教育に反対し、実践的能力を育成することを目標にしている。社会言語学実践コースは、学生たちにいかに社会言語学を「行う」かを進めているが、それは単なる暗記のテストや議論と思考に関わる問題ではない。
　本書が期待することは、学生たちが社会言語学の方法を用いてさまざまな言語の問題を「解決」していく一助となることである。
　このような問題は、たとえば、言語と方言をどのように区別するのかといった比較的抽象的な理論の問題であっても構わないし、学校では当地の方言を使用すべきかどうかといった比較的具体的、現実的な問題でも構わない。
　いかなる問題も解決の道筋は、理論の枠組みのもとでの実践である。力の及ぶ範囲という条件の下で、理論を言語の事実に応用し、実践によって理論の真理を検証するのである。
　本書で紹介した研究例は、社会言語学の実践活動の具体的な演習例を示している。学生諸君は、模倣も可能であるため、改良と発展を加えていってほしい。これらの研究例には共通した特徴がある。それは明確な研究テーマを科学的実験という態度と方法を用いて明確な回答を出していることである。
　たとえば、「言語はどのように変化するのか」という問いに答えるために、ただ本の上で答えを探すだけでは足りない。もっと大事なことは検証することである。本には、言語の変化は言語変異の過程を通じ、一代一代が徐々に使用し、新しい変異形の使用の増加によって実現されるとある。しかも「見かけ上

第9章 総 論

の時間」の方法を使って私たちはこの変化の過程を観察することができると指摘する。では、本に書かれたことは正しいだろうか。この理論はすでに繰り返し検証されているとは言え、まだ、初学者には検証されてはいない。もし私たちが学習の過程で、自分で設計して「見かけ上の時間」の方法を応用した小プロジェクトを実施したら、この知識はもはや本の上の知識ではなくなり実践を通して自分のものとなった生きた知識に変わる。

　社会言語学の知識は、他の知識と同じく、先人の実践の総括であり、常に不完全であり改良の余地がある。ある言語変化は何世代かの人がいてやっと完成するのか、言語変化の速度は常に決まっているのか。学生たちは言語変化の基本原理を検証するとき、このいまだ定説のない問題を模索してもいい。このほか、科学史上のもとある定説をひっくりかえすということもよくある。社会言語学も例外ではなく、ある学生の研究が、いま通用している理論をひっくり返えさないとは誰も予測できない。

　「実験は真理を検証する唯一の基準」という時代に生活していることは、私たちの幸運である。諸君が社会言語学の実践の中に飛び込み、社会言語学理論の真理性を絶えず練磨してくれることを願っている。

　しかし実践はやみくもな実践であってはならない。正しい理論的指導が必要である。科学的態度と方法がカギであると前に書いた。私たちは序論の中で言及した社会科学研究の客観性という問題を考えてもいい。言語研究にある客観性の問題は、研究者が自己を研究対象と混同しがちであるということである。つまり「私は私の言語が分かる」、「私は小さいときからこの言語を話しているのだから、私の感覚は間違っているわけがない」。どれも社会言語学理論によってすでに分析された幻想である。今後は、（個別の）話者の主観的判断に完全に依存したデータの収集法に変わる研究方法に変えていかなくてはならない。そのためにもし、本書で紹介した研究例の結果に、個人的観察や経験と合わないこと、たとえば「有+VP」の用法や、「小姐」呼称語の意味するところなどがあったとしたら、それが1つの研究項目の始まりとなる。ただし、単なる個人の語感や、正式ではない観察では十分ではない。現行の研究成果を検証または改善したいなら、科学的実験の原則に則って厳格に規定の手順に照らし、実験の条件を模倣すれば、実践の結果には科学的価値が備わり、過去の研究成果

と比べることができる。

　社会言語学が、言語研究の中にあった主観的な偏りを克服できるのは、言語研究を社会科学に組み入れるという認識にある。そのため自然と社会科学研究の基準と方法を言語学に取り入れることになる。本教材が採用した社会言語学の実験課程は言語学専門の学生たちにとって社会科学研究の訓練ともなる。

第 2 節　社会の現実に向き合う

　本書は第2章から第8章まで順次社会言語学研究領域の7つの研究分野を紹介してきた。それぞれ、言語変異と変化、相互行為の社会言語学、言語接触、言語コミュニティ理論、都市言語研究、言語アイデンティティおよび言語計画である。これらはすべて社会言語学の重要な研究テーマであると同時に、中国社会に現在普遍的に存在するいくつかの言語問題で、非常に高い妥当性がある。そのため、私たちの実践課程でこれらの研究を引き継いでいけば、その研究成果も現実的意義が生まれる。

　第2章から第8章までの第1節は、関係する研究領域の概観であるが、それぞれその研究領域が取り扱う基本概念と重要な理論の観点を紹介している。これらは一方では紹介する研究例を読みこなすための必要な背景知識であり、また一方では、各自の研究を設計するため、その範囲と依拠するところを提供したものである。研究例と各章でリストアップした推薦図書は各領域の理解を助けるはずである。理想的には最新の文献を理解することだが、授業内の作業としては、学生たちの実証的研究の初歩的体験と、理論を実際の訓練に結び付けることを大事にしている。学生たちは本書で紹介した知識の範囲で「社会言語学の実験」を行い、それによって次第に深く学問の最先端に向かっていける可能性がある。

　以下では各章の内容を結合させながら実験の提案を行いたい。
　第2章「言語変異と変化」の基本概念は「言語変異」、「言語変化」、「言語変項」、「言語の変異形」などが含まれている。言語変異はどこででも起こり、言語の変化は留まることをしらず、変化の様子は観察した言語変異として現れる。言語変異を分析するための単位は言語の変項で、ある変項は1組の同様な機能のある変異形からなる。言語の変項は音韻、文法、語彙等言語構造体系の中の

1単位でよい。たとえば「音韻の変項」なら、溧水街の町ことばにあるいくつかの（u）変項、「語彙の変項」であれば、北京語の中の応答詞の変項、あるいは文法の変項であれば、「有+VP」の変項といったように。

　2、3、4節にある3つの研究例を、ある言語コミュニティの中で検証し結論を出しても良い。江淮方言区で継続して（u）の変項の社会的分布や語彙分布を調査し、新しい使用が年齢、性別、職業上で違いがあるか、語彙や文体やそのほかの面での制約の条件があるかを見てもよい。ほかの方言地区でも必ず、「一字で2つの読み方のある」状況を見つけることができるだろう。また1つか2つの変項を決めて変異形の社会的体系と言語構造体系の中の分布状況を調査することも可能である。

　北京の応答詞も継続研究が可能であり、その他のコミュニティにおける応答詞を調べ、対応する変異パターンや変化の傾向があるかどうかを調べてもいい。

　関連の研究では「有+VP」形式の使用は普通話［標準語］の中で持続的に拡散の勢いがあるため、異なる地点や、異なるコミュニティを調査すれば、結果が必然的にさらに論証してくれるはずである。

　関連する理論についてもより深く研究することができる。たとえば「変異」と「変化」は同じものであるのかといったことである。二者の差は、時間という視点から見て違うということだろうか。どのような条件の下で「変異」と「変化」はその区別が必要になるのだろうか。同じような理論問題はどれを考えてもよく、オリジナルな解釈と、それが理屈に適ってさえいればそれでよい。もし「変化」が、明らかな社会的傾向を備えた変異と、「非変化」の変異とに区別できるとしたら、この社会的傾向をどのように決定すればいいのだろうか。これらの社会的傾向は、意識された社会の評価としてあらわれるのだろうか。社会調査と実験を通してこれらの問題は解決できるはずである。

　第3章で紹介したのは相互行為の社会言語学という研究分野で、基本的概念は「相互行為」、「コンテクスト化」、「創発的文法」、「社会語用論」である。重要な理論の考え方は（1）コンテクスト（文脈）における解釈が発話理解の前提である。(2) 文法は語用において生まれる。(3) 語用もまた社会的分断を産む、である。この中で紹介した研究例が関係する問題は主に次のようである。談話

分析の中で「コンテクスト化の合図」をどのように見つけるかと、その合図が会話の意味理解に対して理解のポイントとなるかを測ること。また、コーパスから、語彙の共起の定量関係の中から、新たな「文法化」の傾向を見つけるのか。どのように力関係や、ポライトネスの原則が、要求や拒絶といったコミュニケーションに影響を与えるのか。学生諸君は、同様な研究の過程をたどってもいいし、同じようなまた類似の言語現象を取り扱ってもよい。

理論面の探求としては、特定の理論内部の問題を取り上げるだけでなく、理論間に交差する問題を取り上げてもいい。たとえば、コンテクスト化の合図は言語変項の1つとみなせるか、文法化は社会分断を生むかどうか、社会的語用とはどのようにコンテクスト化に結びつくのかなどなどである。繰り返し言いたいのは、ただ考えるだけでなく、それに応じた実践と調査と実験が有効な手段だということである。

第4章の「言語接触」の基本的概念は「言語使用域（ドメイン）」、「ダイグロシア」、「言語シフト」、「言語の混合」、「コードスイッチ」である。言語接触とは言語コミュニティの中で異なる言語変種を使用する現象であり、前提としてコミュニティがこの異なる言語変種の存在を認識していることである。現在、言語研究者たちは、どの言語が昔から完全に独立して発展し、外来の影響を受けていないか証明する方法はない。言語接触は人類の言語にとって避けられない現象で、歴史上の多くの言語接触をすでに考証する方法がなく、復元は大変難しく、現在の言語使用にも影響はない。そのため、現在の言語接触の研究は主にコミュニティに記憶された今なお生きる外来的成分とその影響を対象にしている。

言語使用域（ドメイン）理論とダイグロシア理論は、どちらも異なる言語変種の社会的分業状態を記述するものだが、後者は、バイリンガルが社会規範として存在しているという特徴を強調している。言語シフトの研究は、ドメインとダイグロシアの研究と同じく、採用するのはマクロ的視点で、社会と人口範囲から言語変種の分布と使用、および発展変化の傾向を探るものである。ダイグロシアは一種の安定した社会のバイリンガル状態で、言語シフトは言語の分布が変わっていく過程である。言語の混合と、コードスイッチの研究は、相対

的にミクロ的視点で、言語行動レベルの分析に重きを置いている。学生諸君はこれらの理論を用いて、自分のよく知るコミュニティの言語を分析してもいいが、重要なことはやはり、どのように調査と実験の手段に応用するかということである。

　言語接触の理論が考察する空間はとても広いが、もしより精密な結果がほしいならば、相応の社会的事実と結合させるべきである。たとえば方言と普通話［標準語］の区別と、異なる言語同士との差に一体どのような原則的な違いがあるのだろうか。調査研究のテーマは主観と客観の両面を含んでいてもよい。中国語の方言間は通じない場合があるが、やはり同一言語に属す一種の言語と考えられている。主観的認識の違いのほかに、方言間の違いと言語間の違いが、本質的にどう違うのか説明ができるだろうか。

　第5章の「言語コミュニティ理論」の基本概念は「言語コミュニティ」、「コミュニティ理論」、「コミュニティの要素」、「言語使用」「言語意識」等である。言語コミュニティ理論は言語変異研究の延長線上にあるもので、マクロ的研究を結合させ、人類言語の多様性が社会でどのようにあらわれるのかを説明してきた。言語コミュニティは、言語がその機能を発揮する基本単位で、そのため言語学、特に社会言語学が分析対象とする基本単位である。言語コミュニティ理論を世に問う前に、社会言語学者の共通認識になっていたのは、言語コミュニティを基本的な調査と分析の単位とするということである。言語コミュニティ理論は、社会学のコミュニティ理論を言語調査と分析方面で応用したものだ。1つの新しい理論として、言語コミュニティ理論は絶えず改善していく必要がある。つまり研究の実践の充実を目指し、理論の内容を修正し、豊富にしていかなければならない。学生諸君も、この理論を使って、自分が詳しい言語環境を分析し、言語の使用や言語意識に関する調査指標を見つけ、言語コミュニティの同一性の検証やその内部構造の分析をしてもよい。

　第6章の中の「都市言語研究」は、ほとんど「言語コミュニティ理論」と同時に歩みを始めた中国独自の新しい研究分野である。世界の範囲から見ると、21世紀は都市化の世紀であり、中国の人々の都市化は、その中でも決定的な

ターニングポイントとなっている。いったん中国の都市化への転換が完成すると、世界の人口の全体の都市化の性質もほぼ形成されたことになるだろう。現代言語学の成果の基礎は主に「前都市化環境」における調査の中で形成されてきた。そのため現在の喫緊の課題は、都市言語コミュニティと都市言語コミュニケーションの特徴を見つけることであり、言語理論と都市言語の事実を適合させることである。過去の原始的集団言語、あるいは閉鎖性の高い田舎の村コミュニティ言語調査の中で採用してきたのは、そのコミュニティの中のある人の個人的視点で、しかも比較的単純で同質的なコミュニティの観察だった。現在の都市言語環境は複雑で高度に異質化された言語コミュニティ、またはいくつかの異なる言語コミュニティで、頻繁で多様化した言語接触がある。都市環境の中で話し手は、この環境に適応しなくてはならない。都市言語変種に対する一般化や抽象化もこれらの異質性と多様性に対応できなければならない。学生諸君は、本書の中で紹介した方法で都市言語現象や都市化が農村の言語に与える影響を研究してもよいだろう。

都市言語研究の特徴はそれらの応用性と、方法上の革新性である。応用に関しては引き続きいっそう深い議論をしたい。ここでは、まず都市言語調査の新しい方法について検討する。第6章の研究例でもいくつかの方法を紹介したが、たとえば地図サンプリング法や、道聞き調査など、これらの方法は都市の複雑な言語状況を反映させるのに役に立つ。学生諸君も方法上の革新に挑戦してもよいし、またそれぞれ個別と一般、部分と全体、主観と客観という対立をどのように統一していくかという問題を、いかに効果的に解決するか、効率的で良質の調査方法を編み出すことにチャレンジしてもよい。

第7章は「言語アイデンティティ」がテーマで、基本的概念は「言語アイデンティティ」、「社会的アイデンティティ」、「民族的アイデンティティ」である。ここからわかるのは、言語アイデンティティは多岐にわたっていて、多層的であることだ。

「アイデンティティ」は、かつては言語的社会分断と、言語変化の原動力であり、言語接触やバイリンガルの現象として考えられていた。言語コミュニティ理論によれば、それは言語コミュニティのキーポイントである。現在、言語

アイデンティティの研究はまさに興りつつある新領域で、アイデンティティとコミュニケーションはともに言語の基本的機能を構成し、両者は一緒にまじりあい、互いに条件と原因・結果となっている。学生諸君は、研究例を基礎に発展させてもいいし、実証可能な言語アイデンティティの新しい理論を探求してもよい。

　第8章「言語計画」では、主に科学的な言語計画とは言語調査に依拠すべきことを強調した。関連する概念は「言語計画」、「地位計画」、「実体計画」、「言語法」および「言語管理」である。言語計画は社会言語学の成果を応用する大事な方法であり、社会言語学の研究を現実と組み合わせる効果的な方法でもある。言語計画の研究は、私たちの現実の言語生活に影響を与え、国家や民族の言語文化の前途にも影響を与える。研究例では具体的な政策については扱っていないが、言語調査がいかに言語計画のために根拠を提供できるかということに言及している。学生たちは研究例を引き継いでもいいし、現在の社会の中で議論されている言語問題にもとづいて調査を設計してもいい。調査の目標として言語政策や、言語法、具体的な言語計画案の制定、実施と評価に影響を与えることを試みてもよい。

　つまり、社会言語学実験を行うもっとも重要で簡便な方法とは、言語的事実を組み合わせ、科学的方法を用いて身近でなじみ深い、あるいはなじみのない言語的事実をあらためて認識することで、私たちはその言語生活に身を置きながら、客観的な観察と調査研究を行うのである。

第 3 節　応用の学問

　現在の主流の言語学の世界では、音韻論、統語論および意味論の研究を「理論言語学」と呼んでいる。一方、社会言語学を含むその他の多くの言語学を総称して「応用言語学」と呼んでいる。社会言語学者の中には、社会言語学の大部分の研究は実質的にはいまだに言語構造の体系の解釈で、それは所謂「理論言語学」の応用性の強さには及ばず、その理論性にも及ばないと指摘する人もいる。しかし、現時点では、社会言語学の言語に対する理論解釈は観察した言語的事実に近いし、現実の言語生活にもより近いため、少なくとも潜在的な応用性は非常に強いと言える。
　現在国内の言語学にせよ、人文社会学にせよ、発展の状況から見れば、言語学の発展のためには、まず「応用性が強くない」と言われる欠点を解決しなければならない。社会や政治と経済の需要という強い原動力をえることができれば、この学問は急速に発展し他の学科を超越できるだろう。しかるに、この原動力を獲得するためには、私たちはさらに言語学研究は応用するものであるという認識と、社会に奉仕するものという認識を強めなければならない。言語的事実と言語生活を研究の重点とし、自覚的に社会の転換と進歩を推し進め、言語学に関する人々の認識を拡大しなくてはならない。目下、社会言語学研究の大部分ははまだ直接応用できる研究とはなっていないが、しかし多かれ少なかれすでに潜在的に応用性がある。ここでは、各章で紹介した研究例を結びつけることによって、さらに社会言語学研究の応用的価値について分析したい。

　第2章の「言語変異と変化」は主に音韻と語彙と文法の3つの面から研究を展開している。それらは、それぞれ、「溧水町ことば（街上語）[u] の母音の変異」、「行/成の変異研究」と「「有+VP」構文の使用状況の調査」である。その中で溧水の町ことばの音韻変化の分析は近年「方言が普通話［標準語］へ近づ

いている」という傾向に有力な証拠を与えている。これは方言政策と「普通話［標準語］推進」戦略の制定からいって重要な参考価値を有している。また、北京の言語コミュニティの応答詞（行/成）の変化の追跡研究は、言語変化のメカニズムを説明しているだけでなく、辞書に収録する語の理論的解釈も行っている。「有+VP」構文の使用状況調査では、普通話の文法規範に対して参考になるし、言語の標準化と中国語教育から見ても非常に参考の価値がある。

　第3章「相互行為の社会言語学」は3つの研究例を通し、この分野の3つの重要なテーマを掲示している。「会話ストラテジー」で紹介したのは、アメリカの白人と黒人コミュニティにおける会話の意味の獲得の仕方と、言語コミュニケーションの理解度の研究である。これは現在、我が国の都市化の過程の中で、日々の普遍的におこる地域を超えたコミュニケーション現象の研究に手本を示す研究となっている。この種の研究は都市化の過程の中で起きるコミュニケーション問題の解決にヒントを与え、社会の調和の促進に役立つだろう。「創発的文法」の研究は、「知道」フレーズの使用に解釈を与えたが、これは話しことば文法の教育や参考としても価値があると同時に、言語の標準化、自然言語処理と外国人への中国語教育に対する参考資料にもなる。「社会語用論」のケースは主に性別と社会的権力とポライトネスの原則が言語行動に与える影響を議論し、社会的コミュニケーションの規範と社会マナーの促進に潜在的な参考価値がある。

　第4章「言語接触」の研究例は「オークランドの中国人の日常会話の中のコードスイッチ」、「マレーシア・ジョホール州の客家人の言語シフト」と「黒竜江省ドルブットモンゴル族のコミュニティ言語の研究」である。これらの研究は言語差別をなくし、バイリンガル教育を発展させることにプラスの影響を与えることができる。前の2つの研究は、海外の中国語の発展と保護をどのように促進していくかということに啓示的意味を与えている。後者は少数民族地域の言語政策と言語教育政策に根拠を与えた。

　第5章「言語コミュニティ理論」の研究例は「シンガポールの中国人コミュ

ニティの言語調査」、「南京市『小姐』呼称語の調査研究」と「農民工言語コミュニティの調査研究」である。これらの調査研究はいずれも程度こそ違うが言語コミュニティ理論に影響を与えており、同時に関係する言語計画の参考になる。現在我が国の社会は転換期に直面しており、社会的コミュニケーションと都市人口管理の問題は日増しに突出してきており、後の2つの研究はこれらの問題解決に参考になる。

第6章「都市言語」の研究は「中原工業地域の言語状況研究」、「南京『道聞き』調査」と「広州市の言語と文字使用調査」である。これらの調査が提供した異なるタイプの「言語コミュニティ」の状況は直接言語管理、特に「普通話[標準語]普及」事業の重要な根拠となる。

第7章「言語アイデンティティ」では「上海方言と地域アイデンティティ」、「父親呼称と社会的アイデンティティ」、「中国語の名称の研究」の3つを紹介した。これらの研究は文化的アイデンティティそれから社会的アイデンティティ研究の手本になり、方言政策を含む国内外の言語政策にも参考の価値がある。

指摘したいのは、伝統的研究領域とは違い、現代社会言語学研究の重要な構成要素は、「言語計画」分野の研究に応用できるということである。

本書第8章「言語計画」の3つの例は「シンガポールのバイリンガル家庭の調査研究」、「頭字語の研究」、「作/做」の変異研究」で、その中で、前2つは直接「言語計画」に有用で、3つ目の研究は主には変異理論を分析の道具としているが、言語計画の観点から分析を行っており、具体的には言語変異、歴史的沿革、現行の規範と一般大衆の使用との間の関係を検討している。

第8章を学ぶときに、学生諸君は「言語調査」と「言語計画」の間に内在する関係に着目してほしい。先行理論の枠組みのもとで調査と実験的実践を行い、実践の結果を通して、理論を検証、発展させ、そして理論の成果を新しい科学的実験と言語サービスの実践に応用していくのである。

理論、調査、応用は三位一体で、これは実は本書の第7章と第8章の潜在的な論理的関連であると同時に、本教材の執筆編集過程の一つの核心的な考え方

である。具体的に言えば、言語調査の結果に限らず、社会言語学の各方面の研究成果はすべて言語計画の重要な根拠となる。言語変異と変化のメカニズムを知らなければ、言語のルールに従って言語の標準化作業はできないし、言語の相互行為という性質を知らなければ、有効な言語コミュニケーションの規範を制定することはできない。言語接触のルールを無視すれば、バイリンガル社会の中のアイデンティティやコミュニケーションの問題をうまく処理することはできない。言語コミュニティ理論を応用すれば、言語計画の的を絞ることができ、都市化が言語に影響を与えることを知っていれば、相応の措置をとって、都市言語コミュニティの計画と建設をよりよく実現することができる。言語アイデンティティのはたらきを理解していれば、包括的に言語教育の効果を検討することができる。当然、科学的な社会言語学の考え方と言語計画理論を掌握すれば、やみくもに言語法の制定や言語政策、言語管理を決定したり、失策を犯すことを最大限減らすことができる。

　本書が言及した研究テーマ以外にも、現代中国の「言語計画」研究が必ず直面する問題は、すべて国家の言語の安全ないし国家の安全に、またすべての民族の前途と国家の前途に密接に関係している。しかし、もっとも重要で解決すべき問題は、現在の言語計画の過程の中で、普通話と少数民族の言語の関係や、普通話［標準語］と方言の関係、母語教育と外国語教育の関係をどう処理するか、いかに中国の言語とそのほかの国家の言語との関係を処理するかということである。これらの問題をきちんと処理するには、まず必要なことは科学的な調査と分析であり、緻密な論証と分析、そしてその合理的な実施と最適化である。しかしながら、これらの作業には学生諸君並びに社会全体の熱い参加が必要なのである。

　潜在的な応用性からであれ、直接的に言語計画に従事するという角度からであれ、社会言語学は「科学実験」の思想と、社会科学的方法を用いてことばを研究する学問であり、「社会言語学の実験」とは、すなわち学生たちが社会を理解し、社会を認識することで、社会の進歩を推進していく新しい道筋でもあるのだ。

　本書が、文系の学生たちの思考能力の増強を助けるだけでなく、体を動かして行う調査・研究能力を増強させうることを期待している。多くの人たちが本

書を起点として、社会に向き合い、現実に向き合い、応用的で実践的な言語研究の中に身を投じてくれることを願っている。

参考文献

著作　中国人著者名（50音順並び、書名日本語語訳つき）

あ行
王立（2003）『漢語詞社会語言学研究 [中国語語彙についての社会言語学研究]』商務印書館。

か行
郭熙（1999）『中国社会語言学 [中国社会言語学]』南京：南京大学出版社。
郭熙（2004）『中国社会語言学 [中国社会言語学]』(増訂本) 杭州：浙江大学出版社。
何自然・陳新任（2004）『当代語用学 [現代語用論]』北京：外語教学与研究出版社。
何兆熊（2000）『新編語用学概要 [新編語用論概説]』上海：上海外語教育出版社。
頸松（2009）『社会語言学研究 [社会言語学研究]』民族出版社。
黄宣範（1993）『語言、社会与族群意識——台灣語言社会学的研究 [言語、社会と民族意識——台湾の言語社会学的研究]』台北：文鶴出版社。

さ行
斯欽朝克図（1999）『康家語研究 [康家語の研究]』上海：上海遠東出版社。
祝畹瑾編著（1985）『社会語言学訳文集 [社会言語翻訳文集]』北京：北京大学出版社。
祝畹瑾編著（1992）『社会語言学概論 [社会言語学概論]』(2003年第7次印刷) 長沙：湖南教育出版社。
朱力・陳如主編（2004）『社会大分化——南京市社会分層研究報告 [大きな社会的分化——南京市社会的階層化究報告]』南京：南京大学出版社。
周玉忠・王輝主編（2004）『語言計画与語言政策：理論与国別研究 [言語計画と言語政策：理論と国別研究]』北京：中国社会科学出版社。
徐世栄（1990）『北京土語詞典 [北京方言辞典]』北京：北京出版社。
徐世璇（2001）『瀕危語言研究 [危機言語研究]』北京：中央民族大学出版社。
徐大明・陶紅印・謝天蔚（1997、2004）『当代社会語言学 [現代社会言語学]』北京：中国社会科学出版社。
徐大明（2005）『新加坡華社語言調査 [シンガポールの中国語調査]』南京：南京大学出版社。
徐大明主編（2006）『語言変異与変化 [言語変異と変化]』上海：上海教育出版社。
徐大明（2007）『社会語言学研究 [社会言語学研究]』上海：上海人民出版社。
徐通鏘（1991）『歴史語言学 [歴史言語学]』北京：商務印書館。
潘家煊（2005）『現代漢語語法的功能、語用、認知研究 [現代中国語文法の機能：語用、認知研究]』北京：商務印書館。
戚雨村（1997）『現代語言学的特点和発展的趨勢 [現代言語学の特徴と発展の動向]』上海：山内外外語教育出版社。
孫維張（1991）『漢語社会語言学 [中国語社会言語学]』貴州人民出版社。
孫宏開・劉光坤（2005）『阿儂語研究 [アノン語研究]』北京：民族出版社。

た行
戴慶廈（1991）『社会語言学教程 [社会言語学教程]』中央民族学院出版社。
戴慶廈主篇（2004）『社会語言学概論 [社会言語学概論]』北京：商務印書館。
趙元任（1968/1996）『中国話的文法 [中国語の文法]』中訳本載劉夢渓主編『中国現代学

術経典：趙元任巻［中国現代学術古典的著作：趙元任の巻］』石家荘：河北教育出版社.
趙蓉暉（2003）『語言与性別：口語的社会語言学研究［言語とジェンダー：口語の社会言語学的研究］』上海：上海外語教育出版社.
陳冠任・易揚（2004）『中国中産者調査［中国中産階級調査］』北京：団結出版社.
陳原　（1983）『社会語言学［中国社会言語学］』上海：学林出版社.
陳松岑（1985）『中国社会語言導論［中国社会言語学入門］』北京：北京大学出版社.
陳松岑（1999）『語言変異研究［言語変異研究］』広州：広東教育出版社.
陳章太・李行健主篇（1996）『普通話基礎方言基本詞彙集・詞彙巻［普通話基礎方言基本語彙集・語彙巻］』北京：語言出版社.
陳章太（2005）『語言規画研究［言語計画研究］』北京：商務印書館.
鄭孟煊主編（2006）『城市化中的石碑村［都市化の進む石碑村］』北京：社会科学文献出版社.
鄭也夫（1993）『礼語・咒詞・官腔・黒話──語言社会学叢談［マナー語、咒詞・官僚ことば・隠語──言語社会学叢談］』上海：光明日報出版社.

は行

風笑天（1996）『現代社会調査方法［現代社会調査法］』武漢：華中理工大学出版社.

ま行

孟琮他（1999）『漢語動詞用法詞典［中国語動詞用法辞典］』北京：商務印書館.

や行

楊永林（2004）『社会語言学研究：功能、称謂、性別篇［社会言語学研究：機能、呼称、ジェンダー篇］』上海：上海外語教育出版社.
游汝傑・鄒嘉彦（2004）『社会語言学教程［社会言語学教程］』上海：復旦大学出版社.

ら行

李宇明（2005）『中国語言規劃論［中国言語計画論］』済春：東北師範大学出版社
李延福（1996）『国外語言学通観［海外の言語学の概観］』済南：山東教育出版社、
李強（2004）『農民工与中国社会分層［農民工と中国の社会的階層化］』北京：社会科学文出版社.
李錦芳（1999）『布央語研究［布央語研究］』北京：中央民族大学出版社.
李行健主編（2002）『現代漢語異形詞規範詞典［現代中国語異形語規範辞典］』上海：上海辭書出版社.
陸志韋（1956）『北京話單音詞詞彙［北京］』北京：科学文献出版社.
陸倹明、沈陽（2003）『漢語和漢語研究十五講［中国語と中国語研究に関する15の講義］』北京：北京大学出版社.
陸学芸（2002）『当代中国社会階層研究報告［現代中国社会階層に関する研究報告］』北京：社会科学文学出版社.
陸学芸主編（2004）『当代中国社会流動［現代中国の社会的流動性］』北京：社会科学文学出版社.
劉丹青（2005）『語言学前沿与漢語研究［言語学と中国研究のフロンティア］』上海：上海

教育出版社。

中国人以外の著作（アルファベット順、原著・中国語翻訳を含む）

Aitchison, Jean（簡・愛切生）徐家禎訳（1997）『語言的変化：進步還是退步？［言語の変化：進步か退步か？］』北京：語文出版社。
Bakker, Peter & Maarten Mous. (1994) *Mixed Languages 15: Case Studies in Language Intertwining*, Amsterdam：Uitgave IFOTT.
Bolinger, D. (1975) *Aspects of Language*, 2nd ed. New York: Harcourt Brace Jovanovich.
Brown, P.& Levinson, S. (1987) *Politeness: Some Universals in Language Usage.* New York: Cambridge University Press.
Bloomfield, Leonard（布龍菲爾德）(1980) 袁家驊他訳、銭晋華校『語言論［言語論］』(2002年第4版) 北京：商務印書館。
Chambers. K. (1995/2003) *Sociolinguistic Theory: Linguistic Variation and its Social Significance*, Oxford & Cambridge: Basil Blackwell.
Chambers, J. K., Trudgill, P.& Shilling-Estes (eds.) (2002) *The handbook of Language Variation and Change*, Oxford: Blackwell.
Chambers, J.& Trudgill, P. (1998/2002) *Dialectology*, Cambridge: Cambridge University Press, 北京：北京大学出版社。
Chomsky, N. (1965) *Aspects of the theory of syntax.* MIT Press, Cambridge, Massachusetts.
Clark, H. H. (1996) *Using Language*, Cambridge: Cambridge University Press.
Clyne, M. & Kipp, S. (1999) *Pluricentric Languages in An Immigrant Context: Spanish, Arabic and Chinese*, Berlin and New York: Mouton de Gruyter.
Cooper, R. L. (1989). *Language Planning and Social Change*, Cambridge, New York: Cambridge University Press.
Couper-Kuhlen, E. and M. Selting (Eds.) (1996). *Prosody in Conversation: Interactional Studies* (Studies in Interactional Sociolinguistics, Series Number 12), Cambridge: Cambrige University Press.
Crystal, David (2002)『剣橋語言百科全書［ケンブリッジ言語百科事典］』北京：外語教学与研究出版社。
Crystal, David（戴維・克里斯托爾）(2000)『現代語言学詞典［現代言語学辞典］』北京：商務印書館。
Downes, W. (1998) *Language and Society*. 2nd edn. New York: Cambridge University Press.
Emanuel A. Schegloff, Elinor Ochs and Sandra A. Thompson(Eds.), (1997) *Interaction and Grammar* (Part of Studies in Interactional Sociolinguistics), Cambridge: Cambridge University Press.
Fasold, Ralph. (1984) *The Sociolinguistics of Society*, Oxford: Basil Blackwell.
Ferdinand, T. 林栄遠訳（1999）『共同体與社会』北京：商務印書館。
Fishman, J. A. (1991). *Reversing language shift*. Clevedon: Multilingual Matters.
Fowler,J. (1986). *The Social Stratification of (r) in New York City Department Stores, 24 Years after Labov*, New York University. MS.

Goffman, E. (1967). *Interaction Ritual: Essays on Face to Face Behavior*. New York: Anchor Books.
Gumperz, J. J. (1982) *Discourse Strategies*, Cambridge: Cambridge University Press.
Gumperz, J. J.（甘柏兹）徐大明・高海洋訳（2001）『会話策略［会話ストラテジー］』北京：社会科学文献出版社．
Hockett（霍凱特）索振羽・叶蜚声訳（2005/1958）『現代語言学教程［現代言語学教程］』（第2版）北京：北京大学出版社．
Hudson, R. A. 丁信善等訳（1990）『社会語言学［社会言語学］』北京：中国社会科学出版社．
Labov, W. (1966) *The Social Stratification of English in New York City*, Washington, DC: Centre for Applied Linguistics.
Labov, W. (1972) *Sociolinguistic Patterns*, Philadelphia: University of Pennsylvania Press.
Labov, W. (1994) *Principles of Language Change: Volume 1: Internal Factors*.
Labov, W. (2001) *Principles of Language Change: Volume 2: Social Factors*.
Labov, W.（拉波夫）（2001）『拉波夫語言学自選集［ラボフ言語学自選集］』北京：北京語言文化大学出版社．
Labov, W. Ash, S. & Boberg, C (2006) *The Atlas of North American English: Phonetics, Phonology and Sound Change*, Berlin: Mouton de Gruyter.
Lafargue, Paul（拉法格）（1964）『革命前後的法国語言：関于現代資産階級根源的研究［革命前後のフランスの言語：現代ブルジョワジーのルーツに関する研究］』北京：商務印書館．
Lakoff, Robin (1975) *Language and Women's Place*, New York: Harper and Row.
Leech, Geoffrey N. (1983) *Principles of Pragmatics*, London, New York : Longman.
Lyons, J. (ed.) (1970) *New Horizons in Linguistics*, Harmondsworth: Penguin.
Myers-Scotton, C. (1993) *Social Motivations for Codeswitching*, Oxford: Clarendon.
Milroy, Lesley (1980) *Language and Social Networks*, Oxford: Basil Blackwell.
Palmer, L. R.（帕墨爾）李栄訳（1983）『語言学概論［言語学概論］』北京：商務印書館．
Sapir, Edward（愛德華・薩丕爾）陸卓元訳、陸志偉校訂（1983）『語言論＝言語研究導論［言語論―パロール研究入門］』北京：商務印書館．
Saussure, Ferdinand（費尔迪南・德・索緒尔）高名凱訳（1980）『普通語言学教程［一般言語学講義］』北京：商務印書館．
Schegloff, and Thompson (Eds.), (1997) *Interaction and Grammar* (Part of Studies in Interactional Sociolinguistics), Cambridge: Cambridge University Press.
Schiffrin, D., Tannen, D., & Hamilton, H.E. (2001). *The Handbook of Discourse Analysis*. Oxford: Blackwell Publishers.
Sivertsen, Eva (1960) *Cockney Phonology* Oslo: Oslo University Press.
Tannen, D. (1992) *That's Not What I Meant -- How Conversational Style Makes Breaks Your Relations with Others*, William Morrow and Company, Inc. New York.
Thomasom, Sarah Grey & Terrence Kaufman (1988) *Language Contact, Creolization, and Genetic Linguistics*, Berkeley and Los Angeles: University of California Press.
Trudgill & Perter (1992) *Introducing Language and Society*, London: Penguin English.
Xu, D. M. (1992) *Lexical Diffusion in Progress: A Sociolinguistic Study of Mandarin Nasal Variation*, Unpublished PhD Dissertation, University of Ottawa.

論文　中国人論文（50音順並び、論文名日本語語訳つき）

あ行

晏小萍（2004）「性別、権勢与礼貌策略在漢語請求、拒絶言語行為中的表現［中国語の要求と断りの言語行動におけるジェンダー、力関係とポライトネスストラテジー］」『中国社語言学』第2期、pp.81-88。

于善江（2007）「奥克蘭華人日常生活中的語言選択［オークランドの中国人の日常生活における言語選択］」徐大明主編『中国社会語言学新視角——第三届中国社会語言学国際学術研討会論文集』南京：南京大学出版社。

永順（1995）「"小姐"一詞沈浮録（上）［『小姐（おじょうさん）』という言葉の浮き沈み上］」『学漢語』第12期。

永順（1996）「"小姐"一詞沈浮録（下）［『小姐（おじょうさん）』という言葉の浮き沈み中］」『学漢語』第2期。

永順（1996）「"小姐"一詞沈浮録（中）［『小姐（おじょうさん）』という言葉の浮き沈み下］」『学漢語』第1期。

袁義（1992）「坎登的『交際語境中的行為模式』評介［Kandernの『コミュニケーションの文脈における行動モデル』の紹介］」『外語教学与研究』第3期。

王暁梅（2005）「馬来西亜雪蘭莪州万津華人語言保持和語言転用［マレーシア・セランゴール州バンティングにおける中国語の言語保持と言語シフト］」『中国社会語言学』第1期。

王暁梅（2007）「馬来西亜華人社区環境中民族認同与語言伝播的互動［マレーシアの中国人社会環境における民族意識と言語の伝播の相互行為］」『中国社会語言学』第1期。

王暁梅・鄒嘉彦（2006）「馬来西亜柔佛州客家人的語言転用［マレーシア・ジョホール州客家人の言語シフト］」『中国社会語言学』第2期、pp.30-43。

王正（1999）「"作""做"及其構成詞語的規範化問題［『作』と『做』とその構成語の規範化問題］」『秘書之友』第1期。

汪鋒（2003）「応山方言ts/tʂ変異研究［応山方言におけるts/tʂの変異研究］」北京大学中文系『語言学論叢』編委会編：『語言学論叢』（第二十八輯）北京：商務印書館。

王宝紅（1998）「談談"作"与"做"［『作』と『做』について］」『西蔵民族学院学報』第2期 。

王玲（2005）「"有＋VP"句式使用状況調査［「有＋VP」構文の使用状況調査］」『中国社会語言学』第2期、pp.178-184。

か行

郭駿（2005）「溧水"街上話"[u]元音変異分析［溧水の『町ことば（街上話）』(u)の母音変異分析］」『中国社会語言学』第1期、pp.71-81。

郭熙（2005）「字母詞規範設想［頭字語の規範について思う］」『辞書研究』第4期。

郭熙（2007）「現代華人社会中"漢語"方式多様性的再考察［現代中国人社会における『漢語』の多様性についての再考察］」『南開語言学刊』第1期、pp.131-143。

郭熙・曽煒・劉正文（2005）「広州市語言文字使用情况調査報告［広州市言語文字使用情況についての調査報告］」『中国社会語言学』第2期、pp.133-142。

葛燕紅（2005）「南京市"小姐"称呼語的調査分析［南京市の『小姐』という称呼について

の調査分析]」『中国社会語言学』第2期、pp.196-206。
葛燕紅（2007）「言語社区視角下的城市語言調査［言語コミュニティーという視点からの都市言語調査］」南京大学修士論文。
夏歴（2007a）「農民工言語社区探索研究［農民工の言語コミュニティーの探索的研究］」『語言文字応用』第1期、pp.94-101。
夏歴（2007b）「在京農民工言語社区探索研究［北京の農民工の言語コミュニティーの探索と研究］」中国伝媒大学博士論文。
夏歴（2007c）「北京農民工語言使用研究［北京の農民工の言語使用研究］」『中国社会語言学』第2期。
甘于恩（2003）「四邑話：一種粵化的混合方言［四邑語：広東語化した混合方言］」『中国社会語言学』第1期。
金美（2003）「論台湾新擬"国家語言"的語言身分和地位――従『国語推行辦法』的廃止和語言立法説起［台湾で新たに提案された「国家語言」の言語アイデンティティーと地位――『国語推進方法』の廃止と言語法から］」『アモイ大学学報』第6期。
江藍生（2003）「第二届中国社会語言学国際学術研討会開幕致辞［第二回中国社会語言学国際シンポジウム挨拶の辞］」『語言教学与研究［言語教育と研究］』第1期。
高永安・康全中（2001）「"做""作"両個字的関係［『做』と『作』の2つの字の関係］」『北京広播電視大学学報』第2期。
高海洋（2003a）「甘柏茲教授談社会語言学［ガンパーズ教授社会言語学を語る］」『語言教学与研究』第1期、pp.11-16。
高海洋（2003b）「北京話高頻詞使用状況分析［北京語の高頻度語の使用状況分析］」『中国社会語言学』第1期。
高東升（2001）「"作"与"做"的分工做［「作」と「做」の役割分担］」『語文建設』第9期。
黄翊（2003）「従命名看澳門土生葡人的文化特徴［命名から見るマカオ生まれポルトガル人の文化的特徴］」『中国社会語言学』第1期。
胡斌（2003）「再説"作"和"做"［『作』と『做』再考］」『漢語学習［中国語学習］』第5期。
胡明揚（1988）「北京話"女国音"調査［北京語の「女国音」調査］」『語文建設』第1期。
胡明揚（2002）「関于外文字母詞和原装外文縮略語問題［外国語頭字語と元の外国語略語について］」『語言文字応用』第2期。
語文建設編輯部（1998）「国家語委部署1998年工作［国家言語委員会の1998年事業］」『語文建設』第2期。
語文建設編輯部（2000）「中華人民共和国国家通用語言文字法［中華人民共和国国家通用言語文文字法］」『語文建設』第12期。

さ行

蔡氷（2005）「語言変項的定義拡展問題［言語変動項目の定義拡張に関する問題］」第四届中国社会語言学国際学術研討会、中国広東外語外貿大学。
崔麗（2005）「"小姐"一詞的語言学解読［『小姐』という呼称の言語学的解読］」『河海大学学報』第1期。
斯欽朝克図（2004）「国家的双語化与地区的単語化：比利時官方語言政策研究［国家的ダイグロシアとの地域のモノリンガリゼーション：ベルギーのオフィシャル言語政策の研究］」周玉忠、王輝主編『語言規画与語言政策：理論与国別研究』北京：中国

社会科学出版社。

謝俊英（2004）「新詞語与時尚詞語社会知暁度調査與分析［新語流行語の認知度調査と分析］」『語言文字応用』第1期。

周健・張述娟・劉麗寧（2001）「略論字母詞的帰属与規範［頭字語の帰属と規範について］」『語言文字応用』第3期。

周剛（2005）「日本新華人社会語言生活［日本の中国人社会の言語生活］」『中国社会語言学』第1期。

周大亜（2004）「伝承祖国優秀的民族語言文明——訪院重大課題"中国新発見語言調査研究"主持人孫宏開・徐世璇［祖国の優れた民族言語と文明を伝承しよう——社会科学院の重大プロジェクト『中国新発見言語調査研究』主幹の孫宏開・徐世璇を訪ねて］」『学術動態（北京）』第33期。

邵敬敏（2005）「香港社区英文詞語夾用現象剖析［香港のコミュニティーにおける英単語をはさむ現象に関する分析］」『語言文字応用』第4期。

邵朝陽（2003）「澳門粤方言[ŋ]音節漸変研究［マカオの広東語[ŋ]音節の徐々の変化に関する研究］」『中国社会語言学』第一期。

徐時儀（1994）「"小姐"的沈浮［呼称語『小姐』の浮き沈み］」『語文建設』第11期。

徐世璇・廖喬婧（2003）「瀕危語言問題研綜述［危機言語に関する研究概説］」『当代語言学』第2期。

徐大明・娃・薩拉瓦南（2000）「儿童双語発展与家庭社会網絡——対新加坡三代同堂双語家庭的調査研究［子供のバイリンガルの進行と家族のソーシャルネットワーク：シンガポールの3世代バイリンガル家族の調査］」『民族教育研究』増刊、徐大明（2007）『社会語言学研究』上海：上海人民出版社。

徐大明（2001）「北方話鼻韻尾変異研究［北方方言における鼻韻尾の変異研究］」董燕萍、王・'初明編（2001）『中国的語言学研究与応用——慶祝桂詩春教授七十華誕［中国の言語学研究と応用——桂詩春教授の生誕70年記念］』上海:上海外語出版社；又載徐大明（2007）『社会語言学研究［社会言語学研究］』上海：上海人民出版社。

徐大明（2002）「約翰・甘柏兹的学術思想［ジョン・ガンパーズの学術思想］」『語言教学與研究』第4期、徐大明（2007）『社会語言学研究［社会言語学研究］』上海：上海人民出版社。

徐大明（2003）「語言研究的科学化［言語研究を科学的に］」『語言教学與研究』第1期、pp.17-18、徐大明（2007）『社会語言学研究』上海：上海人民出版社。

徐大明（2004）「言語社区理論［言語コミュニティー理論］」『中国社会語言学』第1期。

徐大明・高海洋（2004）"行/成"変異一百年［『行/成』の変異の100年］」『南大語言学』第一編北京：商務印書館、徐大明（2007）『社会語言学研究［社会言語学研究］』上海：上海人民出版社、pp.240-253。

徐大明・付義栄（2005）「南京"問路"調査［南京『道聞き』調査］」『中国社会語言学』第2期、pp.143-150、徐大明（2007）『社会語言学研究［社会言語学研究］』上海：上海人民出版社。

徐大明（2006）「中国社会語言学的新発展［中国の社会言語学の新たな発展］」『南京社会科学』第2期、pp.123-129、徐大明（2007）『社会語言学研究［社会言語学研究］』上海：上海人民出版社。

徐大明（2006）『語言変異与変化［言語変異と変化］』第五章、上海：上海教育出版社。

徐大明（2007）『社会語言学研究』上海：上海人民出版社、pp.18-28。
徐大明・王玲（2008）「社会語言学実験室的実践与創新［社会言語学実験室の実践と革新］」『南京社会科学』第4期。
徐通鏘（1985）「寧波方言的"鴨"[ε]類詞和"児化"的残跡——從残存現象看語言的発展［寧波方言の『鴨』[ε]類語と「児化」の残骸——残存の現象から見た言語発展］」『中国語文』第3期、『徐通鏘自選集』（1993）鄭州：大象出版社（1999年第2次印刷）。
徐蓉（2003）「寧波城区大衆語碼転換之調査分析［寧波市における大衆言語コードスイッチの調査分析］」『中国語文』第4期。
潘炯（1987）「北京話合口呼零声母的語音分岐［北京語の合口呼ゼロ声母の音声的分岐］」『中国語文』第5期。
鄒玉華・馬広斌・劉紅・韓志湘（2005）「関于漢語中使用字母詞的語言態度的調査［中国語で使用される頭字語に関する言語意識調査］」『語言教学与研究』第4期、pp.66-73。
鄒玉華・馬広斌・馬書駿・劉哲・馬宇菁（2006）「字母詞的知暁度的調査報告［頭字語の認知度に関する調査報告］」『語言文字応用』第2期。
薛笑叢（2007）「現代漢語中字母詞研究綜述［現代中国語の頭字語に関する研究概説］」『漢語学習』第2期。
詹伯慧（2001）「新加坡的語言政策与華文教育［シンガポールの言語政策と中国語教育］」『暨南大学華文学院学報』第3期。
曹学林（2000）「字母詞語也是漢語詞語［頭字語もまた中国語］」『語文建設』第7期。
孫宏開（2001）「関于瀕危語言［危機言語について］」『語言教学与研究』第1期。

た行

戴慶厦他（2001）「城市化：中国少数民族語言使用効能的変化［都市化：中国少数民族の言語使用機能の変化］」『陝西師範大学学報』第1期。
戴慶厦・田静（2003）「瀕危語言的語言状態——仙仁土家語個案分析［危機言語の言語状態——仙仁土家語ケーススタディ］」『語言科学』創刊号。
池昌海・戴紅紅（2003）「十年来征婚啓事特徴変項語言運用変化調査報告［過去10年間の結婚相手募集文の特徴と変項、言語使用の変化に関する調査報告］」『中国社会語言学』第1期。
張璟瑋・徐大明（2008）「人口流動与普通話普及［人口流動と普通話の普及］」『語言文字応用』第3期。
張公瑾（2001）「語言的生態環境［言語の生態環境］」『民族語文』第2期。
張紅燕・張邁曽（2005）「言語社区理論綜述［言語コミュニティ理論の文献レビュー］」『中国社会語言学』第1期。
張双慶（2004）「香港粤語表金銭的一些詞条［香港の広東語の金銭を表すいくつかのことば］」『中国社会語言学』第2期。
張伯江（2002）「施事角色的語用属性［動作主ロールの語用的属性］」『中国語文』第6期。
張伯江（2005）「功能語法与漢語研究［機能文法と中国語研究］」原『語言科学』第6期、劉丹青（2005）『語言学前沿与漢語研究［言語学の最前線と中国語研究］』上海：上海教育出版社への転載。
張翼（2006）「語法＝用法？——2003年和2005年美国語言学会主席演講［文法イコール用

法？——2003年、2005年アメリカ言語学会会長の講演］」『当代語言学』第2期。
陳建民・陳章太（1988）「从我国語言実際出発研究社会語言学［中国の言語実情から出発する社会言語学研究］」『中国語文』第2期。
陳松岑（1985）「影響售貨員使用礼貌詞語的社会因素［販売員の丁寧語に影響を与える社会的要因］」『北京大学学報』(哲学社会科学版) 第1期。
陳松岑・徐大明・譚慧敏（1999）「新加坡華人的語言態度和語言使用情況的研究報告［シンガポール中国人の言語意識と言語使用に関する研究報告］」李如龍主編『東南亜華人語言研究［東南アジア中国人言語研究］』から転載、北京：北京語言文化大学出版社、pp.196-206。
陳章太（1987）「語言学観念的更新和語言文字工作［言語学の考え方の更新と言語と文字施策］」『語文建設』1987年第1期の陳章太（1987）『語言規劃研究［言語計画研究］』北京：商務印書館へ転載されたものから。
陳章太（2005）「当代中国的語言規劃［現代中国の言語計画］」『語言文字応用』第1期。
陳崧霖（2005）「漢語縮略詞語在台湾大学生社群中的普及度調査［台湾の大学生たちが使用する中国語略語の普及度調査］」『中国社会語言学』第1期。
鄭海翠・張邁曽（2004）「言語社区理論研究的発展［言語ミュニティー理論的研究の発展］」『中国社会語言学』第2期pp.6-14。
鄭錦全（1988）「漢語方言親疎関係的計量研究［中国語方言の親疎関係に関する計量的研究］」『中国語文』第1期。
鄭錦全（1994）「漢語方言溝通度的計算［中国語方言におけるコミュニケーション度の計算］」『中国語文』第1期。
鄭錦全（1996）「Quantifying dialect mutual intelligibility」in C.T.J.Huang and Y.H.A.Li (eds.) *New horizons in Chinese linguistics*, pp.269-292.
鄭獻芹（2004）「慎用字母詞［頭字語の使用は慎重に］」『漢字文化』第1期。
唐師瑶（2005）「"小姐"与"大姐"——対長春市青年女性顧客称謂語的調査与研究［『小姐』と『大姐』——長春の若い女性客の称呼に関する調査研究］」『修辞学習』第4期。
陶紅印（2000a）「従"吃"看動詞論元結構的動態特徴［『吃・食べる』から見る動詞項構造の動的な特徴］」『語言研究』第3期。
陶紅印（2000b）「動態語義学初探［動的意味学の初歩的考察］」中研院語言学研究所籌備処『語言暨語言学』第4期。
陶紅印（2001a）「"出現"類動詞与動態語義学［『出現』類動詞と動的語彙論］」史有為（2001）『从語義信息到類型比較』北京：北京語言文化大学出版社。
陶紅印（2001b）「交際語言学訳叢総序［コミュニケーション言語学の訳文集序］」ガンパーズ（2001）『会話策略』北京：社会科学文献出版社。
陶紅印（2003）「従語音、語法和話語特徴看知道格式在談話中的演化［音韻、文法、発話の特徴からみた談話中の『知道（しっている）』の進化］」『中国語文』第4期、pp.291-302。
陶紅印（2004）「口語研究的若干理論與実践問題［話しことば研究のいくつかの理論と実践問題］」『語言科学』第1期。

は行

潘悟雲（2002）「漢語否定詞否考源——兼論虛詞考本字的基本方法［中国語の否定詞の起源と虚詞の本字を議論する］」、『中国語文』第4期。

樊小玲・胡範鑄・林界軍・馬小玲（2004）「"小姐"称呼語的語用特徴、地理分布及其走向［『小姐』という呼称語の特徴と地理的分布及びその行方］」『語言文字応用』第4期。

付義栄（2008）「社会流動：安徽無為傅村父親称謂変化動因［社会流動性：安徽省無為傅村の父親呼称変化の動因］」『中国語文』第2期。

普忠良（2004）「一些国家的語言立法及政策述略［一部の国における言語法と政策概説］」、周玉忠、王輝主編『語言規劃与語言政策：理論与国別研究［言語計画と言語政策：理論と国別研究］』北京：中国社会科学出版社。

包智明・洪華清（2005）「双言現象的量化研究［二言語併用現象の定量的研究］」『中国社会語言学』第1期。

方夢之（1995）「洋文并非越多越好［外来語は多ければよいというものではない］」『語文建設』第3期。

包聯群（2007）「杜尓伯特蒙古族的語言使用和語言態度［ドルブットモンゴル族の言語使用と言語意識］」『中国社会語言学』第2期。

や行

遊汝傑（2004）「漢語方言学与社会語言学［中国語の方言学と社会言語学］」『中国社会語言学』第1期。

俞品・祝吉芳（2003）「原形借詞——現代漢語吸收外來語的新発展［原形借用語——現代中国語の吸収する外来語の新展開］」『中国語文』第6期。

楊暁黎（2006）「関于"言語社区"構成基本要素的思考［『言語コミュニティ』構成基本要素に関する考え］」『学術界』第5期。

楊建国・鄭沢之（2005）「漢語文本中字母詞語的使用与規範探討［中国語テキストの中の頭字語の使用と規範の考察］」『語言文字応用』第1期。

楊文全・董于雯（2003）「語言変異：漢語"有+VP"句簡析［言語変異：中国語の"有+VP"文について］」『語文建設通訊』第75期。

楊晋毅（1999）「試論中国新興工業区語言状態研究［中国新興工業地域の言語状況について］」『語言文字応用』第1期、pp.13-21。

楊晋毅（2002）「中国新興工業区語言状態研究（中原区）（上）［中国新興工業地域の言語状態の研究について　中原地域　上］」『語文研究』第1期。

楊晋毅（2002）「中国新興工業区語言状態研究（中原区）（下）［中国新興工業地域の言語状態の研究について　中原地域　下］」『語文研究』第2期。

ら行

羅慶銘（1997）「外語詞語在漢語中的地位［外国語の中国語における地位］」『語文建設』第12期。

李宇明（2004）「強国的語言和語言強国［強国の言語と言語強国］」『光明日報』7月28日。

李宇明（2007）「構建和諧的語言生活［調和のとれた言語生活の構築］」李宇明主編『中国語言生活状況報告（2006）』北京：商務印書館。

李宇明（2008a）「語言功能規劃芻議［言語機能計画への私見］」『語言文字応用』第1期。

李宇明（2008b）「珍愛中華語言資源［中華言語資源を大切に］」『文匯報』1月13日『学林』専欄。

李宇明（2008c）「語言資源観及中国語言普査［言語資源及び中国語の全面調査］」『鄭州大学学報』第1期。

李国文（2000）「漢語的無奈［中国語のしかたなさ］」『語文建設』第4期。

李宗江（2002）「漢語重複副詞的演変［中国語重複副詞の変異］」四川大学漢語史研究所編『漢語史研究集刊』（第五輯）成都：巴蜀書社。

李成軍（2001）「"小姐"称呼語的汎化及其他［『小姐』という称呼の一般化など］」『桂林市教育学院学報』第1期。

李成軍（2001）「何必拒絶"小姐"［呼称『小姐』を拒絶する必要はない］」『語文建設』第2期。

李文彬（2003）「称呼的困惑——関于"女強人"和"小姐"的思考［呼称の困惑——『女強人（キャリアウーマン）』と『小姐（おじょうさん）』に関する考察］」『南平師専学報』第3期。

劉雲漢（2001）「正確対待漢語中的字母詞［中国語の頭字語を正しく扱う］」『漢字文化』第1期。

劉英（2006）「語言観的歴史演変和新中国的語言規劃［言語観の歴史的変遷と新中国の言語計画］」『南京社会科学』第6期。

劉暁玲（2002）「浅論称呼語"先生"，"小姐"的歴史発展［称呼語『先生（Mr.）』と『小姐（Miss、おじょうさん）』の歴史発展について］」『語言研究』特刊。

劉汝山、魯艶芳（2004）「新加坡語言状況及語言政策研究［シンガポールの言語状況と言語政策研究］」『中国海洋大学学報』（社会科学版）第3期。

劉熠・馮溢（2007）「語碼転換与認同研究——以英語教師課堂語碼転換為例［コードスイッチとアイデンティティの研究——英語教師の授業中のコードスイッチを例に］」『中国社会語言学』第1期。

劉涌泉（1994）「談談字母詞［頭字語について］」『語文建設』第10期。

劉涌泉（2002）「関于漢語字母詞的問題［中国語の頭字語の問題点］」『語言文字応用』第1期。

劉霊珠（2005）「"作／做"変異研究［『作／做』の変異に関する研究］」『中国社会語言学』第2期、pp.214-224。

林綱（2005）「網絡言語社区中語詞接触分析［ネット言語コミュニティにおける語詞接触分析］」『中国社会語言学』第1期。

林大津・謝朝群（2003）「互動語言学的発展歴程及其前景［相互言語学の発展過程とその将来］」『現代外語』第4期。

林燾（1982）「北京話儿韵個人読音差異問題［北京語「er」韻の個人読音の差問題］」『語文研究』第2輯、林燾（2001）『林燾語言学論文集』北京：商務印書館。

盧驕傑・伍桐（2005）「無可称呼的尷尬——山西省商場服務員対年軽女性的汎尊称調査［呼びようのないもどかしさ——山西省のデパート従業員の若い女性に対する呼称語調査］」『修辞学習』第4期。

呂叔湘（1980）「語言作為一種社会現象——陳原『語言与社会生活』読後［社会現象としての言語—陳原『語言与社会生活』を読んで］」『読書』第4期。

中国人以外の論文（アルファベッド順、原著論文・中国語翻訳を含む）

Berg, M（範徳博）(2005)「活力、認同和語言傳播：以上海話為例［活力、アイデンティティ、言語コミュニケーション：上海方言を例に］」『中国社会語言学』第2期。
Bakker, Peter and Pieter Muysken (1994) Mixed languages and language intertwining. In *Pidgins and Creoles—An Introduction,* Arends, Muysken and Norval Smith (eds.), 41-52. Amsterdam/Philadelphia: John Benjamins Publishing Company.
Britain, D. (1992) "Linguistic Change in Intonation: The Use of High-rising Terminals." In New Zealand English. *Language Variation and Change*, 4, pp. 77-103.
Bourhis, R.Y. , Giles, H. , & Rosenthal, D (1981) "Notes on the construction of a 'subjective vitality questionnaire'." *Journal of Asian Pacific Communication* 3(1), pp. 145-155.
Cameron, D. (1997) "Performing Gender Identity: Young Men's Talk and the Construction of Heterosexual Masculinity." In *Language and Masculinity*, ed. Sally Johnson and Ulrike Meinhof. Oxford: Blackwell.
Cooper, R. L. (1976) "The spread of Amharic." In Bender, M. L. J. D. Bowen & R. L. Cooper (eds.), *Language in Ethiopia*, pp. 289-304. London: Oxford University Press.
Emmanuelle, Banfei（艾曼努艾楽・班菲）(2005)「意大利華人社区社会語言分析（イタリアの中国人コミュニティーの社会言語分析）」『中国社会語言学』第1期。
Ferguson, C. A. (1959) "Diglossia." *Word*, 15.
Fishman, J . A. (1972) "The Relationship Between Micro-and Macro-sociolinguistics." In J. -P. Pride and J. Holmes (eds.), *the Study of who Speakes What Language to Whom and When*, Harmondsworth: Penguin Books, pp. 15-32.
Giles, Howard & Patricia Johnson (1987) "Ethnolinguistic Identify Theory: a Social Psychological Approach to Language Maintenance. " *International Journal of the Sociology of Language* 68, pp. 256-269.
Grable, E., Post B., Nolan, F. & Farrar, K. (2000) "Pitch Accent Realization in Four Varieties of British English" *Journal of Phonetics* 28, pp. 161-186.
Greenfield, L. (1968) "Spanish and English Usages Self-reading in Various Situational Context." In J. Fishman (ed.), *The measurement and description of language dominance in bilingual, Seventh progress report*. NY: Yeshiva University.
Gumperz, J.J. (1962) "Types of linguistic communities." In *Anthropological Linguistics*, 4:28-40.
Gumperz, J.J. (1968) "The Speech Community." In International Encyclopedia of Social. New York: Macmillan.
Gumperz, J. J.高一虹訳（2003)「互動社会語言学発展（相互行為の社会言語学の発展）」『中国社会語言学』第1期、pp.1-8。
Guy, G. R., Horvath, B. Vonwiller, Daisley, E. & Rogers, I. (1986) "An Intonational Change in Progress in Australian English." In *Language in Society*, 15, pp. 23-52.
Herman, S. (1961) "Explorations in the Social Psychology on Language Choice" In *Human Relations* 14, pp.149-164 .
Hopper,P.(1987) "Emergent Grammar. " In *Berkeley Linguistic Society* 13, pp. 139-157.
Hymes, D. (1972) "Models of the Interaction of Language and Social Life." In J. Gumperz and

D. Hymes (eds.), *Directions in Sociolinguistics: The Ethnography of Communication.* New York: Holt, Rinehart, and Winston.

Jackson, J. (1974). Language identity of the Colombian Vaupés Indians. In R. Bauman and J. Sherzer (eds.), *Explorations in the Ethnography of Speaking.* Cambridge: Cambridge University Press. 50–64.

Labov, W. (1963) "The Social Motivation of s Sound Change." In *Word* 19, pp.273-309

Labov, W. (1969) "Contraction, Deletion and Inherent Variability of the English copula." In *Language* 45, pp. 715-762.

Labov. W（威廉・拉波夫）(1985)「紐約市百貨公司（r）的社会分層（ニューヨーク市デパート（r）の社会階層化）」祝畹瑾編『社会語言学訳文集』北京：北京大学出版社、pp.120-149。

Lau, C. F., (2005) "A Dialect Murders Another Dialect: The Case of Hakka in Hong Kong." In *International Journal of Sociology of Language*, 173, pp. 23-35.

Lefkowtiz, D. (1997) "Intonation, Affect, and Subaltern Dialects." IN A. Chu, A. M. P. Guerra, and C. Tetreault (eds.) *Proceedings of the Fourth Annual Symposium About Language and Society-Austin (Texas Linguistic Forum 37),* University of Texas, Department of Linguistics, pp. 46-58.

Le Page (1968) "Problems of Description in Multilingual Communities." In *Transactions of the Philological Society*, Oxford: Blackwell, pp. 189-212.

Matoesian, G. M. (1999) "The Grammaticalization of Participant Roles in the Constitution of Expert Identity." *Language in Society*, Vol 28, No.4.

Moravcsik, E. A. (1978) "Verb Borrowing. "In J. H. Greenberg (ed.), *Universals of Human Language,* Volume 1, Stanford: Stanford University Press.

Patrick P. L. (2002) "The Speech Community." In J. K. Chanmbers, Peter Trudgill, and Natalie Schilling-Estes (eds.), T*he Handbook of Language Variation and Change,* Malden MA:Blackwell Publishers, pp.577-598.

Poplack, S. (1980) "Sometimes I'll start a Sentence in Spanish Y TEMMINOEN *ESPANOL*: Toward a Typology Code-switching." *Linguistics* 18, pp. 581-618.

Schiffrin.D (2001) "Interactional sociolinguistics." In Sandra Lee McKay, Nancy H.

Shuy, R. W. (1990) A Brief History of American Sociolinguistics 1949-1989, *Historiographia Linguistica* 17:1/2 (1990), pp. 183–209.

Tajifel, Henry & John Turner (1979) "An Integrative Theory of Intergroup Conflict." In Austin, W. G. & S. Worchel (eds.), *The Social Psychology of Intergroup Conflict, Monterey,* Cal: Brooks, Cole, pp. 33-47.

Tao Hongyin (2001) "Discovering the Usual with Corpora: The Case of Remember." In R. Simpson & J. Swales (ed.), *Corpus Linguistics in North America: Selections From the 1999 Symposium,* Ann Arbor: University of Michigan Press, pp 116-144.

Tannen.D (1987)『跨文化言語交際中的語用学［異文化交流の中の語用論］』袁義訳『国外語言学』第3期。

Thompson & Mulac (1991) "The Discourse Conditions for the use of the Complementizer That in Conversational English." *Journal of Pragmatics*, 65, pp.237-251.

Van Coetsem, Frans (1992) "The Interaction Between Dialect and Standard Language,

Viewed from the Standpoint of the Germanic Language." In Berns, J. B. & J. A. van Leuvensteijn (eds.), D*ialect and Standard Language in the English, Dutch, German, and Norwegian Language Areas*, Amsterda: North Holland, pp-15-70.

Xu D. M., Chew Cheng Hai & Chen Songcen (1998) "Language use and Language Attitudes in the Singapore Chinese Community." In S. Gopinathan, Anne Paki, Ho Wah Kam & Vanithanami Saravanan (eds.), *Language, Society and Education in Singapore: Issues and trends (2nd edition)*, Singapore: Times Academic Press, pp. 133-154.

Xu D. M. & Li Wei (2002) "Managing Multilingualism in Singapore." In Li Wei, Jean-Marc Dewaele, Alex Housen (eds.), *Opportunities and Challenges of Bilingualism*, Berlin & New York: Mouton de Gruter, pp. 275-295.

Xu D. M. (2006) "The Use of Mandarin by Singaporean Taxi Drivers". *Journal of Chinese Sociolinguistics*, No.1, 2006:105-122.

Yaeger-Dror, M. (1996) "Intonation and Register Variation: The Case of the English Negative." In J. Arnold et al. (eds.), *Sociolinguistic Variation: Data Theory, and Analysis, Selected Papers from NWAV 23 at Stanford*, Stanford: Center for the Study of Language and Information, pp. 243-260.

後　記

　大学教育「十一五」計画（一般高等教育"十一五"規画）教材として、本書は「実験教本」であることを特色とし、実践課程及び研究的課程用に適した言語学教材である。目下、我が国の社会言語学に欠けている実証的研究の現状に対し、社会科学的方法論により、「大きいところに着眼し、小さいところから着手する」という研究実践を大事にし、社会言語学の教育と科学研究とを、学生の社会実践に結合させることを目的としている。本書の編集作業がこの目的に達していることを願っている。

　本教材の編集は共同作業で、南京大学社会言語学実験室のメンバーが主にこの編集作業を分担した。主編・徐大明が本教材の編集と考え方、全体の構成の枠組み定めた。副主編・郭駿は「十一五」計画教材の申請報告を起草すると同時に、原稿を組み、参考文献の収集、整理作業を担当した。副主編・楊立権、王暁梅は主に文章や体裁の編集を担当した。各章の初稿は異なる筆者から提供されており、主編と副主編が繰り返し修正し、部分的に書き直しを行った。各章節初稿の執筆者は以下の通り。

第1章　　序論：徐大明（南京大学）
第2章　　言語変異と言語変化：郭駿（南京暁庄学院）
第3章　　相互行為の社会言語学：祝暁宏（暨南大学）
第4章　　言語接触：楊玉国（広西師範大学）、孫金華（南京国際関係学院）、王玉梅（マレーシア大学）、包聯群（東京大学）
第5章　　言語コミュニティ理論：郭茜（南京大学）
第6章　　都市言語調査：王玲（南京大学）
第7章　　言語アイデンティティ：徐大明（南京大学）、祝暁宏（暨南大学）、

|　後　記　|

　　　　鄭軍（南京大学）、王琤（蘇州科技学院）、包聯群（東京大学）
第8章　言語計画：劉英（東南大学）、楊立権（南京大学）
第9章　総論：徐大明（南京大学）、王暁梅（マレーシア大学）

[所属は、刊行時のもの]

　本教材は編集執筆の過程で、先人の碩学たちの大量の研究結果を参考にし、毎章には3-4編の国内外社会言語学研究の例を紹介し、筆者とその出典の表記をつけるようにし、参考文献の中にもリストアップした。いかなる漏れがあった場合も、われわれにご連絡賜れれば幸いである。

　最後に北京大学出版社徐丹麗編集者の根気強い督促と優秀な編集作業に対して感謝したい。

　本教材のいかなるミスに対しても編者たちは責任を負うものである。われわれ編集者のレベルには限界もあり、かつそれぞれが各地に散らばり、各自、煩雑な教育研究任務を持っているため、常に集まって深く討論することはできなかった。そのため、本教材の中にはおそらくさまざまな問題が存在することだろう。読者の皆さんが本書の改善のためにご意見やご提案を、お寄せくださることを期待している。

ご意見の送り先：
　江蘇省南京市漢口路22号南京大学文学院　徐大明（210093）
　e-mail：xudaming@nju.edu.cn

訳者あとがき

　本書は徐大明主編の『社会言語言学実験教程』(2010年、北京大学出版社) の翻訳書である。原著は中国語で書かれ、中国の社会言語学研究初学者を対象に書かれたもので、実際の中国社会言語学の研究方法や研究例を知ることができる。

　中国の社会言語学に関する日本での翻訳本は、管見のかぎりにおいては、80-90年代に松岡栄志前東京学芸大学教授他により翻訳された、陳原 (1981年)『ことばと社会生活──社会言語学ノート』(凱風社)、同 (1992)『中国のことばと社会』(大修館書店) の出版、紹介論文として彭国躍神奈川大学教授 (2001)「中国の社会言語学とその関連領域」(『社会言語科学』pp.63-76) があるのみで、この20年以上にわたって中国社会言語学を紹介した本は出版されていない現状にある。

　この空白を埋めるため、この度、本書の翻訳を終え、原著主編の徐大明先生にも指示を仰ぎ、原著データの誤りを訂正するなどの作業も行い、翻訳原稿を東京外国語大学名誉教授井上史雄先生に御覧いただいた。井上先生のアドバイスにより、中国語専門以外の方にも読みやすくなるよう訳注や、日中英用語集、参考文献の翻訳なども新たに付け加えた。これにより日本の中国語研究のみならず、社会言語学研究、言語学研究に新たな視点や研究方法を提供できると考える。ここに井上史雄先生に感謝の意を表すとともに、多くの方が本書を活用されることによって日中学術交流がよりいっそう前進することを願ってやまない。

2024年秋

河崎みゆき

主な日中英用語対照表 （出現順）

音韻変化	音変	phonemic change
音韻体系	語音系統	phonological system
言語コミュニティー	言語社区	speech community
変異形	変式	variant
母音	元音	vowel
子音	輔音	consonant
コピュラ	系詞	copula
見かけ上の時間	顕像時間	apparent time
実時間	真実時間	real time
年齢階梯制	年齢級差	age grading
コンテクスト／文脈	語境	context

| 独立変数 | 自変量 | independent variables |
| 従属変数 | 因変量 | dependent variate |

割り当てサンプリング	定額抽様、配額抽様	quota sampling
スノーボールサンプリング（雪だるま式標本法）	雪球抽様雪	Snowball sampling
層化抽出法	分層抽様	Stratified sampling
等間隔抽出	等距抽様	Systematic sampling
クラスターサンプリング	整群抽様	Cluster sampling

前段終結語	予備結束語	pre-closing
重回帰分析	多元回帰分析法	Multiple(Multivariate) Regression Analysis
アンケート調査	問卷法	Questionaire survey
インタビュー	放談法	Interview survey
主観的判定比較テスト法	変語配対法	matched guise technique

| フィールドワーク | 田野調査 | field work |

シニフィアン	能記	signifier
シニフィエ	所記	signified
統語的関係	組合関係	syntagmatic relation
範列関係	聚合関係	paradigmatic relation
談話文法	篇章語法	discourse grammar
談話分析	話語分析	discourse analysis
スクリプト化	転写	trans literation
非言語行動	体態（語）	Body language
コンテクスト化の合図	語境化提示	contextualization cue
創発的文法	現出語法	Emergent Grammar
文体論	語体学	stylistic
気配りの原則	得体準則	tact maxim
目的語	賓語	objectives
副詞	状語	adverb
中舌音化	元音央化	Vowel centralization
項構造	論元結構	argument structure
語彙項目	詞項	lexical item
ポライトネス理論	礼貌原則	politeness
変数	変量	variable
含意	隠含	implication
ダイグロシア	双言制	diglossia
ドメイン	言語使用域	domain
ビジン	皮欽語	Pidgin
クレオール語	克里偶爾語	Creole
アコモデーション理論	言語適応理論	accommodation theory
収束	会聚	convergence
分岐	偏離	divergence
コードスイッチ	語碼転換	code-switching
文間コードスイッチ	句間語碼転換	inter-sentential switching
文内コードスイッチ	句内語碼転換	intra-sentential switching
言語シフト	語言転用	language shift
カイ二乗検定	卡方検験法	Ch-square test
一元配置分散分析法・	因子方差分析法	One-way ANOVA

多重比較検定	多項比較測試	multiple comparison
形態論	詞法	morphology
統語論	句法	syntax
H変種	高変体	high variety
L変種	低変体	low variety
世帯調査	入戸調査	household survey
音声分析図	語図儀	sound spectrograph
言語変異	語言変異	linguistic variation
超分節音素	超音段音素	suprasegmental phonemes

(人名)

ジョン、ガンパーズ	約翰 甘柏滋	John Gumperz
アービング・ゴッフマン	欧文 戈夫曼	Erving Goffman
デボラ・タネン	徳博拉 譚楠	(D.Tannen
シフリン	独博拉 西夫林	D.Schiffrin
レイコフ	莱科夫	Lakoff
リーチ	利奇	Leech
ブルームフィールド	布龍菲爾徳	Bloomfield
チョムスキー	喬姆斯基	N.Chomsky
ライアンズ	莱昂斯	J.Lyons
ダニエル・ジョーンズ	丹尼爾・瓊斯	DanielJones

編著者紹介

徐大明（じょ・だいめい）(Xu Daming)
オタワ大学言語学博士学位取得。現在、南京大学文学部教授。
専門は、社会言語学（主に言語コミュニティー理論、都市言語調査、多言語社会等）
主な著書：『社会語言学研究』（2007年、上海人民出版社）、『語言変異与変化』（2006年、上海教育出版社）など著書多数。

訳者紹介

河崎みゆき（かわさき・みゆき）
華中科技大学言語学博士学位取得。現在、國學院大學大学院非常勤講師。
専門は、社会言語学および日中対照言語研究
単著：『漢語角色語言研究』（2017年、北京・商務印書館）、『中国語の役割語研究』（2024年、ひつじ書房）、『中国のことばの森の中で―武漢・上海・東京で考えた社会言語学』（2023年、教養検定会議）。
単訳書：李娟（リー・ジュエン）著『アルタイの片隅で』（2021年、インターブックス）、李娟（リー・ジュエン）著『冬牧場』（2021年、アストラハウス）。

中国社会言語学実験教程
「言語的事実」を探究するために

発行日	2025年1月25日　初版第1刷発行
編著者	徐大明
訳　者	河崎みゆき
装　幀	臼井新太郎
発行所	株式会社 三元社 〒113-0033 東京都文京区本郷1-28-36鳳明ビル 電話03-5803-4155　FAX 03-5803-4156 郵便振替 00180-2-119840
印　刷	モリモト印刷 株式会社
製　本	鶴亀製本 株式会社

Japanese Edition ©KAWASAKI Miyuki 2024
ISBN978-4-88303-598-4
Printed in Japan